MINERVA
人文・社会科学叢書
232

日本と中国のパブリック・ディプロマシー
―概念変容に伴う新たな競争―

張 雪斌 著

ミネルヴァ書房

日本と中国のパブリック・ディプロマシー
　　──概念変容に伴う新たな競争──

　　　　　目　　次

序　章　パブリック・ディプロマシーによる新たな競争 …………1
　1　研究の背景——パブリック・ディプロマシーとは何か ………1
　2　本書の目的と分析枠組み ……………………………………7
　3　本書の構成 ………………………………………………10

第1章　対外政策としてのパブリック・ディプロマシー …………11
　1　パブリック・ディプロマシーの発展と研究の類型 …………13
　2　パブリック・ディプロマシーと国家の対外政策との関係 …20
　3　パブリック・ディプロマシーと対象の認知と受容 …………27

第2章　事例分析から見るパブリック・ディプロマシーの
　　　　役割と限界 ……………………………………………33
　1　戦後日米間の国際文化交流政策 ………………………34
　2　台湾の対米ロビー活動に伴う文化外交 …………………42
　3　中国のオリンピック聖火リレーをめぐる文化外交 ………49
　4　パブリック・ディプロマシーの役割と有効性 ……………57
　5　パブリック・ディプロマシーの役割に対する再評価 ……64

第3章　「台頭する」中国のパブリック・ディプロマシー
　　　　（公共外交）の概念変容 ………………………………67
　1　パブリック・ディプロマシーと公共外交 …………………68
　2　公共外交の理論的分析視点 ……………………………73
　3　公共外交の概念変容 ……………………………………77
　4　パブリック・ディプロマシーの概念を選択的に受け入れた
　　　中国の公共外交 …………………………………………89

第4章 「不完全な大国」日本のパブリック・ディプロマシー
　　　（広報文化外交）の概念変容……………………………………91
　1　広報文化外交の理論的分析視点……………………………92
　2　広報文化外交の概念変容……………………………………95
　3　概念と役割を調整する広報文化外交………………………125

第5章 文化政策の側面から見る新たな競争………………………127
　1　文化政策が持つ対外政策，国内政策としての側面………129
　2　中国の文化政策における概念の変容………………………137
　3　日本の文化政策における概念の変容………………………146
　4　ソフト・パワー競争における文化政策の役割……………162

第6章 習近平政権のパブリック・ディプロマシー
　　　――対外宣伝広報の強化と集権化………………………………165
　1　問題の所在と分析視点および分析対象……………………169
　2　最高指導者習近平にとっての公共外交と対外宣伝広報…179
　3　公共外交と対外宣伝広報の担い手…………………………194
　4　新時代の中国特色ある大国公共外交――新たな規範提示の虚実…209

終　章 国際政治におけるパブリック・ディプロマシー……………213

参考文献　217
あとがき　239
索　引　243

序　章
パブリック・ディプロマシーによる新たな競争

1　研究の背景──パブリック・ディプロマシーとは何か

　グローバリゼーションの深化と情報通信技術の発展により，国際関係における情報，文化の概念と役割が多様化してきた。とりわけ冷戦終結以後は，イデオロギーの違いをめぐる政治的な境界線が薄まったため，情報と文化は，人や資本とともに国境を越え，よりいっそうの交流，そして摩擦と競争を引き起こしている。各国政府による政治的，経済的な交流や競争と比べれば，近年の情報の越境と文化の交流は比較的，政治色が薄いとされてきた。そのため，情報の共有や文化交流が進んでいくことによって，グローバルな規模で市民社会が構築されていくことや，国家間の相互理解が深まることへの貢献が期待されてきた。

　他方で，ナイが主張するように，グローバリゼーションが進む今日の国際社会において，情報と文化はソフト・パワー，スマート・パワーの源泉としても，国家にとってきわめて重要な意義を持つ（ナイ，2004；2011）。そのため，近年では，日，米，欧州諸国だけでなく，中国，インドなどの新興国も情報発信と文化交流の役割，影響力に注目し，ソフト・パワーをめぐる競争における自国の優位性を追求している。情報と文化のグローバリゼーションに対応するため，各国政府は国内外の文化交流を促進するとともに，自国文化の輸出と発信を強化している。そのようなグローバルな変化を背景に，情報と文化を主なツールとし，国家のソフト・パワーを強化する重要な手段であるパブリック・ディプロマシー（以下「PD」と記す）はますます各国の政策関係者と有識者に注目さ

れている。

　上述の通り，PDが注目を浴び始めたのは比較的近年になってからであるものの，PDの概念それ自体は決して新しいものではない。むしろその概念自体は，古くて新しいものであるといえよう。例えば，外国国民の自国に対する認識，態度が自国の外交環境に与える影響に関する研究や外交現場での実践には長い歴史がある。また，時代と国際情勢の変化に伴い，外国の大衆を対象に行われる外交行動も変容してきた。限定された目的達成のための心理戦，広範囲で意図的に行われる情報操作やプロパガンダ，そして一方的な政策，文化に関する発信であるような文化外交政策といった古典的な外交政策の範疇を超え，今日のPDの定義は双方向の発信，理解，価値創造を含むように発展したのである。

　PDの概念，範囲，意義に対する解釈は時代，国によって異なる。ハイデンによれば，各国のPDはそれぞれの政治的，文化的背景に影響され，ソフト・パワーとPDの理論構築と実践には固有の特殊性が存在する（Hayden, 2012: 169-209）。しかし，本書の分析でも示すように，日中を含む諸国のPDに対する理解にはある種の共通認識が存在している。PDの一般的な定義に関しては，本書は基本的に北野による説明を援用し，以下のように定義する。「PDとは，自国の対外的な利益と目的の達成に資するべく，自国のプレゼンスを高め，イメージを向上させ，相互発信，交流による民間レベルの相互理解を深め，相互信頼関係を促進するよう，海外の個人及び組織と関係を構築し，対話を持ち，情報を発信し，交流するなどの形で関わる活動である」(金子・北野，2007：20）。

　本書で詳述するように，PDは冷戦下の1965年に米国で提起された概念であり，その原型であるプロパガンダや国際文化交流はさらに古い歴史を持つ。先行研究が示すように，冷戦下の東西両陣営諸国，とりわけ米ソ両国は自らのイデオロギーと政治体制の優越性，そして対外政策の妥当性を外国の大衆に訴えるためにPDを重要な対外政策として捉えていた（例として，Cull, 2008; 貴志・土屋，2009；斎藤，2013）。冷戦終了後の一時期，ライバルが不在となったアメリカでは，PDの予算削減と組織再編が行われたが，2001年の同時多発テロ事件

序　章　パブリック・ディプロマシーによる新たな競争

は再びPDの重要性を浮き彫りにした。同時多発テロ事件以降，アメリカを含む先進諸国はPDにいっそう力を入れるようになった。そして，先進諸国におけるソフト・パワーやPDの議論に触発され，中国などの新興国もPDに関する研究を加速させ，外交現場において積極的に実践をしている。2000年代前半では，同時多発テロ事件がポスト冷戦時代におけるPDの重要性を浮き彫りにしたのに対し，対テロ戦争に合わせて行われたアメリカのPD政策はPDをめぐる規範研究に失敗例としての研究材料を提供した。PDにおける国家の戦略性と政策実施の効率性を重視する従来の議論に対し，NGO，企業や個人など非国家主体の役割を強調し，PDにおける非国家主体の自律性を重要視する研究（代表的な例として，Melissen, 2005）も増えてきている。

　国家の役割を重視し，PDの戦略性を強調する研究（例として，Mor, 2006; Sheafer and Shenhav, 2009）にせよ，多様化した非国家アクターによる役割を重視し，PDにおけるNGOなど非政府アクターや市民の自律性，自主性を強調する研究（例として，Payne, 2009a, b; L'Etang, 2009; Ordeix-Rigo and Duarte, 2009）にせよ，ほとんどの先行研究はグローバリゼーションや情報通信技術の進歩に伴う，非政府アクターの多様化と役割の増大，自発的な交流の活発化など，PDが直面している世界の変化に注目してきた（Gregory, 2008: 282-287）。そして，それらの多くは社会学，心理学，メディア論など多様な手法を駆使し，新たな変化に対応できるNew PD（新たなPD）のあるべき姿について論じてきた。

　しかし，PDの理論，規範研究に比べ，PDを対外政策として捉える事例研究はまだ少なく，New PDに対する期待が膨らむ一方で，期待と現実の間に存在するギャップに注目し，その原因を探る研究は決定的に不足している。そして，視点をアジア，さらに日中両国に移すと，いくつかの優れた先行研究（例として，青山, 2009：2014：Lee and Melissen eds, 2011; Wang eds, 2011, Melissen and Sohn, eds., 2015）が存在するとはいえ，現存の先行研究のみでは，近年精力的にPDの議論と実践を推進し，競争的な関係を強めている日中の動向とその要因を十分に理解することは困難である。

　周知のように，隣国同士である日中両国政府は領土資源問題や歴史認識問題

3

を抱えており，両国の世論もまた常にそういった複雑な問題に影響されている。近年では，両国がしばしば外交問題をめぐる批判と反論の手段として，PDを用いている。しかし，本書で分析していくように，両国のPDは決して個別具体的なイシューに対処するために構築されてきたわけではない。そして，その他の多くの対外政策と同じように，PDは実施国の国内政治，経済や社会の動向に影響されており，日中両国のPDも例外ではない。

　近年急速な経済成長と軍事力の増強を背景に，中国は国際社会における自国の影響力と役割の拡大を求めている。第3章で紹介する多くの先行研究[1]が示すように，2000年以降の中国では，ハード・パワーの増強と合わせ，ソフト・パワーを求める議論が活発化し，ソフト・パワーの活用に中心的な役割を果たすPDに強い期待が寄せられている。そして，第6章で説明するように，近年大国と自任するようになった中国にとって，強まってきたハード・パワー，とりわけ経済力を国際社会における政治力と影響力に転換させることが重要な課題となっている。青山によれば，2009年の時点では，「公共外交」（以下では中国のPDを「公共外交」と記す）という輸入概念に対する中国の政策関係者，有識者の理解は必ずしも一致しておらず，公共外交は政策レベルのコンセプトとして提起されていないという（青山，2009：2-3）。しかし，公共外交の概念が定着した2000年代後半以降，中国のPDは防御的なものから積極的なものへと大きく変化した。すなわち，従来のように自国のマイナスイメージを払拭することだけでなく，特定の外交政策への寄与や海外権益の擁護も目的として提起されるようになったのである（青山，2014：17-22）。2011年に楊潔篪が外交部長として行った公共外交に関する説明に基づき，本書第3章においては楊による以下の定義を中心に議論を展開する。「公共外交は伝統的外交を継承し，発展させ，一国の政府が主導し，さまざまな発信，交流手段を利用するものである。公共外交は外国の大衆に自国の国情と政策理念を紹介し，自国の大衆に自国の外交方針と外交政策を紹介する。その目的は国内外の大衆による理解，賛同を獲得

（1）　本書において，特別な言及がない限り，先行研究は中国国外で発行された文献を指し，外国語に翻訳されたものを含む中国国内で発行された文献は第3章で扱う分析対象とする。

し，良い国家イメージを確立し，望ましい世論環境を作り出し，国家の利益を擁護，促進すること」(楊，2011：43) である。

　第3章で詳しく述べるように，公共外交の特徴を解明しようと試みる先行研究は数多く存在しており，中国の対外政策研究にも重要な知見を提供している。しかし，近年中国の対外政策自体が激しく変化しており，中国国内における公共外交の概念に対する理解も変化してきた。第6章で分析するように，2018年現在の最高指導者である習近平は，西側諸国から輸入した概念である公共外交より，「対外宣伝」，「文化の発信」や「人的・文化交流」といった表現を多用している。ほとんどの先行研究は公共外交の時々の特徴を分析することに注力しているため，長期にわたり公共外交の変化を促すこととなった要因が理論的に説明されていない。したがって，2000年代以降，なぜ中国は公共外交という概念を導入し，実践と理論研究を深化させてきたのか，そして，2012年に現政権が発足した以降，なぜ公共外交という概念が限定的に語られるようになったのか，という問いに対し，先行研究のみでは満足な答えを出すことができない。そのため，今後公共外交が変化する方向性を示すことはもちろん，台頭する中国の対外戦略における公共外交の位置づけを理解することも困難であろう。さらに，中国が戦略的に公共外交や対外文化政策を展開しているとの見方（代表的な例として，Kurlantzick, 2007）が一般的となっているが，中国が台頭するプロセスにおいて，いかにして日本を含む西側先進諸国をライバルとして見なし，公共外交を外交の重要手段として捉えるようになったかに関しては十分に検証されていない。

　一方，日本はアジア諸国のなかではいち早くPDに取り組み，その概念の変化があったとはいえ，1970年代以降一貫してPDを行ってきた。日本では時代や論者によって「文化外交」や「国際文化交流」などの概念が使われることも多いが，外務省大臣官房に設置されている広報文化外交戦略課の英語名称がPublic Diplomacy Strategy Division であることに鑑み，本書では日本のPDを

（2）　外務省ホームページ http://www.mofa.go.jp/mofaj/annai/honsho/sosiki/gaimu.html（最終アクセス2015年9月5日）

「広報文化外交」と言い換えることとする。近年，外交環境が目まぐるしく変化しているなか，日本でもPDに関する議論が盛んに行われている。『外交青書2014』第1章第3節，「パブリック・ディプロマシーの強化」では，PDの意義と重要性について，「国際社会での日本の存在感を高め，信頼される日本の姿が理解されるためには，日本の基本的な立場や考え方について内外に積極的に発信するとともに，日本の多様な魅力を発信することにより，日本への関心や親近感を高め，良好な対日イメージの形成に努めることが不可欠である」と強調されている。本書第4章においては，以上の説明に基づいて広報文化外交の議論を展開する。

　第4章で詳述するように，中国の公共外交を対象とする研究に比べ，英語圏における日本の広報文化外交にスポットを当てた研究は発展途上である。日本国内にはいくつもの優れた先行研究が存在し，広報文化外交の変遷，特徴や課題を理解するのにきわめて重要な知見を提供している。しかし，変容する外交環境に対し，対外政策としての広報文化外交がどのように変化し，対応してきたかという問いに答えるものは少ないと言わざるを得ない。冷戦期の日本にとって広報文化外交は，アメリカをはじめとする西側諸国と円滑な外交関係を維持し，アジア諸国に対する「貢献」を果たすための重要な手段であった。冷戦終結後，日本は地域の大国として，アジア地域主義を推進する役割を果たそうとしていた。「文化外交」や「国際文化交流」といった活動の目的には，アジア諸国における対日感情の改善や親近感の強化だけでなく，アジア地域意識の醸成と共有も加えられた。日中関係が変化するなか，日本にとって中国も広報文化外交の重要な対象国となった。2000年代以降，中国の台頭に伴うアジア地域におけるパワー・シフトを背景に，日本の広報文化外交にとって，反日感情が強まる中国は重要な対象国というだけでなく，ソフト・パワーや文化的プレゼンス競争のライバルにもなってきた（Hayden, 2012; Heng, 2010）。従来PDにおける政治色を注意深く抑えてきた日本が，なぜ2000年以降，広報文化外交における戦略性と効率性を求めるようになったのかを理解するためには，さらなる検証が必要とされている。

2　本書の目的と分析枠組み

　本書の目的は，国際関係理論，とりわけ国家の対外行動を説明するための理論的分析視点を用いて，近年日本と中国のPDおよび文化政策の特徴を説明し，両国のPDの概念変容を促した要因を明らかにすることである。
　ソフト・パワーを提唱したナイによると，ソフト・パワーとは，力による強制と利益による誘惑を伴うことなく，魅力により他者からの尊敬と共感を集め，自らにとって望ましい行動を促す能力であり，国家にとってのソフト・パワーの源泉とは文化の魅力，政治的な価値観，対外政策の正当性である（ナイ，2004：34）。そのため，外国の大衆に対する宣伝広報を行い，文化を媒体に発信と交流を促進するPDは，国家のソフト・パワー増強に大きく寄与する対外政策として捉えることができる。一方，自国の文化を保護，維持し，発展を図り，諸外国文化との交流を推進する文化政策は，PDに文化的資源を提供し，国家にソフト・パワーの源泉を提供していると考えられる。純粋な広報外交政策を除き，PDの活動内容の多くは文化政策との関連性が深く，切り離すことができない。
　前述したPDの定義から分かるように，PDの目的が自国の対外的な利益と目的の達成に貢献することであるがゆえに，伝統的な外交と同様に，安定と協調を生み出す可能性だけでなく，対立と緊張を助長する可能性もある（北野，2014：2）。米中間，日中間のパワー・シフトを背景に，日中の構造的な競争関係が固定化される（例として，Yahuda, 2014）なか，両国のPDと文化政策における競争的な側面が強まってきた（例として，Sun, 2013）。本書で詳述するように，日本を含む西側先進諸国との競争を強く意識し，2000年代後半以降PDと文化政策に注力する中国に対し，従来中国との友好交流を重視してきた日本も，2000年代後半以降においては中国に対するライバル意識を強めてきたのである。
　では，日中両国はどのような問題意識を持ち，PDを重要な対外政策と見なすようになってきたのであろうか。そして，なぜ両国のPDにおいて，互いを

ライバル視する傾向が強まってきたかのだろうか。こうした問いに答えるために，本書は領土資源問題や歴史認識問題のような個別具体的なイシューに注目するのではなく，国際関係理論の分析視点に基づきその理由を分析する。つまり，本書は日中関係の特殊性を強調し，両国が抱えているホット・イシューをめぐる互いに対する批判や反論を説明するものではなく，公共外交と広報文化外交の特徴を分析しつつ，両国のPDを，比較可能な対外政策の事例として捉える。そこで，異なる時期において日中両国が直面していた国際環境の変化と，両国国内の諸アクター間の相互作用に注目することにより，公共外交と広報文化外交の競争的側面が示す一種の普遍性の解明を目指すのである。そのために，具体的にはネオ・リアリズム，コンストラクティヴィズムとネオクラシカル・リアリズムの分析視点を用いて，公共外交と広報文化外交，そして両国の文化政策を分析する。なお，分析の主目的は理論分析枠組みの優劣を決めることではなく，日中のPDが変化した要因とその間に存在する競争的な側面が増強した理由を分析することであるため，これらの理論的視点分析のレンズとして，必要に応じてそれぞれを使用する。

　ネオ・リアリズムの視点から国家の対外政策を説明する場合，合理的思考に基づくパワーや同質の利益に対する追求を重視することが特徴として挙げられる。ソフト・パワーをパワーとして見なす場合，対外政策としてのPDは国家にとって，パワーを追求することとなり，ライバル国に対するバランシングの手段となりうるのである。冷戦期における米ソ間のソフト・パワーをめぐる競争に対しては，ネオ・リアリズムの視点が有効であるといえる。冷戦終結後，唯一の超大国であるアメリカに対し，その他の大国は軍事的な手段以外の限定的な，ソフト・バランシングを行ってきた（Paul, 2005）との主張もあるように，競争関係が強まる日中両国のPDは互いに対するソフト・バランシングであるとも考えられる。ネオ・リアリズムの視点を用いることにより，アクター間のPDによるソフト・パワーをめぐる競争と対立に対する理解が深まる。しかし，日中両国は決して同時期にPDの実践を開始し，概念を定着させたわけでない点に鑑みれば，ネオ・リアリズムの分析視点のみでは明らかに不十分である。

国家を主なアクターとして捉えるリアリズムに対し，コンストラクティヴィズムは非国家アクターも分析の射程に入れている。コンストラクティヴィズムの視点からすれば，さまざまなアクターは一方的に国際構造に影響されるのではなく，アイディアや規範を通じて国家と国際構造にも影響を与える。したがって，国益は常に合理的思考に基づく自明なものではなく，アイディアや規範に影響され構築されるものである。対外政策における「学習」の視点からすれば，手段レベルの変化を中心とする「単純な学習」と目的自体の変化を伴う「複雑な学習」が存在する (Levy, 1994)。アクター，あるいはエージェントの間主観性に注目し，PDやソフト・パワーなどの概念が学習されるプロセスを分析することにより，日中のPD変化を，アイディアの変化とともにより動態的に説明することができる。しかし，日中間の競争は自国のPDが持つ理念的な優越性ではなく，パワーであるソフト・パワーの競争である点に鑑みれば，コンストラクティヴィズムの説明能力にもまた限界があると言わざるを得ない。

客観的なパワー分布が国家の行動を制限すると主張するネオ・リアリズムに対し，ネオクラシカル・リアリズムはパワー分布に対するアクターの認識と国内政治の要因を分析の射程に入れている。ネオクラシカル・リアリズムの分析では，政策関係者の認識の変化や国内政治の変化は国際システムと対外政策の間にある媒介として捉えられる (Lobell, Ripsman and Taliaferro, 2009: 4-13; Rose, 1998)。国際システムに対する政策関係者の誤解や国内政治における戦略資源動員の失敗は国家の対外政策を左右するが，アクターの行動はあくまで国際システムへの対応であるとされる。近年のコンストラクティヴィズムの視点を用いる研究もネオクラシカル・リアリズム同様にアクターの認識や国内政治に注目しているが，前者は国際システムとアクターの間の相互作用を強調し，アイディア，規範の主体性を重要視するのに対し，後者は国際システムによる制約を受け入れ，相対的パワー分布をより重視する。本書はリアリズムの視点を基本とし，コンストラクティヴィズムとネオクラシカル・リアリズムの視点から，アクターの間主観性と日中両国国内政治，経済，社会の変化をも分析の射程に入れ，日中のPDおよび文化政策の概念変容を促した要因を分析する。

3　本書の構成

　本書は以下のような構成で議論を進める。まず，第1章ではPDに関する先行研究を概観し，PDが対外政策としてどのような役割を果たしうるかを分析する。そして，第2章では3つの事例分析を行い，対外政策としてのPDの特徴を説明し，役割と有効性およびその限界について論じる。具体的には，日米間の国際文化交流，台湾の対米ロビー活動，中国のオリンピック聖火リレーをめぐる文化外交の3つである。戦後日米間の国際文化交流は多様な民間アクターが関わり，長期間にわたって行われてきた政策の代表例である。台湾による対米世論工作の事例と，中国によるオリンピック聖火リレーを宣伝する事例は明確な政策目標を持ち，政府主導の側面が強いPDの代表例である。3つの事例は後に日本の広報文化外交と中国の公共外交の理論構築と実践に大きな影響を与えたと考えられる事例でもある。さらに，第3章と第4章ではそれぞれ中国と日本に注目し，公共外交と広報文化外交の変容とそれらを促した要因を前述した理論的分析視点から検証する。第5章ではPDときわめて深い関係性を持つ日中両国の文化政策に注目し，両国のPDに文化的資源を提供し，ソフト・パワーをめぐる競争に寄与する文化政策の役割を説明しつつ，PDのみでは見えにくい，両国の国内環境の変化による影響を検証する。続く第6章では，2012年に発足した，中国の習近平政権下の公共外交について分析を行い，大国と自任するようになった中国では，なぜ公共外交が以前より限定的に語られるようになったのかを明らかする。そして終章において，本研究で得られた知見をまとめ，本書の結論を提示する。

第1章
対外政策としてのパブリック・ディプロマシー

　本書の主たる分析対象は日中両国のPDであるが，日中両国がいかにしてPDという政策概念を受け入れ，自国の需要に合わせてそれを調整してきたのかを理解するためには，まずPDの概念と役割を整理し，検証する必要がある。本章の目的は，PDに関連する先行研究を整理しつつ，PDの概念と活動が発展してきたプロセスを説明し，国家の対外政策としてのPDが果たしうる役割を検証することである。

　情報や文化を活かして，外国の世論に働きかける外交活動は決して新しいものではない。情報の越境と文化をめぐる交流は国家が誕生する以前から地球上に存在していたが，近代以降，各国政府が意図的にそのような現象を対外政策とリンクさせたのである。近代のPDは二度の世界大戦と約40年間の冷戦の洗礼を受け，各国にとってきわめて重要な外交活動となっている。そして，グローバル化の深化と新たなテロリズムの挑戦を背景に，21世紀現在，PDはよりいっそう注目と期待を集めている。政治的，文化的背景が異なるため，各国が行ってきたPD政策には当然ながら定義，内容の違いが存在する（Gregory, 2008）。同じPDという表現で行われている対外政策には，内容の特徴によって，1．心理戦，2．国際政治宣伝，3．国際広報，4．国際文化宣伝，5．国際文化交流などの側面が存在する（伊藤, 1987）。ニコルソン（1968）をはじめとする多くの外交実務者，研究者は外国の世論，そして世論に影響を与える自国のプロパガンダ，広報外交の手法，重要性について論じてきた。さらに，Melissen（2005），平野（2005），金子・北野（2007）などは従来の広報外交だけでなく，国際文化交流にもスポットを当て，広報文化外交に相互理解を加え，PDの重要性，有効性を強調した。PDとはどのような政策か，PDが国際政治

に影響を与えるメカニズムはどのようなものなのかといった疑問に対し，注目する分野，アプローチの手法によって，さまざまな答えが出されてきた。しかし，国際関係という枠組みのなかにある，対外政策の一環としてのPDの役割とその限界に関しては，従来の研究において，通説的な理解が存在しているとは言い難い。

　本章で詳しく述べるように，PDに関する研究には多くの難題が付きまとっている。例として，まず，PDであると定義可能な活動やそれらに関わっているアクターが多様化し，細分化しているため，PDに携わるさまざまなアクターや，PDについて語っている有識者の間では，PDに対する理解は必ずしも一致しない。そして，PD政策，活動の実施と，その成果との間の因果関係を証明する方法が存在しないため，各国の政策関係者と有識者はしばしば自らの立場から，PDの役割と効果を過剰に期待するか，あるいは過小に評価している。さらに，短期的な目標実現によるインパクトが大きいため，PDが長期にわたって外交環境や，その他の対外政策に与える影響は軽視されやすい。

　そのような難題を直視し，十分な議論を重ねる前に，PD政策の戦略性と効率性を追求することはPDの役割と影響を矮小化する恐れがある。他方，本来PDが帯びている，対外政策としての政治的な特性を軽視すれば，PDを通じて行われている，各国の間の競争や摩擦を理解するが困難であろう。

　では，多様な定義と評価があるなか，PDという概念がどのように確立され，定着したのだろうか。対外政策としてPDが行われることにはいかなる意義があるのか。期待される役割と可能性に対し，PDの効果はいかなる制限を受けるのか，といった問いに答えるために，本章では以下のように議論を展開する。まず，第1節は，PDが発展してきた背景や今日における特徴を，政策対象と研究対象という2つの観点から概観する。そして第2節ではPDの定義をより明確にし，対外政策としてのPDの役割，可能性を分析する。さらに第3節では，外国一般大衆の心理的環境に注目し，PDの効果が受ける制限と，対外政策としてのPDの限界を検証する。

第1章　対外政策としてのパブリック・ディプロマシー

1　パブリック・ディプロマシーの発展と研究の類型

　金子・北野（2007），Snow／Taylor（2009），Lee／Melissen（2011）など多くの文献や先行研究が示しているように，国によってPDの定義，内容が異なるだけでなく，研究者が重視する視点，用いる分析方法によって，PDの現状に対する認識やそのあるべき姿も変化してきた。歴史を遡り，今日PDと定義される活動の源を探れば，19世紀後半以降のヨーロッパ諸国の対外政策にその原型となるものを見出すことができる。欧州諸国による植民地支配が拡大し，国境を超える通商，交流が増えるなか，民間における文化の国際主義が形成されるだけでなく，諸国政府も文化の力に目を向けた。自国の文化的優位を示すため，そして権益拡大のため，政府の明確な戦略に基づく文化外交やプロパガンダが登場した（ミッチェル，1990：31-67）。第一次世界大戦後，外交の形が大きく変化し，王侯貴族や政治エリートのみによる外交が批判され，新たに世論が国家の対外政策にとって無視できない存在となった。各国政府が文化外交，プロパガンダに注力するのに対し，民間レベルの国際文化交流も欧米を中心に盛んであった。しかし，政府による文化外交，プロパガンダは同時に各国のナショナリズムをも高揚させ，やがて第二次世界大戦が勃発し，文化の力は再び大衆の心をコントロールする道具とされていった（Gregory, 2008: 276-279; 入江, 1998）。

　第二次世界大戦後，PDという概念を作り出し，多様な実践によってそれを大きく発展させたのは超大国アメリカであった。政府による文化政策，文化外交への介入を否定的に捉え，PDに無関心であったアメリカは，長くヨーロッパ諸国に遅れを取ってきた。そのようなアメリカを変え，精力的に広報文化外交，海外放送を行うようにさせたのは外部による脅威であった（Gregorey, 2008: 279）。敵国であるドイツと日本が降伏したため，戦時中に作られた戦時情報局（United States Office of War Information）は廃止され，多くの対外宣伝，広報活動は国務省などの機関に受け継がれた。ドイツ，オーストリア，日本に

おける占領統治のために，アメリカはラジオ放送，映画製作など従来の宣伝手法を活用しただけでなく，合衆国教育交流計画（フルブライト計画）のようなプロパガンダとは異なった形の活動を始めた。しかし，ソ連の影響力拡大，および共産主義思想の蔓延につれ，アメリカ政府はかつての同盟国であるソ連を新たな脅威として認識せざるを得なくなり，対外宣伝，広報体制の再構築も余儀なくされた（Cull, 2008; 2009）。

1953年，アイゼンハワー政権のもとで，国家安全保障会議（National Security Council）直轄の，対外宣伝広報の専門機関である米国広報文化交流庁（United States Information Agency，以下USIAと記す）が誕生した。USIAの活動は民間アクターの協力も集め，多様であったが，中央統制が強く，諜報，心理戦の要素も混在するため，プロパガンダを超える新たな活動スタイルにほど遠い存在であった（貴志・土屋, 2009）。プロパガンダ，そして対外政策そのものによるマイナスイメージを払拭し，ソ連の文化的攻勢に対抗するため，ケネディ政権は従来の一方的に「情報を伝える」という宣伝，広報外交の方針を転換し，「文化による相互理解」を中心とする国際交流活動を推進した（渡辺, 2008：63-71；マルテル, 2009：28-33）。そのような方針転換がもたらした成果を評価することは困難だが，自国にとって望ましい情報を伝えるだけでなく，国際文化交流による相互理解に対する政策レベルでの再確認は，硬直化した文化冷戦に新たな生命力を吹き込んだといえる。なぜなら米ソによる文化冷戦が激しさを増すなか，アメリカ国民を含む世界中の人々にとって，「プロパガンダ」は決して心地よく受け入れられるようなものではなかったからである。

ケネディ死後の1965年に，タフツ大学フレッチャー法律外交大学院長のエドムンド・ガリオン（Edmund Gullion）が初めて公の場において「パブリック・ディプロマシー」という言葉を使った。この新たな概念は従来の宣伝，広報活動の特徴を踏まえた上で，民間レベルの対話，相互理解の重要性を強調したものであった（Cull, 2009: 255-261）。PDという概念が登場した1965年はアメリカが北爆を開始し，ベトナム戦争に全面的に介入を始めた年でもあった。新たな概念が登場したにもかかわらず，アメリカのPDは諜報，心理戦と一線を画す

ことができず，本質的な変化には至らなかったといえる。しかし，グローバル化が加速するなか，PDという用語が世界規模で共有されていなかったとはいえ，文化外交，国際文化交流はますます西側諸国政府に重要視されていった。このような流れを受け，日本もPDに取り組み始めることとなる。急速な経済成長とそれによる外国との貿易摩擦を背景に，1972年にはPDの専門機関である国際交流基金が設立され，日・米と日・アジアという2つの活動軸を持ち，本格的にPDへの取り組みを始めたのである（平野, 2005：6-12；国際交流基金, 2006）。

1980年代，ソ連のプロパガンダに強い危機感，対抗意識を持つレーガン政権はUSIAのNSCにおける役割を再確認し，PDを精力的に推進した。しかしやがて冷戦の終焉に伴い，USIAはクリントン政権期において弱体化し，最終的に国務省に吸収された（Cull, 2009: 33-42）。外部の脅威がなくなり，唯一の超大国となったアメリカにとって，ソ連に対抗するための広報，宣伝だけでなく，PDによって自らの優位性を示す意味も薄まったからである。そのようなアメリカに脅威を感じさせ，PDに対する政府，民間の関心を再び強めるきっかけとなったのは，2001年に発生した9.11同時多発テロ事件であった。

同時多発テロ事件以降，突出したパワーを持つアメリカはなぜテロ攻撃を回避できなかったのか，そして，なぜその後の対テロ戦争，イラク戦争は広く支持を得られなかったかといった疑問に対し，さまざまな議論が展開されてきた。グローバル化の深化と情報，通信技術が進歩するに従い，自国に対する外国民間レベルの理解や外国世論による支持はかつてないほど重要視されるようになった。そして，どのようなPDが最も効果的なのかは議論の中心となってきた。

現在の欧米諸国，とりわけアメリカにおけるPDを対象とする多くの研究は，ナイ（2004）のソフト・パワー論やナショナル・イメージなどの理論に基づく[1]

---

[1] Leonard, Mark, Stead, Catherine, and Smewing, Conrad（2002）, *Public Diplomacy*, London: Foreign Policy Centreでは，国家イメージをはじめとする戦略的メッセージの発信の重要性が強調された。

ものである。ナイによると、ソフト・パワーは強制力や利益の提供ではなく、目標共有や政策の魅力で外国の行動を変えることができ、PDはソフト・パワーにつながるさまざまな外交資源を提供する。PDは１．日常的な政策広報外国語放送などによる情報発信、２．トラックツーのような戦略対話、そして３．人的、知的交流活動、という３つの側面から構成され、自国の魅力と対外政策の正当性を外国に示し、最終的に自国のソフト・パワーを促進することができる（Nye, 2008: 101-108）。政策立案者はしばしば情報伝達、自国の魅力をアピールすることの重要性を過大評価するが、相手国の大衆は何に対して興味、関心を持ち、何を知りたいのかを理解するためにも、双方向の対話を中心とするPDを行わなければならないとナイは主張している。Melissen（2005）はナイのソフト・パワー論を踏まえ、宣伝、広報の重要性を認めつつも、PDは単なる外交政策や手段ではなく、グローバル化、情報化する時代において、民間アクターが参加する新たな外交の形であると論じている。そして、Snow and Taylor（2009）は同時多発テロ事件以降のアメリカによる中東諸国に対するPDの問題点を指摘し、PDの内容に反するような行動を取る場合、発信した情報、メッセージの信憑性が低下し、本来期待される政策の効果を損なうと強調する。Melissen（2005）、Enric Ordeix-Rigo／Joao Duarte（2009）、Fisher（2013）では、PDの内容と目的だけでなく、PDの担い手でもある、NGOなど民間アクターの参加、協力、交流とそのような活動によって構築されるネットワークの重要性を強調する。さらに、多くの研究は各国のPDを対象に事例分析を行い、米国、欧州諸国、日本を中心に、中国をはじめとする近年PDに注力してきた新興国に対する分析も加えている[2]。

　PDに関する議論が活発化する欧米に対し、日本でもPD、対外宣伝、文化政

（２）　Seib, Philip, ed.（2009）, *Toward a New Public Diplomacy Redirecting U.S. Foreign Policy*, New York: Palgrave Macmillan; Snow, Nancy, and Philip M. Taylor, eds.（2009）, *Routledge Handbook of Public Diplomacy*, New Yourk and London: Routledge; Lee, Sook Jong, and Jan, Melissen eds.（2011）, *Public Diplomacy and Soft Power in East Asia*, New York: Palgrave Macmillanはそれぞれ国家単位の分析を行い、先進諸国だけでなく、新興国、とりわけ中国の近年の動向に注目している。

策，国際文化交流に関する研究が増えてきた。代表例として，独立行政法人国際交流基金のイニシアティブで行われてきた研究の成果を挙げることができる。国際交流研究会は「国際世論」が国際関係に影響を与えており，一定の共通する価値観の下で形成される世界規模の市民社会の影響力が増強しているという視点でPDの重要性を強調し，日本政府，国際交流基金に対する提言を行った。[3]「主要先進諸国における国際交流機関調査報告書」[4]，若松（2004），青山（2009）などは主要国におけるPD事業の運営に関する調査を行い，政策立案，実施の特徴に合わせ諸国のPD政策の背景も分析した。そして，金子・北野（2007；2014），三上（2007），星山（2008）などは諸国の政策特徴を比較，分析した上，ソフト・パワー論に合わせてPD政策に関する理論分析を試みた。さらに，渡辺（2008）[5]など多く先行研究は一カ国，あるいは数カ国の政策運営の事例に対する分析を行い，理論分析に事例分析を加え，理論構築および理論批判の重要性を示唆した。

　前述したように，多くの先行研究では文化政策，文化外交などさまざまな視点から文化要素と国際関係についての議論がなされてきたが，内容が多様で，数多くの先行研究を精密に分類することは困難である。しかし，PDそのものを中心とする研究はもちろん，国際交流や文化の越境などの視点からの分析にも多くの共通点が存在する。相違点と共通点を整理することは今後のPD研究にとって大変有益である。先行研究を整理するためだけでなく，本論に分析の枠組みを提供するためにも，筆者は特徴に合わせて，先行研究を以下の４タイプに分類する。

　第１のタイプは，国際政治における文化的要素をめぐる政策の重要性，とくに国家ブランド，魅力的な文化商品をはじめとする対外発信の重要性を強調す

（３）　国際交流研究会（2003）「新たな時代の外交と国際交流の新たな役割――世界世論形成への日本の本格的参画を目指して」『国際交流研究会報告書』国際交流基金。
（４）　国際交流基金ホームページ http://www.jpf.go.jp/j/about/survey/advanced/ （最終アクセス2011年１月12日）
（５）　渡辺靖（2009）「日本らしさとは何か――アイデンティティと文化外交」『外交フォーラム』2009年７月号などを挙げることができる。

るタイプである。第2のタイプは、一方的な発信だけでなく、相互理解、市民社会の発展などの視点から国際文化交流活動の重要性を強調するタイプである。第3のタイプは、他国のPD、文化政策を意識し、目標達成に対する期待を示すタイプである。第4のタイプは、政府の役割を超える市民社会の力、文化の浸透力に対する期待を示すタイプである。ほとんどの先行研究は単に1つの主張をしているわけではなく、むしろ第1から第4までの4つの特徴を紹介したうえで、どれか1つに重点を置いて論じているものが多い。そして、1と3、2と4の特徴を組み合わせて論じている傾向も見られる。例として、ナイ（2008：2011）は双方向の交流がPDの信憑性、政策の正当性を高めると主張しつつも、政府の支援に基づく情報発信、戦略的対話が自国のソフト・パワーを促進し、最終的に望ましい外交環境を構築することができると強調している。つまり、第2と第4の考えを認めた上、第1と第3の側面に注目しているといえる。日本の場合では、金子・北野（2007：2014）、星山（2008）や『外交フォーラム』に掲載された多くの研究成果が第2、第4の考えの重要性を紹介しつつも、第1と第3の主張に注力し、日本のPDのあるべき姿について提言した[6]。それらに対し、前述のとおり、Melissen（2005）、Enric Ordeix-Rigo／Joao Duart（2009）、Fisher（2013）らは宣伝、広報の重要性を評価するものの、PDの担い手としての民間アクターの主体性、PD活動の政治からの自律性や、自発的に構成される国際文化交流のネットワークの重要性を強調している。すなわち、PDの第1と第3の側面を紹介しつつも第2、第3の考えを強調した。日本では、平野編（1999）、戦後日本国際文化交流研究会（2005）、佐々木、川崎、河島編著（2009）などは政府の外交活動による発信より文化自身の浸透力、国際文化交流による相互理解を高く評価し、政府主導の国際文化交流を紹介しつつも、政府以外のアクターよるPDへの参加に対する強い期待を示した。つまり、第2と第4の考えをより重要視しているといえる。以上の内容を図にまとめると、図1-1のように示すことができる。

---

(6) とくに文化外交、国際文化交流を特集のテーマとする『外交フォーラム』No.209、『外交フォーラム』No.223、『外交フォーラム』No.252などを挙げることができる。

第1章　対外政策としてのパブリック・ディプロマシー

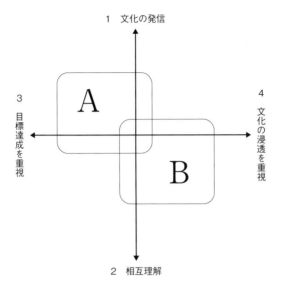

図1-1　PDに関する先行研究の類型

　先行研究から分かるように，グローバル化や情報，通信技術が進歩するにつれ，PD，あるいは文化外交，国際文化交流の外交活動における有効性，重要性が増していく点については疑う余地はない。しかし，既存の先行研究では，PDを国家の対外政策として，その他の政策との関連を中長期的な視点で分析するアプローチが十分になされてきたとは言い難い。政策の内容によって政府機関以外のアクターも関わっているとはいえ，PDは多かれ少なかれ税金で運営されており，その最終目的は国家利益の確保に貢献するという性質を持つ。そのため，対外政策の一環，あるいは対外政策そのものとしてのPDを再考する必要がある。しかし，スノー（2004）などによる同時多発テロ事件直後の中東諸国を対象とするアメリカのPDに対する批判からも分かるように，自国の国益につながることを期待し，文化を商品のように他国に売り込むような対外政策の効果には明らかに限界が存在する。つまり，すべての対外政策と同じように，PDは外交環境に影響を与えるという役割を果たすものの，同時にその効果はまた外交環境に制限されている。図1-1で示した先行研究でよく見ら

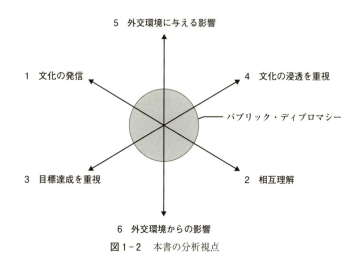

図1-2　本書の分析視点

れるPDを分析する2つの視点に対し，本書の分析視点は図1-2で表すことができる。対外政策としてのPDの全貌を明らかにするためには，従来の分析視点に，政策が外交環境に与える影響および外交環境から受ける影響を表す軸，言い換えれば，PDが果たすことができる役割および役割の限界を表す軸を加えることが必要である。実際，そのような軸を加えることで，PDを立体的に捉えることが可能になってくるのである。

したがって，先行研究が示した1から4までの分析要素を踏まえたうえで，PDを対外政策として分析し，国際関係という枠組みや中長期的な視点でその役割と限界を再考することで，今後国際関係におけるPD，あるいは文化外交，国際文化交流が持つ影響力に関する研究に有益な視点を提供することが可能となる。

2　パブリック・ディプロマシーと国家の対外政策との関係

各国が実施しているPD事業は一定の共通理念の下で行われているが，関連するアクター，事業内容などによって異なった特徴を読み取ることができる。[7]

国際交流基金が提供した調査報告書や米，英など各国外交機関が公表している資料[8]から分かるように，各国が行っている事業には共通する部分もあるとはいえ，対外政策の需要に合わせ，その内容がかなり多様化，細分化されている。したがって，具体的なプログラム，プロジェクトを分析する前に，各国のPDの間に存在する共通の特徴を明らかにした方が有益であろう。本書はとりわけJ・M・ミッチェルの説明と分析に基づいて，PDを以下2種類に大別する。第1は対外発信を重視する「文化外交」であり，第2は対話と相互理解を重視する「国際文化交流」である。本節においては，まず第1節で概観したPDに関する先行研究を踏まえてPDの概念を整理する。そして，対外政策としてのPDが果たしうる役割に対する分析を行う。

　まず，PDの定義に関して，北野は次のように述べている。「自国の対外的な利益と目的の達成に資するべく，自国のプレゼンスを高め，イメージを向上させ，自国についての理解を深めるよう，海外の個人および組織と関係を構築し，対話を持ち，情報を発信し，交流するなどの形で関わる活動」（金子・北野，2007：20）である。この定義はPDの目的，意義を明確に説明し，主な方法，手段も紹介している。前節で述べた分類の仕方では，北野の定義は発信と目標達成という2つの側面を重視しているといえる。グローバル化が深化しているなか，国際世論と各国の国内世論が諸国政府の対外政策に与える影響は増大しつつある。効果的に対外政策を実行し，外交目的を達成するためには，外国の政府だけでなく，外国世論の理解と支持も必要不可欠になってきた。自国の対外的な利益と目的の達成に資するように，外国の非政府組織，メディア，有識者，オピニオン・リーダーや大衆に直接働きかけることがPDの目的であれば，対

---

(7)　Gregory, Bruce (2008), "Public Diplomacy: Sunrise of an Academic Field", *The Annals of the American Academy of Political and Social Science*, No. 616: 274では，利益，価値，アイデンティティー，記憶，戦略的な地政学背景は諸国のPDに対する認識を左右すると述べられ，Lee, Sook Jong, and Jan, Melissen eds. (2011), *Public Diplomacy and Soft Power in East Asia*, New York: Palgrave Macmillanでは，歴史的，文化的背景の違いによって，アジア諸国のPDには欧米諸国と異なる特徴があると主張される。

(8)　国際交流基金　「主要先進諸国における国際交流機関調査報告書」や"Annual report 2008-09 Building trust and understanding worldwide", British Councilなどを参照。

外宣伝，広報や文化発信はPD含まれることになる。

　しかし，宣伝，広報はいまだにPDの重要な部分であるとはいえ，以上の定義はPDと従来の宣伝，広報外交の違いを明確に示していないと言わざるを得ない。前節で述べたように，民間アクターが参加するような対話，交流，協働よる相互理解も自国の外交活動に資するという認識こそがPDという新たな概念が作られた根拠である。したがって，本書は北野の定義の目的，意義（「自国の対外的な利益と目的の達成に資するべく」）と方法，手段（「海外の個人及び組織と関係を構築し，対話を持ち，情報を発信し，交流するなどの形で関わる活動」）の部分を援用し，目標（「自国のプレゼンスを高め，イメージを向上させ，自国についての理解を深めるよう」）に「対話，交流，協働による民間レベルの相互理解を深め，相互信頼関係を促進するよう」という補足を加えることとする。

　PDの内容分類に関しては，ミッチェル（1990）が詳しい議論を展開した。ミッチェルはPDの目的，目標や手法のみならず，政府がPD活動に関与し，影響を与える度合いにも注目し，PDの内容を，文化外交と国際文化交流の2つに分類した。ミッチェルによると，「文化外交は，公的な政策や国益と密接に結び付いている。その背後に潜んでいる目的は，政治的なものであったり，経済的なものであったりする」。また，「文化外交は，好ましいイメージを与え，それを印象づけ，外交活動全体を容易にすることを目指している」。それに対し，「文化交流はより中立的で，包括的であり」，「実際において，両者の相違は，様式の問題である。文化交流の目的は，必ずしも一方的利益を求めることでもなく，事前に一方的な利益を考えないことでもない」（ミッチェル，1990：8-9）。つまり，文化外交も国際文化交流も政治的，経済的な目的のため，政府の主導で行われる外交活動であるとはいえ，その関与や影響の度合いの違いで，2つの異なるタイプの活動に分類することができる。

　しかし，その他の多くの対外政策と同じように，PD活動の目的，中立性を厳密に，客観的に評価することは大変困難なため，本書はミッチェルの説明を参考にしつつ，情報発信の形態を一方的な対外発信，情報伝達を重視するものと，双方向の発信と交流を重視するものに分けて分析を行う。したがって，自

第1章　対外政策としてのパブリック・ディプロマシー

国の主張，対外政策の正当性を宣伝するような対外広報や，自国の文化コンテンツを海外に売り込むなどの手法を用いて，対外発信を重視するPD活動は文化外交に分類される。それに対して，二国，あるいは多国共催で行われる芸術展や知的交流のような双方向の発信，相互理解を重視する活動は国際文化交流に分類される。

　さらに，PD政策や具体的な活動に対する評価方法に関して，ミッチェルは「文化交流事業には，確固たる評価基準が存在しない」と述べ，「したがって，文化交流活動における投資の正当性には，信念の要素を入れなければならない」と強調した上，「分析と評価は，その期間の事業の遂行における成功を確保するためだけでなく，国際文化交流の正当性の論拠を提供し，政府から必要な資金を引き出すためにも，必要である」と説明している（ミッチェル，1990：148, 155）。日本のPDの専門機関である，国際交流基金が公開しているいくつかの調査報告書から分かるように，そこではプロジェクト，プログラム，PD活動全体に対する3段階の計量的，総合的評価がなされている。プロジェクトレベルでは，日本文化に関する展示会や日米経済協力に関するシンポジウムなど個々のイベントの終了後，参加者，関係者を対象とするアンケート調査，聞き取り調査が行われ，プロジェクトのアウトプットを中心に評価が行われる。プログラムレベルでは，個々のプロジェクトに対する評価にプログラム全体のアウトカムに対する総合的な評価を加え，参加者，関係者の意識変化を対象とする計量分析なども行われている。そして，PD活動全体のレベルでは，おもに対日意識の変化などのアンケート調査が行われている。つまり，現在PDに対する評価の中心はプロジェクト，プログラムの参加者や対象者の心理的環境の変化および外国世論による自国に対する評価に置かれているといえる。しかし，

（9）『英国文化事情調査——大型日本文化紹介事業「Japan2001」の成果と今後の日英交流に関する提言』，「国際文化交流の評価手法開発中間報告書——国際交流基金の韓国事業を対象とする第一次調査について」，「国際文化交流の評価手法研究報告書——国際交流基金のドイツでの事業を対象とした調査研究」，など。
（10）国際交流基金が公開した，「日中韓次世代リーダーフォーラム2007（第5回）」，「中国高校生長期招へい」，『公開シンポジウム「日米の産業戦略と国際競争」』などの事業実施に関する「活動紹介ファイル　内容詳細」およびアンケートを参照。

対象の心理的環境がPD活動の影響を受けて変化したとしても，その効果が長期にわたって持続されるかどうかは判断しづらい。そして，PD活動の影響を受け，外国世論が好意的なものに変わったとしても，PD実施国にとって，その変化が必ずしも特定の外交目標の達成に資するとは限らない。そのため，政策設定時の目標と合わせて，PDがもたらす影響力を中短期，中長期という2つの視点と国際関係の枠組みで総合的に評価しなければならない。では，PDは対外政策としてどのような性格をもち，どのような役割を果たすことができるだろうか。

　前述したように，発信，情報伝達を重視する文化外交にせよ，相互発信，相互理解を重視する国際文化交流にせよ，PDの目的は海外の一般大衆に対する働きかけによって，よりよい外交環境を構築することである。そのために，政府がさまざまな方法を用いて，国家予算でPDを行っており，PDが国家の対外政策，あるいは対外政策の一環であることは間違いない。国際文化交流の場合，政府と一定の距離を持つアクターが活動を担当し，民間アクターもさまざまな形で携わっていることが非常に多いが，そのほとんどは政府から何らかの形で影響を受けており，ネットワーク，資金，補助金が提供されている（Nye, 2008: 105）。例として，日本の場合，「国際交流基金法」[11]から分かるように，独立行政法人ではあるものの，国際交流基金の活動は対外政策を実現するためのものである。基金法17条では，「外務大臣は，（中略）外交政策の遂行上緊急の必要があると認めるときは，基金に対し，第12条に規定する業務又は基金の外国にある事務所について必要な措置をとることを求めることができる」と明確に国際交流基金の活動と対外政策の関係を示している。したがって，PDだと定義できる活動には，政府による影響の度合いが異なるが，すべて対外政策として分析しなければならない。なお，政府の指示，援助，影響を一切受けないような，純粋な民間交流は，本書の主たる分析対象であるPDに含まれない。

　フランケル（1970）が説明するように，すべての対外政策には目的，目標が

---

(11)　「国際交流基金法」http://www.jpf.go.jp/j/about/outline/admin/guide/kikinhou/kikinhou.html（最終アクセス2011年1月12日）

あり，その目的，目標を実現するための政策プランが計画され，政策実施後は評価を受けることになる。しかし，具体的な対外政策の決定は全体としての対外政策のなか，あるいは諸外国との関係のなかにおいて，他の政策過程と連鎖し，絡み合っている。1つの対外政策の目的は，他の政策の目的と一致する場合もあるが，他の政策を実現するための単なる手段でしかないかもしれない（フランケル，1970：236-238）。対外政策としてのPDもそうである。個別具体な外交目標を実現するための，純粋な手段として用いられるPD活動も，その他のさまざまな国内外政策から影響を受け，さらにその他の政策に影響を与えている。そのため，PDを各国の安全保障，経済などをめぐる対外政策から，あるいは各国の国内政治からPDを完全に切り離して分析することは困難である。そして，PDがその他の政策と連鎖し，絡み合っているため，場合によってはほかの対外政策にマイナスな影響を与えることも考えられる。

　ミッチェル（1990），Snow／Taylor（2009）などが示しているように，PDは短期的に外交問題を解決するための万能薬でもなく，戦争や制裁などの手段に代わって一国の対外政策を主導できるような奇策でもない。しかし，民主主義国家において，一般大衆の外交問題に対する考え，いわゆる世論[12]が政策の決定に強い影響を与えている。そして，ある程度民主化が進んでいる国，あるいは権威主義体制国の対外政策においても世論による影響を無視することができない。したがって，外国の一般大衆に直接働きかけるPDの役割，効果を理解する上では，世論の変化と対外政策との関係にも注目しなければならない。先行研究から分かるように，文化外交，そして国際文化交流を行うことで，自国に対する望ましいイメージを作り出し，自国のプレゼンスを向上させ，よりよい外交環境を構築することができるという認識の下で，PDが行われ，税金をはじめとするコストに見合うPDの効果が期待されている。その期待には，PDが外国の一般大衆の心理的環境に望ましい影響を与え，特定の外交目標を実現す

---

[12] 岡田直之（2001）『世論の政治社会学』東京大学出版会；佐藤卓己（2008）『輿論と世論――日本的民意の系譜学』新潮社などによると，輿論と世論は完全に分類できるものではないが，感情面の傾向，主張の一貫性においては違いが存在する。本書においては，冷静で，一貫性を持つ民意の表出を輿論，感情に左右されやすく，一貫性の薄い民意の表出を世論と表記する。

ることができるという理論的前提が存在するといえるだろう。つまり，外国の一般大衆の考えを変化させる，あるいは維持することができるからこそ，PDを対外政策として行う外交的価値があり，PDの目標を外国の世論に影響を与えることであると具体化することができるのである。

　さらに，前述のとおり，ナイ（2004）では，従来対外政策において重要視されてきたハード・パワーに対し，直接他者に影響を与えず，魅力によって自国にとって望ましい変化を促すソフト・パワーという概念が説明されており，ナイがPDをソフト・パワーの活用手段として紹介している（ナイ，2004：169-184）。ナイを含めた多くの研究者，実務者はソフト・パワー理論を用いてPDの重要性を説明してきた。ソフト・パワーを含む力は「つねに，自分と相手の関係を取り巻く環境に依存し」，「力の源泉は金とは違って，どこでも通用するものではない。ある場面で勝利の決め手になる点が，別の場面ではまったく通用しないこともある」，「力の源泉を活かして，自分が望む結果を得るという意味での力を実現するには，しっかりと組みたてられた戦略とたくみな指導が必要である」（ナイ，2004：22-23）のである。もしナイが示しているように，一国のソフト・パワーが文化の魅力，政治的な価値観の正当性，外交政策の妥当性によって構成されるものだとすれば，すべての対外政策は意図的，あるいは非意図的にソフト・パワーに影響を及ぼしているといえるだろう。そして，対外政策としてのPDはソフト・パワーのリソースを増やし，意図的にソフト・パワーに貢献することができるといえる。つまり，PDは短期的に外国世論を変化させることだけでなく，戦略的対話や民間レベルの相互理解により，中長期的に自国のソフト・パワーにつながる外交資源の提供をも期待しうるものなのである（Nye, 2008; ナイ，2011）。

　ここまでの，先行研究に基づいた説明を踏まえ，対外政策としてのPDの役割を以下のようにまとめることができる。まず，PDは外国の世論に直接影響を与えることにより，特定の，具体的な外交政策目標を実現することが期待できる。そして，PDは戦略対話や双方向の交流を通じて，中長期にわたって，自国の外交にソフト・パワーのリソースを提供することができると考えられる。

これらの対外政策としての役割については第2章で3つの事例を取り上げて，具体的に分析を行う。

3　パブリック・ディプロマシーと対象の認知と受容

　前節では，PDの定義，内容について述べ，外交政策としての性格，そして期待されている役割を論じた。PDはさまざまな形で外国の一般大衆の心理的環境に影響を与え，短期的，もしくは中長期的に外国世論にアプローチすることで自国にとって望ましい外交環境を構築することができるものである。しかし同時に，国際関係が変化するなかで，果たしてPDは外国世論を効率よく，意のままにコントロールすることができるのかという疑問が残る。言い換えると，外部環境の変化による影響を受け，PDの効果には限界が存在し，政策としての失敗もありうるのではないかと懸念される。したがって，PDに対する過大評価を避け，PDが人々の心理的環境に影響を与えるプロセス，とりわけ外国大衆の認知と受容に注目し，PDの対外政策としての限界を分析することも必要不可欠である。本節は社会心理学のアプローチを利用し，まず人々の態度の表出である世論が，外交環境に影響を与えるプロセスにおける態度の認知的側面の重要性を明らかにする。そして，フェスティンガー（1965）の認知的不協和理論を概観し，PDに対する対象の認知と受容のメカニズムを明らかにする。さらに，本節の最後においてPDの限界に関して，先行研究から得られた知見をまとめることとする。

　20世紀の初頭まで，外交は限られた政治家や政策エリートによって独占されていた。しかし，その後世論が各国の対外政策に与える影響がますます拡大し，

---

(13) Nye, Joseph, S. (2008), "Public diplomacy and soft power", *The Annals of the American Academy of Political and Social Science*, No. 616: 94; Kondo, Seiichi (2008) "Wielding soft power: the key stages of transmission and reception" in Watanabe, Yasushi and McConnell, David L. eds., *Soft Power Superpower: Cultural and National Assets of Japan and the United States*, New York, M.E.Sharpeなどの先行研究は外国大衆による認知，受容がPD，文化政策の効果を制限すると示唆した。

現在のほとんどの国においては無視できない存在となっている。ニコルソン（1968）は第一次世界大戦後における外交分野における民主主義理念の浸透を進歩だと評価しつつも，民意による外交のコントロールの限界および非効率性を強調した。リップマン（1987）も示したように，一般大衆の情報収集能力，理解，分析能力が制限されているなどの理由があるため，世論が常に政府の対外政策を監視し，望ましい形に修正できるとは言い難い。岡田（2001）によると，世論には態度と意見という切り離せない2つの側面が存在する。「意見の基体は認知・信念であり，態度の基体は感情・価値であるとしても」，意見は態度という心理的土台に根ざし，「いずれもなんらかの程度において共軛関係にあって，複合的に構成される心的傾向」（岡田，2001：11）なのである。一国の国内において，個人，そして個人からなる大衆の態度は自らの信念，価値観，そしてメディアの報道や政府の宣伝など複合的な要素に影響されるため，対外政策に対する態度も常に状況依存的で，流動的である。したがって，自国の対外政策で外国の世論を継続的にコントロールすることはきわめて困難であり，国際関係が変動するなか，外国一般大衆の自国に対する態度や評価を，常に望ましい形に維持することも不可能に近いといえるだろう。

　しかし，情報，通信技術が急速に進化しているなか，狭い意味での世論を超え，より一貫性，客観性を持つ「輿論」も確実に存在し，国内政治だけでなく，政府の対外政策の立案，実施に対しても決定的な役割を果たしているのも事実である（佐藤，2008）。そのため，外国の一般大衆の態度，意見，あるいは外国の世論に働きかけるPDには期待できる効果に限界があるものの，決して無意味ではない。つまり，外国の大衆に対し，持続的に望ましい影響を与え，態度の表出である世論を効率よくコントロールすることは困難である。他方，自国に対する，外国の客観的で健全な輿論形成に必要な情報や人的ネットワークを提供することによって，自国にとって望ましい外交環境の構築に間接的ながらも影響を与えるが可能である。ただし，その他のすべての対外政策と同じように，国際関係の変化によって，外国大衆の態度という心理的環境が絶えず変化するため，PDの実施過程およびその結果は大きく変化する。

社会心理学では，人々は好み，信念，価値観からなる態度に基づき，投票，デモなどの行動を起こす。そして，態度には感情的，認知的，行動的という3つの成分が存在するとされる。現存の態度に新たな情報が受容，認知され，納得されると，人々の態度が変化する，いわば説得されることも可能である（池田・唐沢・工藤・村本, 2010：138-151）。武力行使などの政策は外国大衆の行動を強制的に制限，コントロールするのに対し，PDは対象の態度，とりわけ態度の認知的側面に働きかけ，説得し，間接的に外国大衆の行動に影響を与えるといえる。しかし，新たな情報を提供し，メッセージを伝えるだけで必ず相手を説得できるとは限らず，場合によって，相手が拒否反応を起こし，あるいは熟慮の末に説得の内容を否定することもありうる（チャルディーニ, 2007）。以下はPDの限界を明らかにするために，フェスティンガーの認知的不協和理論を援用し，PDが外国大衆の態度，とりわけ認知的側面に影響を与えるメカニズムを論じる。

　フェスティンガー（1965）が示したように，人間はかつて受け入れた情報や信念，価値観に基づいて，環境，自分自身，自分の行動を認知している。自らの認知で説明できない，自分の力でコントロールできない新たな事象，情報が確認されると，人はしばしば心理学的な不快を感じる。そして，新たな認知要素がなくても，決定を下さなければならない場合，遂行される行為に関する認知と別の行為を支持する意見と情報の間にも不協和が存在する。それはいわゆる認知的不協和である。認知的不協和が存在する限り，人間は不協和による不快を回避するために，現存の不協和を低減し，新たな不協和を回避することを動機づけられる。認知要素の重要性によって認知的不協和には程度の差があり，言い換えれば心理的不快の差があるため，不協和を低減ないし除去するための圧力の強さも大きく変化する。つまり，認知要素の重要度あるいは価値が高いがゆえに，人間は不協和を低減，除去，回避するために強く動機づけられ，何らかの対応方法を試みる。その対応方法として，他人を含む外部環境を変えること，自身の行動を変えること，そして自身の認知を変えることなどが挙げられる。

しかし，外部環境を変えられるかはともかく，自分自身の行動や認知を変えることには場合によって強い精神的抵抗が伴う。とりわけ変化が困難，苦痛を伴い，あるいは満足感をはじめとする精神的，物理的損失を伴う場合，人間は変化に対し強い抵抗を示し，自身の行動や認知を正当化させるための新たな認知要素を付加することで認知的不協和の低減，除去を試みる傾向がある。この認知的不協和理論は個々の人間だけでなく，連帯性や一定の共通認識を持つ集団の間でも通用するため，国家も連帯性や共通認識で形成される集団であることに鑑み（フェルドマン，2006；ブラウン，1993），認知的不協和理論を用いて対外政策としてのPDを分析することは有益だといえるだろう。

　外集団である国同士の間には，単なる文化，価値観の違いのみならず，政治体制，法律など根本的な違いが存在し，複雑な利益関係が絶えず変化するなか，その程度は異なるとはいえ，軍事的，経済的な対立，摩擦が頻繁に生じている。そのため，集団メンバーである諸国の国民の間はもちろん，国家という集団の間にも無数の認知的不協和が存在する。前述した世論，あるいは輿論という外国に対する一国の国民の認知に基づく態度，意見には無数の不協和が伴い，人々の行動やその国の対外政策に強い影響を与える。そして，そのような影響を受けて形成される行動や対外政策は連鎖的に他国国民の認知的不協和を引き起こす。しかし，一個人が自分と関連する外部環境を変えることと比較して，外国という外部環境を変化させることがはるかに困難であることは言うまでもない。そのため，個人からなる大衆はしばしば自身の認知，行動を正当化できるような新たな認知的要素を付加することで不協和の低減，除去を図る。例として，他国の対外政策，あるいはその国の政治体制，文化などを異質な存在だと見なすことで，自国内において共通認識とされる価値観や信念などを正当化するようなことを挙げることができる。民主主義国家の大衆は，権威主義国家の理解しにくい対外政策に対し認知的不協和を感じ，相手国は独裁国家だからそのような対外政策を取るのだとの認知的要素を受け入れ，認知的不協和を解消する。一方，対立する国の政府による平和，友好をテーマとする宣伝に対して認知的不協和を感じ，そのような宣伝は政治的罠か単なるプロパガンダだと

の説明を受け入れ，相手国の宣伝に対する警戒感を強めることで認知的不協和を解消することも考えられる。最終的に，さまざまな不協和の影響で，個々人の態度の出力である世論はしばしば外国に対して不寛容になる傾向を見せる（キンダー，2004）。

　繰り返し述べているように，PDは直接的に，特定の外国の政策を含む外交環境を自由自在に変化させることはできない。以上述べた社会心理学の観点からすれば，文化外交，国際文化交流などの活動は主に新たな，より望ましい認知要素を提供することで間接的に外国の大衆の認知的不協和を低減，緩和させることによって不寛容，そして無関心の外国世論に影響を与えている。グローバル化や情報，通信技術の進歩により，たとえ高度に洗練されたブラック・プロパガンダでさえ外国の一般大衆に与えられる影響はごく限定的なものにすぎない。場合によっては人々の警戒心を強め，かえって認知的不協和を深刻化，複雑化させる恐れがある。したがって，今日のPDにおいては，実施国，主体の信頼性と，活動の透明性が強く要求されている。対象国において，信頼性と透明性が評価されない場合，PDは対象の認知態度を改善するどころか，さらに悪化させる可能性もある。そのため，前述の輿論に関する説明に立ち戻って表現を変えれば，他国の世論を自国にとって有利なように変化させることよりも，自国を対象とする他国の客観的で健全な輿論形成に必要な認知的要素を提供し，受容させることが重要であるといえるであろう。もしそれができないのであれば，PDの効果は著しく低下し，場合によってはかえって対象の認知的不協和を増強させ，自国の外交環境にマイナスな影響を与えると考えられる。

　本節の内容をまとめると，PDは直接外国の世論や大衆の行動をコントロールしているのではなく，新たな情報や認知的要素を提供し，受容させることで対象の態度を変え，間接的に行動を変えることを目指しているといえる。しかし，政治体制，歴史，文化の異なる諸国大衆の間には無数の認知的不協和が存在する。それに加えて，日々変化している国際関係，とりわけ対立や摩擦もまた新たな認知的不協和をもたらすのである。以上を踏まえると，PDの限界に関して，次のように指摘することができる。PDは対象である外国大衆の心理

的環境に働きかけ，その態度を変えることができるが，外部環境の変化による影響を受け，対象の心理的環境が絶えず変化しているため，PDの効果は不変ではなく，限界が存在するのである。

　本章では，第1節において主にPDに関する先行研究を整理し，その特徴と問題点を指摘した。第2節においては，PDの定義，内容と対外政策として役割を説明した。第3節においては，社会心理学，とりわけ認知的不協和理論の観点から，PDの役割には限界が存在することを指摘した。次章では，対外政策としてのPDの3つの事例を取り上げて検証することで，対外政策としてのPDの役割と限界についてさらに論じるとする。

第2章

事例分析から見るパブリック・ディプロマシーの役割と限界

　第2章では，第1章で論じてきた内容を踏まえ，対外政策としてのPDに関する3つの事例を時系列で論じる。本章において選択した3つの事例は，それぞれ文化外交と国際文化交流の代表例である。具体的には，第1節で分析する日米間の国際文化交流の事例は，多様な民間アクターが関わり，長期間にわたって継続しているPD（国際文化交流）の代表例である。それに対して，第2節で分析する台湾による対米世論工作の事例と第3節で分析する中国によるオリンピック聖火リレーによる文化外交事例は，明確な政策目標を持つ政府主導の，対外発信を重視したPD（文化外交）の代表例である。

　事例に登場する主要関係国は，共にアジア太平洋地域に位置し，地理的背景以外にも，歴史的，政治的背景における共通点が多数存在しているため比較研究に相応しいといえる。外交環境における明確な変化がなく，国際関係の変化とPDが果たす役割の関係を評価しにくい多くの事例と比べ，本章で取り上げる3つの事例では，PDの実施プロセスは外交環境の変化やその他の対外政策と連動し，関係国の政策転換，大衆の反発などで成果を観察することができる。さらに，豊富な資料によってPD実施国の目標を明示し，3年以内という中短期的評価だけでなく，3年以上の中長期的評価も行いやすいといった点を考えれば，以下の3つの事例を対象とする分析は妥当性を持つといえるだろう。

　繰り返し述べているように，PDを外国大衆の心理的環境に働きかける対外政策として捉える以上，独立した個々のプログラムによるアウトプットのみに対する分析や評価では不十分であり，安全保障・経済関係も含め国際関係論の視点を用いて，実施国と対象国の関係分析も合わせ，PDの役割および有効性を分析する必要がある。

どのような外交環境が外国の世論に影響を与えているかに関しては，ある国の対外政策に対する「国際世論」をテーマとする先行研究が重要な視点を提供している。堀内・ゴールドスミス・猪口（2005）では，安全保障，経済貿易面における同盟，協力や軍事的紛争，政治的介入の有無に注目する国益モデルと歴史的経験や広義の政治的文化，価値判断，政治制度の共有に注目する社会化モデルの２つが，「国際世論」を理解するために有益であると示唆した。社会心理学の研究でも，上位目標の共有，対立と価値観，信念など認知的要素の共有が集団間の相互認識，態度に影響を与えるとされる（ブラウン，1993；テイラー／モグハッダム，2010）。

　本章においては，PD実施国と対象国の関係を以下の４種類の関係に大別する。第１に，利益，価値を共有している同盟，準同盟関係である。第２に，価値が共有できなくても，利益を共有している戦略的パートナーシップ関係である。第３には，目立った対立がないものの利益，価値を共有できていない関係である。第４には，対立や摩擦が生じている関係である。これら４種類の分類を基準に，関係変化による影響を検証し，PDの実施および効果が外交環境から受ける影響を明らかにする。

1　戦後日米間の国際文化交流政策

　戦後米国による日本占領統治，アジアにおける冷戦の激化，日米貿易摩擦などの歴史的背景の下で，日米間の文化外交・国際文化交流は，日米両政府のみならず，両国の民間団体，有識者，研究者など，さまざまなアクターの貢献と関与に支えられてきた。時代によって異なる様相を呈していたとはいえ，日米間における双方向のPDは，両国民間レベルの相互理解や信頼関係の構築に寄与するとともに，日米同盟の維持に不可欠な人的ネットワークを中心とした外

（１）　堀内勇作・ゴールドスミス，ベンジャミン・E・猪口孝（2005）「『国際世論』の理論モデルと実証方法──アメリカ主導のアフガニスタン戦争を誰が支持したか」『レヴァイアサン』第36号は１．国益モデル，２．社会化モデル，３．外圧モデルで，アメリカのアフガニスタンにおける対テロ戦争に対する「国際世論」を分析した。

交資源を提供してきたと評価できるだろう。そのような外交資源が持つ意義は，日米両国間においてはもちろんのこと，東アジア地域秩序の安定という観点から，多くの国々に共有されている。さらに，冷戦終結後の東アジア地域において，韓国，台湾，中国などは，日米間で行われたPDの経験を少なからず参考にし，独自のPD政策を模索してきたのである。

　冷戦構造の影響もあり，日米間のPDでは一時期，プロパガンダや単なる宣伝，広報が大きな部分を占めていたことは否定し難い。だが，本節で検討するように，長期にわたって多様化，深化してきた両国の関係や，その中で民間アクターが果たしてきた役割の重要性を考えれば，日米間のPDは文化外交よりも国際文化交流の側面にスポットを当てるべきであり，PDの代表的な成功例として評価しうるものである。

　しかし，キンダー（2004）などの政治，社会心理学者が問題提起しているように，民間レベルの相互理解が深化したため両国関係が改善するという考えに対し，両国関係，とくに安全保障関係が改善されたからこそ，民間レベルの相互理解が深化したのではないかとの指摘も無視できない。では，日米間におけるPDはどのように両国間の外交政策に貢献し，そしてどのように両国関係に影響されてきただろうか。本節はおもに既存の，豊富な先行研究を踏まえ，冷戦下の日米間国際文化交流を中心に日米間のPDを論じる。

　日米両国の文化外交は，第二次世界大戦後に始まったわけではない。終戦までの両国のプロパガンダを中心とする国策文化外交を，今日注目されているPDの定義で評価することは相応しくない。しかし，戦前期に行われていた日米民間レベルの国際文化交流や，それによって培われた人的ネットワークは，戦後両国間のPD，とりわけ国際文化交流の再構築に多くの財産を残したのである。五百旗頭（2008）によれば，ロックフェラー財団に代表される日米両国の民間団体・個人が，おもに知的交流，人的，とりわけエリート間の交流を進め，その活動の多くは戦後日米間の国際文化交流の基盤となった。

　1930年代の日米の対立および太平洋戦争の勃発により，両国間のプロパガンダを除く文化外交，国際文化交流はほとんど中断した。戦時下において，敵国

文化を対象とする研究が排除される傾向のあった日本に対して、アメリカでは、おもに政府や軍のイニシアティブによって日本研究が行われるようになっていた。こうした戦時下で培われてきた研究成果に基づいて、GHQは対日占領統治を始めたのである。

　五百旗頭（2008）などが指摘するように、GHQによる統治政策の最初の目標は日本の非軍事化および軍国主義の一掃に設定され、さらに日本の完全な民主化が最終目標とされた。そのような目標を実現するため、GHQは日本の政治だけでなく、経済、教育、雇用などさまざまな分野におけるドラスティックな改革を推進した。土屋（2009）が示したように、占領統治が始まった直後から、アメリカ政府およびGHQは、日本の民間に存在する価値観、対米感情を変化させるため多くのプロパガンダを含む教育、宣伝活動を展開した。米ソ対立の進展にともない、活動の規模と量が増え、手法がより洗練され、その目的もより明確になっていった。土屋（2009）だけでなく、松田（2008）なども占領期におけるアメリカの宣伝、広報政策が戦後日本社会、とくに自由、民主主義、人権などの価値観形成や対米信頼、依存に非常に大きな影響を与えたと主張した。しかし、占領期という特別な時期に行われたほぼ一方的な宣伝、広報は日本の一般大衆を対象に展開されたとはいえ、半強制的な性格を持つため、純粋な意味でのPDだということは難しい。

　1940年代末、米ソ両陣営の対立と摩擦は次第に深刻化していった。分割統治されるドイツがヨーロッパにおける冷戦の最前線になったのに対し、アジアでは、西側陣営は中国大陸を失い、朝鮮戦争に直面した。そのようななか、アメリカにとって、日本が持つ戦略的重要性が強くなり、日本が西側陣営の一員として果たすべき役割を再定義し、当初の占領政策と異なるアプローチをとらざるを得なかった。中華人民共和国が建国され、朝鮮半島が熱戦の戦場と化した以上、日本の反共、親米化、そしてそれを保障する日本の軍事力、経済力の復活は必要不可欠であった。それを実現するため、いわゆる「逆コース」と言われる政策が行われた。1950年以降、アメリカは中ソ抜きの対日講和交渉を進めると同時に、日本の再軍備を強く要求した。五百旗頭（2008）でも述べられた

ように，冷戦という国際環境のなか，共産主義の脅威が拡大する大陸に面している敗戦国日本の安全保障，経済状況を考えれば，米軍の力をなくして日本独自の力で安全と繁栄を維持することは不可能であった。そのような状況を認識した吉田政権はアメリカからの本格的な再軍備案に抵抗したとはいえ，結局日米安全保障条約を締結した。アメリカはサンフランシスコ講和条約の調印とともに，日本を西側陣営の一員としてアメリカの安全保障戦略のなかに組み込んだ。

　しかし，松田（2008）が示したように，当時疲弊していた日本社会において，アメリカの安全保障戦略に反対する者，あるいは占領政策に不満を持つ者も少なくなかった。松田によると，アメリカの占領統治，日本社会の改革推進に対し不満を持つ人々は２つのグループに分けることができる。それは古き良き日本の社会秩序を行き過ぎた，強制的な民主化改革から守りたい保守的なグループと，学生を中心とする共産主義に共鳴するグループであった。「アメリカ合衆国の日本占領が終わりに近づくにつれて，国民のナショナリズム感情はさらに高まっていった」（松田，2008：82）。つまり，東アジアにおけるアメリカの戦略に対し，日本政府は抵抗したとはいえ，基本的に東西冷戦という国際環境のなかにある日米関係を意識し，民主化の推進や安全保障面の対米協調の姿勢を崩さなかった。しかし，一般国民の間では反米意識とナショナリズムが相まって，アメリカにとって望ましくない状況となっていた。

　そのような状況に対し，アメリカ政府は危機感と警戒心を持っていた。土屋（2009）や藤田（2007）が示したように，サンフランシスコ講和条約締結後のアメリカの対日PDは，東アジアにおける戦略的需要に基づいて構築され，そしてアメリカの冷戦戦略の一環として役割を果たしていた。松田も同様の分析をした上，「アメリカの文化外交を効率よく，かつ効果的なものにするために，そして日本人のアメリカ文化政策への警戒心を和らげるために」，アメリカのPDは３つの原則に基づいて行われてきたとしている。第１に双方向，互恵主義の原則，第２に量より質優先の原則，第３に官民間の分業と協力の原則である（松田，2009）。アメリカの対外政策，社会，文化，価値観を日本国民に理解，

共鳴させるため，そして最終的に東アジアにおける最重要拠点として日本を西側陣営に留まらせ，それなりの役割を果たさせるために，多くの文化外交プログラムが展開された。占領統治終了後，国務省が陸軍省，とりわけ占領軍民間情報教育局（Civil Information and Educational Section，以下CIEと記す）から広報，宣伝，文化外交の業務を受け継ぎ，フルブライト計画の適用も合わせて，今日でいうPDをスタートさせたのである。

　土屋（2009）が述べるように，国務省は日本人の警戒心や心理的抵抗を意識し，占領統治下のCIEの活動からプロパガンダ色を薄めるために注意を払っていたが，東西の対立，摩擦が深化する国際環境やアメリカ国内における激しい反共運動の影響を受け，多くのプログラムはプロパガンダから脱皮できたとは言い難い状況であった。とくにトルーマン政権による「真実のキャンペーン」やアイゼンハワー政権による「ピープル・トゥー・ピープルプログラム」などは政府機関だけでなく，民間アクターも動員し，映画の上映，ラジオ放送，パンフレット作成，配布などの手法で精力的に広報，宣伝をしたが，これらの活動は満足のいく成果を出すことができなかった（土屋，2009）。そのような文化外交に対し，多くの日本人，とくに知識人の心を掴んだのは政治色の薄い文化交流，人物交流そして民間アクター主導の国際交流であった。

　アメリカ政府のイニシアティブにより，多くの日本人はアメリカを知ることだけでなく，アメリカと双方向の交流を体験するチャンスを得た。渡辺（2008）が指摘したように，戦争で世界を知る機会を失っていた日本人にとって，CIEの図書室，インフォメーション・センターが提供したアメリカの多様な書籍，雑誌および映画，音楽レコードはまさにアメリカだけでなく，世界を知るための扉であった。占領統治終了後，「アメリカ文化センター」へと変身したそれらの施設は日本の地方自治体に移管されたが，運営には米国広報文化交流局（USIA）の協力があった（土屋，2009）。一方的に見せつけられるプロパガンダ色の強いプログラムより，自由に調べ，さまざまな分野の情報を得られるアメリカ文化センターは1950，60年代のまだ裕福ではない日本人利用者にとって重要な存在であったことは間違いない。

そうした情報を提供するアメリカ文化センターに加えて，双方向の交流を推進するフルブライト計画は，民間レベルの日米関係の深化・多様化において，さらに重要な役割を担っていた。フルブライト計画は互恵の原則に基づき，高い自律性を持つため，真の「交流」だとも評価される（A50日米戦後史編集委員会，2001：第3部第2章）。近藤（2001）は，公募から選ばれるフルブライターはその後各界のリーダー，そして日本社会のオピニオン・リーダーとなり，「アメリカで学んだ経験，そして普通のアメリカ人と交流した経験をそれぞれの仕事の場や地域社会で生かし伝えるという日米相互理解における波及効果は，計量的に実証不可能としても，十二分に推論可能であろう」と評価しているのである（A50日米戦後史編集委員会，2001：464）。

そして，アメリカ政府機関だけなく，日米両国の多くの民間団体や個人も国際文化交流の担い手であった。山本編著（2008）は，日米両国の民間団体の活動が両国関係に与える影響を分析し，戦後日米関係の再興や維持に大きく貢献したと評価する。前述したように，日米両国の民間財団や知識人は戦前から国際交流のチャンネルと人的ネットワークを持っており，戦後，そして占領統治終了後，それらの多くが復活し，さらに深化した。アシザワ（2008）と和田（2008）は占領統治期から1970年代中盤まで，ロックフェラー財団，カーネギー財団，アジア財団，フォード財団など主要なアメリカの民間財団が日本に対する支援，援助活動を時系列で概観した。

とくに和田はいくつかの民間財団，個人の活動をサンプルとして抽出し，活動によるインパクトを高く評価した。和田が指摘するように，1948年から1975年までにアメリカの民間財団や個人によって行われた日本国内への直接助成金額は2528万ドルに達し，当時の為替レートを踏まえて考えればかなり大きな金額であっただけでなく，その助成金による日本社会や日米関係に与えたインパクトは，金額をはるかに超えるものであった（和田，2008：111-120）。日米両国の有識者の協力によって設立された国際文化会館のケースから分かるように，戦後間もない時期でさえ，アメリカの民間財団，個人によるイニシアティブだけでなく，日本の民間組織，知識人，関係者の努力が重要な役割を果たしてい

た。それは，1960年代の初頭まで復興段階にある日本人にとって，単なる戦勝国からの施しでなく，「熟成された人道主義と，民間でこそ担いうる国際主義」（和田，2008：147-154）を感じられるものであった。

やがて，1970年代以降，ベトナム戦争で力を消耗したアメリカは「双子の赤字」を抱える一方で，日本が高度経済成長を遂げているというような環境変化のなか，国際交流基金や日米友好基金のような日本側のPDの担い手が登場し，日米間の文化交流を多様化，深化させていった。日米の同盟関係が維持されていたとはいえ，1971年のニクソン・ショック，日米貿易摩擦で台頭する「日本異質論」の影響を受け，日本政府は外交の主軸である日米関係の修復を急務だと捉え，PDをはじめ，さまざまな対策を講じた[2]。PDは対外政策の一環として広い意味での安全保障に寄与すべきだという認識も存在していたが，短期的な政策目標に左右されない，国際文化交流の独立性，自主性は強く意識されていた[3]。多様な国際文化交流に関わっていた民間団体，知識人，有識者が安定し，良好な日米関係に必要不可欠な人的ネットワークを提供し，その役割は高く評価された[4]。1970年代以降，日米政府だけでなく，両国の民間アクターの努力により，交流のネットワークが維持され，相互理解，信頼のためのPD活動は拡大していった。

以上は戦後，とくに1950年代から1970年代までの約30年を中心に日米関係におけるPDの特徴，および変容について述べてきた。では，ここまで述べてきたPD活動は当時，そして今日の日米関係にどのような影響を与えてきただろうか。この問いに答えるためには，まず日米関係の変化に注目しなければならない。

周知のように，戦前の日本とアメリカは同盟関係ではなく，むしろ1930年代

（2）「第1章　国際交流基金設立の経緯」国際交流基金編纂室編（2006）『国際交流基金30年のあゆみ』国際交流基金。
（3）同上26-31頁。
（4）「第5章　ネットワーク――将来の力の源」カルダー，ケント・E（2008）『日米同盟の静かなる危機』（渡辺将人訳）株式会社ウェッジ；戦後日本国際文化交流研究会（2005）「第1章　戦後日本の国際文化交流」平野健一郎監修『戦後日本の国際文化交流』勁草書房。

以降アジア太平洋地域における日本の権益拡大戦略に対し，アメリカは中華民国を支援し，そして日本に対する経済制裁を行った。両国の安全保障面における対立が次第に表面化し，やがて全面戦争に至った。戦時中民間レベルの相互交流が中断し，文化外交もおもにプロパガンダに占められていたため，両国大衆の互いに対する認知的不協和はこの時期，増大し続けたといっていいだろう。日本における英米文化排除やアメリカにおける日系人差別から分かるように，戦争終結まで，両国世論は互いに対してきわめて不寛容であった。世論が不信，嫌悪，そして遂には敵意に支配される背景のなか，国際文化交流はその役割を果たす余地もなかった。

　一方，終戦後におけるアメリカの占領統治による占領改革や，軍国主義に対する反省から，日本の政治体制だけでなく，大衆の価値観も大きく変容し，日本がアメリカと多くの価値観を共有するようになった。さらに東アジア地域における東西対立の深刻化や共産主義陣営の拡大により，日米両国の安全保障に関する政策目標も決定的な共通点を持つようになった。とりわけサンフランシスコ講和条約や日米安保条約締結後，非対称的だとはいえ，日米関係は同盟関係にまで至った。そのような外部環境の変化に伴って，日米両国国民の互いに対する認知が急速に変化するなか，規模と量が増大したPDが持つ影響力は急増した。つまり，日米関係の全面的改善，そして日米同盟が共産主義陣営による共通の脅威と対峙するという外部環境の変化のなかで，両国国民自身の認知を変えることに対する抵抗が弱まったといえるだろう。PDが提供した認知要素をより積極的に受け入れられるようになり，互いに対する態度，意見の表出である世論も比較的に寛容的になったといえる。日米間の国際文化交流はおもに両国の知識人，有識者が担っていたため，とりわけ彼らの態度，意見および行動から変化を読み取ることができる。やがてPDによる影響を受けた知識人，有識者たちは，オピニオン・リーダーとして安定した人的ネットワーク構築し，両国の健全な輿論形成に非常に重要な役割を果たしてきた。その証拠の1つとして，飯倉（A50日米戦後史編集委員会，2001：第3部第6章）が示したように，変動があるとはいえ，日米両国の国民全体のレベルにおける相手国に対する親

近感に安定性を読み取れる。

　以上の分析をまとめると，日米間の国際文化交流を中心とするPDは望ましい外交環境の構築に貢献してきたということができる。しかし，PDに携わる民間団体，知識人，有識者の活躍によって日米間の外交環境が改善，安定してきたことは高く評価されるべきだが，PDの限界も注目に値する。国際文化交流による人的ネットワークが構築され，両国の外交環境に与える望ましい影響が増大したにもかかわらず，なぜ1960年の安保闘争，1970年代のベトナム戦争反対運動，1980年代の貿易摩擦に伴う日本批判などのような事態は回避されなかったのだろうか。その理由，つまり国際文化交流を中心とするPDの限界については，第4節において詳しく分析することとする。

2　台湾の対米ロビー活動に伴う文化外交

　前節の事例と比べ，本節の分析対象である，1995年李登輝訪米を実現するための台湾のロビー活動に伴う広報文化外交の事例は短期的で，目標の実現を重視するPDの代表例として考えることができる。数回にわたる要人の訪米ビザ発行拒否を受け，李登輝政権はクリントン政権の政策転換を目標に，米国議会，メディア，シンクタンクと一般大衆に対しロビー活動と文化外交によるアプローチを展開した。中国政府による強い反発があったにもかかわらず，中国の立場に対し配慮してきたクリントン政権は，最終的に李登輝の訪米ビザを発給した。事例の成功要因には，ロビー活動による米国議員たちの圧力があったことは間違いないが，むしろそれはメディア，シンクタンク，世論の変化を背景としていたからこそアメリカ当局に決定的な影響を与えたと考えられる。短期的な政策目標を実現し，米国における中台関係に対する世論を変換させた点から考えれば，台湾のロビー活動，宣伝，広報外交は成功したといえる。

　しかし，フランケル（1970）が指摘したように，長期的に見れば，対外政策はしばしば予期せぬ影響をもたらす。李登輝訪米後，米国政府は台湾のロビー活動，文化外交政策に対して警戒姿勢を示しただけでなく，中国も積極的にロ

ビー活動，文化外交のアプローチを始めたのである。李登輝訪米の事例に対し，布施（2009）のような，ロビー活動の内容，結果に焦点を当てるような研究もあれば，郭（2006）のような，文化外交，とりわけシンクタンクに対する働きかけの重要性を強調する研究もある。本節は以上の2種類のアプローチを合わせ，文化外交を中心とするPDの視点からこの事例を再考察する。

　1949年中華人民共和国（以下中国）が建国し，内戦に敗れた国民党政府は大陸を失った後も台湾における統治を維持し，台湾海峡を挟み中国と対峙してきた。両政府は自らの正当性を強く主張し，対岸の政府と国交を結んだ国とは国交を持たないという姿勢を崩さず，長年にわたり外交合戦を続けていた。当初東西冷戦という国際環境のなか，西側陣営の一員である中華民国政府は，より多くの国交関係を維持していたが，中ソ対立や中国の対外戦略変更により，とりわけ中国の国連復帰や米中国交正常化以降，台湾にある中華民国政府（以下台湾）は国際社会における孤立を余儀なくされた。蔣介石，蔣経国両政権は，中国の外交攻勢に対し妥協をせず，中国と国交を結んだ主要国とも断交し，国家資格でしか参加できない国際機関からも脱退した。しかし，井尻編著（1997）や平松（2005）が示すように，蔣経国の死去により総統になった李登輝は，国内政治における民主化を進めただけでなく，台湾の自己認識を変え，外交戦略を大幅に変更した。

　中華民国政府こそが中国の唯一の合法的政府であり，中国共産党はあくまで反乱団体であるという台湾政府の従来の主張に対し，李登輝政権は1991年に「中華民国憲法増補修正条文案」と「動員戡乱時期臨時条款廃止案」を国民大会において成立させ，国内政治改革とともに台湾の範囲を，台湾島など事実支配している地域の政治実体だと定義し，外国による中国，台湾同時承認を認めた（平松，2005：171-177）。そして，国交などの形式的なものではなく，諸外国と持つ事実上の外交関係を強化することにより劣勢の状況を打開する方針に基づいて，いわゆる「現実外交」，「柔軟外交」を粘り強く展開した。その成果として，中国と国交を樹立すると宣言したシンガポールへの訪問やAPEC（アジア太平洋経済協力会議）の加盟などを挙げることができる。その後，韓国をはじ

めとする外交パートナーを失うなかでも，李登輝は「休暇外交」を活かし，フィリピン，インドネシア，タイや中東諸国を訪問し，経済力を利用し中南米の国交を持つ国との友好関係をアピールした（天児・浅野編著，2008：170-172）。外交環境をさらに改善し，決定的な成果を挙げるため，李登輝政権は東アジア地域だけでなく，国際社会においても最も強い影響力を持つアメリカに対するアプローチを怠らなかった（渋谷，1995）。

　一方，1993年に発足したアメリカのクリントン政権は，新たな対外戦略を打ち出した。阿部（1997）によると，経済安全保障の強化，強力な軍事力の維持とともに民主主義と市場経済の拡大を外交目標として掲げるクリントン政権は，改革開放を推進する中国に対し期待と配慮を示していたが，同時に中台関係も含む東アジア地域の環境変化に対し懸念と警戒心も持っていた。1989年の天安門事件による対中不信感が残るなか，クリントン政権は中国の核実験やパキスタンに対するミサイル技術供与などの事件に直面した。摩擦が絶えない米中関係と比べ，米台関係は安定し，経済面の協力も深化していった。従来自由と民主をスローガンとする西側陣営に身を置きながら権威主義体制を維持していた台湾は民主化を遂げ，貿易によって経済的存在感を増してきた点では中国と対照的であった。議会や世論の影響もあり，1994年に，クリントン政権は対台湾政策の見直しを行った。その具体的な内容は，第1に台湾の在米機関の名称変更，第2に台湾が地域として国際機関へ参加することへの支持，第3にアメリカの経済，文化，科学技術分野の官僚の訪台解禁，そして第4に台湾高級官僚のアメリカにおけるトランジットの解禁であった（天児・浅野編著，2008：173）。そのような政策見直しは部分的なものだったとはいえ，米台関係の実質的変化を期待していた李登輝政権にとって非常に望ましい転機であった。

　郭（2006）が述べるように，1994年5月，李登輝は中南米の国交のある友好国を訪問する予定を発表し，アメリカ政府に対し総統専用機のトランジットを許可するように求めた。アメリカ国務省は難色を示し，最終的に政治的活動を行わないことを条件にハワイにおける総統専用機の給油および李登輝の短時間の滞在を認めた。クリントン政権が中国政府の反応を予測し，一部議員の要求

を抑えた結果に対し、李登輝は不快感を隠さず、飛行機から降りることを拒否した。この屈辱を味わった李登輝はアメリカ訪問を実現させる決心をし、クリントン政権だけでなく、アメリカ議会、メディア、教育機関、シンクタンクに対する全面的な働きかけをはじめ、ロビー活動と文化外交を同時に強化した。

ミアシャイマーとウォルト（2007）が主張するように、ロビー活動を行う主体はプロのロビイストに限らず、むしろ共通する目標を実現しようとする諸団体、個人の自発的な行動も含まれる。イスラエルの場合では、ロビー活動に関する戦略の1つ目は「ワシントンにおける政策形成過程に大きな影響を与えること」であり、2つ目は「社会の風潮がイスラエルに好意的なものになるよう、あらゆる手段を用いること」である（ミアシャイマー／ウォルト，2007：272）。アメリカのような民主主義国家において、政府、指導者は民意を無視して対外政策を立案、実施するわけにはいかなく、世論の支持がなければ、政府はおろか、議員も利益団体の主張を代弁することができない。したがって、純粋な、狭い意味でのロビー活動だけでは外国の対外政策に影響を与えることは困難であり、プロパガンダも含む文化外交が必要であるといっていいだろう。アメリカにおける最も強力なイスラエル・ロビーが世論を誘導していることと同じように、台湾ロビーもただ議員に働きかけたわけではなかった。[5]

1994年7月、李登輝の側近である劉泰英が運営する台湾総合研究院は、著名なロビー会社であるキャシディ社と3年間、450万ドルの契約を結び、その目標は総統を含む台湾高官の訪米実現に関するクリントン政権の政策転換であった。布施（2009）が詳しく述べたように、キャシディ社は直接人権問題に関する発言の多い議員に対し働き掛けたほか、世論を動かすために積極的にメディア対策を展開した。布施によると、キャシディ社の子会社であるパウエル社は「プレス・リリース資料の作成、台湾のシンクタンクのホームページの維持、管理、台湾の経済発展や民主化に関する広報ビデオの作成、外交専門記者との接触、米国での台湾関連ニュースの収集」などの活動を行った（布施，2009：

---

(5) Newhouse, John (2009), "Diplomacy, Inc.: The Influence of Lobbies on U.S. Foreign Policy", *Foreign Affairs*, Vol. 88, No. 3, pp. 73-92.

91)。そのような活動は台湾政府と契約を結んだロビー会社が行ったため,ロビー活動から切り離すことが不可能である。しかし,内容を見れば分かるように,台湾の民主化,経済成長を宣伝し,世論に影響を与えるような以上の活動は文化外交でもある。実際,台湾の文化外交は李登輝訪米を実現するために1994年から始められたわけではなく,その内容も単純に台湾のプレゼンスをアピールするような宣伝,広報だけではなかった。ニューヨークタイムズの記事によると,台湾政府は従来から米台政府関係者,研究者,有識者の間の非公式な交流に注力し,クリントン大統領自身もかつて4度台湾を訪れたことがある。[6]

横江(2008)などによると,国際関係,外交を含むさまざまな分野における研究を行っているアメリカのシンクタンクは,ただ研究成果を世の中に発信するだけでなく,政府関係者,政治家に対し政策提言を行い,メディアに報道のリソースを提供している。そして場合によってシンクタンクの研究者が直接政府に入り,官僚,政策立案者としてアメリカの対外政策に関わることも多いため,アメリカの対外政策はシンクタンクの影響力を抜きに考えることはできない。郭(2006)はキャシディ社による準ロビー活動に相当する世論対策を紹介した上,アメリカ外交におけるシンクタンクの重要性を強調し,シンクタンクや大学などの研究機関を対象とする文化外交および学術支援などが米台関係に多大な影響を与えたと主張する。郭によると,台湾政府は通常,直接的な資金援助を避け,台湾の民間団体,企業や個人を通してアメリカのシンクタンクや教育機関に資金を提供し,学術交流や研究支援を行っている。契約を結んだシンクタンクに期待される具体的な活動は以下の4点である。第1に台湾関係法,李登輝訪米をはじめとする台湾と関連するシンポジウムの開催およびメディアに対する宣伝を行うこと。第2に新聞,雑誌に対し,台湾に望ましいような寄稿,論文を発表すること。第3に台湾関連機関の依頼に基づいて書物の出版や研究成果を発表すること。第4に台湾政府,民間関係者とアメリカ政府,政治家とのパイプ作りである。台湾政府によるアメリカシンクタンクへの資金提供

---

(6) Laurence Zuckerman, "Taiwan keeps a step ahead of China in U.S. lobbying," *The New York Times*, Mar 14, 1997.

は平均1件10万から15万ドルであるが、親台湾、保守系シンクタンクとされるヘリテージ基金とアメリカ企業研究所に対する資金提供は約50万ドルと非常に高額であった。

　議会、メディア、世論の李登輝訪米に対する圧倒的な支持のなか、1995年5月、それまで抵抗し続けてきた国務省はコーネル大学同窓会に参加する予定の李登輝に対し、ビザを発給すると発表した。1995年6月、李登輝は1979年米台断交以降初めての総統訪米を実現した。「9日にコーネル大学を訪れた李総統は、『民の欲するところに常に我が心あり』と題する講演を行ない、台湾の政治経済両面の優位性、中国の江沢民国家主席との会談の提唱、台湾の国際社会への復帰推進などを中心に据えて、事実上の『政治』演説を行なった」と評価されている(7)。李登輝の訪米は実質的な外交成果をあげたとは言い難いが、16年ぶりのアメリカ政府の対台湾政策変更を実現させ、民主化と経済成長を遂げた台湾のプレゼンスをアメリカや国際社会にアピールしただけでなく、中台関係における親台湾的な世論を形成させたという点は対外政策の成功だといえるだろう。しかし、予測されていたように、中国政府は李登輝訪米やクリントン政権のビザ発給に対し猛烈に反発し、1995年中に台湾海峡におけるミサイル発射、火砲実弾演習、上陸作戦演習を行った。

　以上は1995年李登輝訪米の経緯およびそれを実現させるための台湾側のロビー活動、文化外交を中心とするPDを概観した。郭（2006）が述べるように、台湾側の直接、間接的な外交努力とクリントン政権のビザ発給との因果関係を証明することは困難である。しかし、アメリカのメディア、シンクタンク、オピニオン・リーダーを巻き込む台湾の文化外交による世論の支持なくして、議会が超党派の決意でクリントン政権の政策を急転換させることができるとは考えにくい。さらに、台湾政府、民間団体による多様な文化外交によって、米台間の人的ネットワークはその後も維持、強化された。台湾の対外政策に多くの外交資源を提供し続けてきた（郭、2006：314-323）点も踏まえ、台湾のPDは対

（7）　アジア経済研究所データベース「李登輝総統訪米と緊張高まる中台関係　1995年の台湾」
　　　http://d-arch.ide.go.jp/browse/html/1995/105/1995105TPC.html（最終アクセス2011年1月12日）

外政策として，李登輝訪米実現という特定の外交目標を実現しただけでなく，その他の対外政策に外交資源を提供するという第2の役割を果たしてきたと評価することができるであろう。

では，なぜ台湾のPDは以上のような成果を出すことができたのだろうか。答えを出すためには，前節と同様に，まず1990年代初頭の米台関係に注目しなければならない。1979年米中国交樹立および米台断交以降においても，アメリカは台湾関係法に基づいて台湾の安全保障に強くコミットしてきた。中台軍事バランスを維持するための対台湾武器輸出などの政策を含めて考えると，米台関係は台湾海峡安定という安全保障上の目標を共有する準同盟関係だといえる。

加えて重要なのは，1980年代以降の台湾は経済，貿易のみならず，政治改革においても著しい成長を見せていた点である。自由，民主や人権重視など基本的価値観を共有できるようになった米台に対し，米中両国は経済協力を中心とする共通利益を共有していたとはいえ，核実験などに関する安全保障上の摩擦だけでなく，天安門事件，チベット仏教弾圧などをめぐる価値観の対立も繰り返されていた。冷戦終焉後，ソ連に対抗するための米中連携の重要性が薄れるなか，権威主義体制を維持する中国に対する米国政府関係者，政治家，知識人の見方も変化した（阿部，1997）。そのため，中国の反発が強ければ強いほど，アメリカの知識人，有識者，一般大衆の中国に対する警戒心と不信感が強まり，同時に民主主義国家である台湾側の発信や親台湾的な意見はより容易に受け入れられるようになる。

すなわち，台湾による文化外交は直接に中国に対する露骨な批判を行ったわけではないが，新たな認知要素を提供することでアメリカ大衆の台湾の対外政策に対する認知的協和を促し，結果的に中国政府の主張に対する認知的不協和の拡大にもつながったのである。米世論調査会社ギャラップ社による2006年の調査[8]によると，76％のアメリカ人は台湾と中国は別の国であると認識している

（8） Multination Survey: China and Taiwan Separate, Sovereign Nations (January 19, 2006) http://www.gallup.com/poll/20704/Multination-Survey-China-Taiwan-Separate-Sovereign-Nations.aspx（最終アクセス2011年1月12日）

ことが分かった。そのような世論による支持のなか，アメリカ政府が台湾に有利な対外政策を展開することは不自然ではない。1995年前後における台湾のロビー活動，および文化外交は短期的に李登輝の訪米を実現し，中長期的にも台湾政府に望ましい外交環境を提供したということができる。

　しかし，郭（2006）も強調するように，短期的な外交目標を実現するための台湾のロビー活動に対し，議会と世論の圧力に妥協したクリントン政権は不快感を隠さなかった。さらに，学術研究の独立性，公平性を重視するアメリカの知識人やジャーナリストからも台湾の文化外交はインフルエンス・バイイングであるとの批判も現れた。(9) つまり，大きな成果を出すことができたとはいえ，中長期的に考えると，文化交流を中心とする台湾のPDは自らの外交環境にマイナスな影響を及ぼすことになった。換言すれば，本節の事例は文化外交を中心とするPDが果たす役割の限界を示したといえるだろう。

3　中国のオリンピック聖火リレーをめぐる文化外交

　2008年に，中国政府が北京オリンピックの宣伝を兼ね，国威発揚，イメージ向上のために行なった聖火リレーは，短期間で目標の達成を重視するイベント型文化外交の代表例として分析することができる。2000年以降，急激な経済成長を続け，世界各国の注目を集めてきた中国は「大国」に相応しい実力と自信を背景に，国際社会における新たな役割を模索し始めた。他方で，中国の政治体制，軍事費増強の不透明さに対し，先進諸国だけでなく，近隣のアジア諸国も警戒心を強めていた。同時に，中国社会には，民族・宗教・ナショナリズムなどの数多くの問題，課題がある。そうした，社会自体の不安定性が，対外政策をより強硬なものに向かわせるとの懸念も存在する。(10) そうした国際社会の懸念やマイナスイメージを払拭し，今後の外交環境改善のため，中国政府は北京オリンピックを契機に，国力の増強とともに，平和外交，協調的な姿勢を国際

（9）　Goldman, Tim "Donations to Universities Sometimes Carry a Price", *The New York Times*, December 9, 1996.

社会にアピールしようとした。実際、聖火リレーはその野心的な戦略の一部であるとはいえ、中国、あるいは中国政府の価値観を直接相手国の国民に押し付けるようなプロパガンダではなかった。

しかし、イベント直前に発生したチベット騒乱を武力によって鎮圧した中国政府に対し、欧米を中心とする諸国の世論が強く反発した。本来あたたかく祝福されるはずの聖火リレーが、世界各地における妨害活動と熾烈な中国批判に見舞われたことを考えれば、このイベントを含む政策全体に対しては厳しい評価をせざるを得ない。北京オリンピック聖火リレーは中国の自己認識と他者の対中イメージの間のギャップを明らかにした。中国と価値観を共有できていない欧米先進諸国だけでなく、ベトナムをはじめとする周辺諸国の一般大衆も素直に中国のメッセージを受け入れたとは言い難い。ただしその後、中国政府は聖火リレーの教訓を基に、対外政策としてのPDを進化させることができた点などから、聖火リレーを含むオリンピックの開催は中国の外交環境にマイナスの影響のみを与えたともいえない。本節では、文化外交を通じてメッセージを伝えようとする中国と関係諸国国民が持つ認識の間にあるギャップに注目し、PDとしての北京オリンピック聖火リレーを分析する。

前節でも触れたように、1979年米中国交樹立から1980年代の末まで、ソ連を主な安全保障上の仮想敵としていた中国は社会主義体制を維持しながら、事実上アメリカを中心とする西側陣営に接近し、ソ連と対抗していた。西側諸国の援助を受け、改革開放やアメリカ寄りの「全方位外交」を進める中国にとって、1980年代の西側諸国との外交環境は基本的に良好だったといえる（青山、2007：334）。しかし、1989年以降ソ連を中心とする東側陣営が決定的に弱体化し、やがてソ連自体が崩壊し、冷戦は終焉に向かった。中国でも民主化や政治改革を求める大規模な学生、市民運動が起こったが、「和平演変」に対する強い警戒

---

(10) シャーク、スーザン・L（2008）『中国　危うい超大国』NHK出版などに代表される中国国内の不安定化が対外政策を硬直化させ、冒険的にさせる説に対し、佐々木智弘編（2009）『現代中国の政治的安定』アジア経済研究所などは中短期的に、国内問題で中国のガバナンスシステムが崩壊することがないと述べた上で、対外政策を含む中国政治は今後決定的な不安定化に向かう可能性があると示唆した。

心を持つ鄧小平指導部は武力鎮圧に踏み切り，いわゆる第二次天安門事件で共産党統治の危機を回避したものの，対中支援をしてきた西側諸国の激しい批判に直面し，外交戦略の変更を余儀なくされた。国際，国内環境の変化に対応するため，最高指導者鄧小平は有名な「二十字方針」を打ち出し，「和平演変」の防止を前提に，アメリカなど主要国との協調関係を重視し，国内の経済発展にいっそう注力するように指示した。

1990年代以降，改革開放の深化を基に中国経済が高度成長の時代に突入したが，青山が指摘するように，冷戦時代の疑似同盟関係を失った中国は西側諸国，とりわけアメリカとの間で人権問題，貿易問題，台湾問題など対立するイシューを持つようになり，やがて中国の経済大国化は「中国脅威論」へと発展した（青山，2007：336-340）。鄧小平が「二十字方針」を残し，1994年に政界から身を退いた後，後継者となった江沢民政権は高度経済成長を背景に大国意識を持つようになりつつも，基本的にアメリカや西側諸国主導の国際社会の規則を受け入れ，自らの役割を模索，発揮していた（天児・浅野編著，2008：197-203）。つまり，領土，人権など核心的利益に関わるイシューに関してはアメリカを中心とする西側諸国や周辺諸国に妥協しないが，WTOやAPECなどの国際，地域枠組みに参加し，比較的に協調的な外交姿勢を見せていた。

21世紀に入って，アメリカが，テロとの戦いやイラク戦争を通して，国際社会に対する影響力を後退させるなか，GDP前年比10％前後の経済成長を続ける中国は，ますます大国としての自信を持ち始めた。そして実際に，東アジア地域だけでなく，国際社会における存在感，影響力を増してきたのである。

浅野（2010）によると，中国国内では，大国としての自信を基に鄧小平の「韜光養晦」方針を改めるべきという意見や議論が存在するが，2002年に発足した胡錦濤政権は内政問題と総合国力の不十分さに鑑み，アメリカの優位を認め，中国の建設的協力者としての姿勢を2000年代後半まで崩さなかった。中国国際問題研究所が発表した調査報告書は2000年以降中国の国力増強とそれに相

---

(11) 中国国際問題研究所（2010）『国际形势和中国外交蓝皮书（2009・2010）』北京，世界知識出版社。

応しい中国の外交活動による成果を高く評価し,独立自主の平和外交を堅持することにより,中国は責任ある大国として国際社会において大きな役割を果たしていると強調した。しかし,アメリカをはじめとする先進諸国だけでなく,周辺諸国も同じ目で中国の台頭,および対外政策を見ているとは言い難い。天児・三船編著（2010）が示すように,先進諸国や周辺諸国は中国との協力関係を深めていると同時に,中国の台頭に対する警戒心,不信感を強めている。また,エコノミーによると,中国政府が掲げる平和的な国際環境の促進という方針は単なるスローガンでしかなく,国内の欲求を満たすために中国は国際社会のルールを変えようとしている。(12) さらに,浅野（2008）が述べるように,中国の台頭は自らが意図していない結果ももたらしており,中国の台頭,そして中国の対外政策に対するイメージに関して,中国と諸外国の政府,世論の間においてギャップが存在する。外交部長である楊潔篪（当時）による説明から分かるように,中国政府もその点を意識しており,中国の平和,発展路線,科学的発展観やその他の国内,対外政策に対する諸外国一般大衆の理解を深め,国際社会における望ましい中国イメージの形成はPDの目標として設定され,北京オリンピックもその目標を実現する政策の一環であった（楊,2008b：35）。

　中国政府は冷戦時代から対外宣伝や文化外交の重要性を意識していた。パンダ外交やピンポン外交に代表されるように,東西対立という時代背景のなか,中国はしばしば意図的に文化をツールとして用いて,西側諸国との関係改善を図っていた。天安門事件以降,中国のPDの主な目標は,西側先進諸国による中国批判に対抗し,望ましい国家イメージの形成に変更された（青山,2007a：435-449）。とりわけ1990年代後半以降,中国の経済成長と国力増強に対し,中国脅威論が台頭するなか,「世界に対して,中国の政策や発展ぶりを説明し,中国の歴史を説明し,国際世論で取りざたされる『中国問題』について説明し,中国に対する攻撃に反論する」ことはよりいっそう重要視されるようになった（青山,2007：439）。したがって,国際社会において絶大な知名度を持つ平和の

---

(12) Economy, Elizabeth C. (2010), "The Game Changer Coping with China's Foreign Policy Revolution", *Foreign Affairs*, Vol. 89, No. 6, pp. 142-152.

祭典であるオリンピックの開催は中国にとって，単なるスポーツイベントやさらなる経済成長のきっかけだけでなく，経済成長の成果とともに中国の歴史，文化を世界にアピールし，進歩している中国は協調的な姿勢で世界の平和と繁栄に貢献できるというメッセージを発信するチャンスでもあった（王毅，2007：61）。

　2008年3月19日，北京オリンピック実行委員会が記者会見を開き，北京オリンピック聖火リレーのプランを明らかにした。イベントのテーマは「調和の旅（和谐之旅）」とされ，スローガンは英語で「Light the passion Share the dream」と表記された北京オリンピック聖火リレーは国内外合わせて130日間に及び，ランナーが2万人以上動員される史上最大規模のものとなった。海外部分では，2000人以上のランナーが19の外国都市と香港，マカオでリレーをつなげるだけでなく，各国で40以上の関連イベントが計画された。さらに，聖火リレーによる影響力を最大限にするため，北京オリンピック実施委員会はリレーに関する映像を，衛星を通じて無料で全世界のメディアに配信し，関連ニュース，映像，音声情報なども聖火リレーのための公式サイトで公開される予定であった(13)。いうまでもなく，経済的，人的資源を最大限動員した中国政府にとって，聖火リレー，とりわけ海外部分はオリンピック開催の一部だという定義をはるかに超える意味を持つものであった。オリンピック自体に劣らない影響力を持つPD活動として，改革開放後進化してきた中国に対する世界の関心を強めることが期待されていたのである(14)。

　しかし，聖火リレーが実施される以前から，アメリカをはじめとする先進諸国では北京オリンピックの開催によって対外宣伝をしようとする中国に対する批判と警戒が存在した。アメリカの外交問題評議会は2007年，『フォーリン・アフェアーズ』誌に北京オリンピックを迎える中国が抱えている課題に関する

---

(13)　「北京奥运会火炬传递路线编制完成　火炬手路段正在分配传递活动将按计划进行」北京オリンピック公式サイト　http://torchrelay.beijing2008.cn/cn/news/headlines/n214274297.shtml（最終アクセス2011年1月12日）

(14)　沈建良「中国公共外交项目运作分析——以北京奥运火炬境外传递为例」江南社会学院学报第10巻第4期，32頁。

論文を発表した。論文では，中国政府は北京オリンピックを成功させるため，そして自国イメージ向上のためにさまざまな努力をしているものの，景観浄化などのプロジェクトは北京市民の生活にマイナスな影響を与え，言論統制など国民への抑圧はいっそう強められたと指摘する。[15]

さらに，同論文が述べるように，スーダンのダルフール危機における中国の責任，厳しい報道規制などによる人権侵害，環境問題の深刻化，台湾，チベット政策をめぐるオリンピックの政治化などのイシューについて，国際社会は北京に対し，不安と不信を募らせていた。実際，松田が示すように，中国は聖火リレーが台湾を通る前提として，中華民国の「国旗」を沿道に掲げないことを求めたため，台湾の世論は強く刺激され，結果的に台湾における聖火リレーは拒否されることになった。[16] そして，2008年3月に，国際社会における中国政府に対する批判を決定的に増強させるチベット暴動が発生した。中国政府は事態の悪化やさらなる民族間対立を防ぐため，暴動，デモ，および反政府的な言論を徹底的に抑えたが，武力鎮圧や厳しい報道規制などの対応は国外からの激しい批判を引き起こした。[17]

2008年4月1日，世界が注目するなか，北京オリンピック聖火リレーは幕を上げた。聖火リレーは4月6日ロンドン，7日パリ，9日サンフランシスコで激しい抗議活動に見舞われた。欧米に拠点を持つチベット独立運動家だけでなく，地元の人権団体や中国政府を批判する多くの現地民間人も活動に参加した。抗議活動の一部は暴力化し，聖火トーチが奪われ，聖火が消されるような事態もあったため，リレールートの短縮や当日の変更が余儀なくされた。[18] 4月17日以降，聖火はインドや東南アジア諸国に入り，関係諸国政府は対中配慮で抗議

---

(15) Preeti Bhattacharji and Carin Zissis (2008) "Olympic Pressure on China: As the Olypics drawnear, critics are attacking Beijing for its policies on the environment, the press, Sudan, and Tibet." https://www.cfr.org/backgrounder/olympic-pressure-china（最終アクセス2018年2月5日）
(16) 松田康博（2010）「第7章 改善の「機会」は存在したか？――中台対立の構造変化」若林正丈編『ポスト民主化期の台湾政治――陳水扁政権の8年』アジア経済研究所。
(17) 加茂具樹（2008）「北京五輪を前に厳しい試練」『東亜』2008年4月号。
(18) 『朝日新聞』2008年4月7日14版1面，4月8日14版1面，14版2面，4月10日4版1面，14版7面。

活動を抑え，厳重な警備で聖火を送り出したが，聖火は26日長野，27日ソウルで再び激しい抗議活動に見舞われた。ソウルでは脱北者支援団体も脱北者を北朝鮮に強制送還する中国政府を批判し，抗議活動に加わった。[19]国家の威信を賭けた中国政府は終始強硬な姿勢を崩さず，外国政府，メディア，民間団体，世論による中国批判に対する反論を繰り返していた。しかし，中国が反論すればするほど各国政府，マスコミによる反中発言が増幅し，対中不信，批判が広がっていくことになった。[20]当初平和，発展というイメージを伝えようとする聖火リレーは結果的にまったく異なるイメージを外国の一般国民の心に焼き付けることになったといえよう。

以上，中国政府が2008年の北京オリンピックを前に，大規模宣伝イベントである聖火リレーを計画，実施した経緯を概観し，その目的を分析してきた。急激な経済成長，国力増強を背景に，2000年以降の中国は冷戦時代のイデオロギー，対外政策に関するプロパガンダや1990年代の対中批判に対する単なる反論宣伝を改め，改革開放政策に基づく中国の進歩，発展，および平和台頭のイメージをアピールしようとしてきた。世界規模の聖火リレーという野心的なイベントは，すべての海外都市において激しい批判を受けたわけではないとはいえ，大きな成果を出すことができたとは言い難い。むしろ特定の外交目標を実現するというPDの第1の役割を果たすことができなかったといえる。

そして，外交資源の提供という第2の役割に関しては，海外華人社会のネットワークが一部強化された点を除き，Economy（2008）が指摘するように，聖火リレーは対外広報の悪夢と化し，中国政府，社会の問題点を世界に曝け出しただけでなく，国際社会とのさらなる摩擦につながりかねない中国ナショナリズムの膨張に火をつけた。[21]つまり，聖火リレーによって，中国政府が満足できる外交資源を手に入れたとも考えにくい。では，中国が伝えようとするメッ

---

(19) 同上2008年4月18日14版8面，4月20日14版4面，4月22日14版8面，4月23日14版9面，4月25日14版9面，4月26日4版1面，4月28日14版4面。
(20) 加瀬みき（2008）「価値観と実利の間で揺れる欧米の対中観」『中央公論』2008年8月号。
(21) Economy, Elizabeth C. and Segal, Adam (2008), "China's Olympic Nightmare: What the Games Mean for Beijing's Future", *Foreign Affairs*, Vol. 87, No. 4, pp. 47-56.

セージはなぜ多くの国において拒否されたのだろうか。

ロシア，北朝鮮のような中国の準同盟国では，一般国民は聖火リレーを歓迎し，中国との関係を深めてきた多くの東南アジア諸国でも大きな混乱がほとんど報じられなかったのに対し，中国とは人権，民主主義体制などの基本的価値を共有できないイギリス，フランス，アメリカ，日本と韓国では，世論の反発や抗議活動が非常に激しかった。第1章第3節で述べた認知的不協和理論を踏まえ，その理由を以下の2つにまとめることができる。

第1の理由としては，冷戦時代から自由，民主主義，人権重視の基本的価値観を掲げ，共産主義陣営と対峙してきた欧米諸国や日本の大衆は，今日でも権威主義体制を維持し，人権，宗教などの国内問題を抑えている中国の政策を看過しなかった点を挙げることができる。欧米先進諸国，日本，そして民主化を成功させた韓国，台湾では，北京オリンピック聖火リレーが計画される以前から中国の人権問題，民族問題およびその原因とされる政治体制に対する批判と不信が根強く存在していた。言い換えれば，基本的価値を共有できない中国政府の政策に対し，それらの国の一般大衆は認知的不協和を抱え，中国は異質な存在に映ったため，人々は聖火リレー実施以前から中国政府の広報，宣伝活動に対し警戒心と不信感を持っていた。そして，中国政府のスーダンにおける人権軽視だとされる援助政策や聖火リレー直前に起きたチベット暴動に対する武力鎮圧の影響によって，先進諸国一般大衆の認知的不協和は極端に増大し，聖火リレーという広報，宣伝活動に対する警戒心と不信感は不寛容へと変化したのである。

第2の理由としては，野心的な広報，宣伝活動だけでなく，パワーの増大が背景にある中国政府の強硬な姿勢が，中国の台頭を脅威視する先進諸国一般大衆の不安を刺激した点をあげることができる。于磊（2009）が主張するように，平和をテーマにし，国力の増強をアピールする大規模な聖火リレーは欧米諸国国民にとって，1936年のベルリンオリンピックを前に国力を誇示するナチスドイツを連想しやすいイベントでもあった。史上最大規模の聖火リレー，類を見ない経済的，人的資源の投入，そして国内の批判に対する徹底的な抑圧や海外

からの批判に対する強硬な姿勢は主催国の情熱より，非民主的，非協調的なイメージを国際社会，とりわけ民主主義先進諸国に与えやすい'(于，2009：182-183)。したがって，聖火リレーは中国脅威論という関係国国民が持つ認知的不協和を緩和するどころか，かえってそれを助長することになったといえよう。実際，こうした批判が起こったのは，従前から，中国の人権問題や政治体制を批判していた国だけでなかった。すなわち，中国と安全保障上の対立するイシューを抱えつつも，中国が主張する価値観には配慮をしてきたベトナムのような国においても，中国の広報，宣伝活動に対し，世論が不寛容に傾いた（中野，2009：111-115）のである。

聖火リレーが終了した後，中国に対する対抗姿勢を強めていたフランス政府をはじめとする各国政府は対中関係修復に乗り出したものの[22]，以上分析した2つの理由が相まって，PDとしての聖火リレーの効果は決定的に制限された。しかし，梁岩（2010）が示すように，中国と世界各国の間にあった情報の壁が崩され，外国マスコミによる対中報道で中国に対し興味と関心を持つ外国人が増えたのみならず，中国政府，メディア，そして一般市民の世界に対する認識も変化した点を考えれば，PDとしての聖火リレーは決して完全な失敗ではなかった（梁，2010：83-85）。つまり，北京オリンピック聖火リレーが中国の対外政策に与えた影響を中長期的に分析すれば，とりわけ中国政府がこのイベントで得られた経験は非常に有益なものであったということができる。

4　パブリック・ディプロマシーの役割と有効性

前節まで具体的な事例を取り上げて，PDの目標設定，実施，および結果を中長期的な視点で分析してきた。以下に3つの事例分析から導かれたPDの役割と有効性をまとめることとする。なお，文化外交と国際文化交流を完全に切り離して分析することは本来困難である。しかし，それぞれの役割の特徴を明示するため，本章ではあえて事例に合わせ，文化外交，国際文化交流の役割と

---

(22)「五輪外交劇も最高潮」『朝日新聞』2008年8月9日，14版8面。

有効性を分析したうえで，PDの問題，課題に対する分析を試みる。

前述のように，対外政策としてのPDには，特定の外交目標の実現と外交資源の提供という2つの役割が期待されている。したがって，本章は単に成功，失敗で事例の結果を評価することを避け，目標の実現と外交資源の提供という2つの視点から総合的に事例を評価する。

1. 文化外交の役割と有効性

文化外交を中心とするPDが実施された第2節，第3節の2つの事例分析から，広報文化外交の役割と有効性を以下のようにまとめる。

まず，対外発信を中心とするPDは間接的ではあるが，特定の外交目標を実現することができる。第2節の台湾の事例から分かるように，対外発信や自国にとって望ましい情報の提供を重視するPDの場合，1年のような短期間において，経済的，人的資源を集中的に投入することが可能である。李登輝政権は訪米実現のため，アメリカのマスメディア，大学，シンクタンクへの働きかけによって，アメリカの有識者や一般大衆の台湾に対する興味，関心を強めただけでなく，政治的，経済的発展を遂げた台湾はアメリカと価値を共有できる国であるというメッセージを，アメリカ大衆に伝えることに成功したといえよう。そのため，台湾政府の主張に対するアメリカ有識者や一般大衆が持つ認知的不協和が緩和され，中国政府の主張に配慮するクリントン政権に対する認知的不協和が増大した。最終的に，アメリカ世論は台湾政府の主張に対し寛容になり，中国政府の主張に対しては不寛容に傾いた。そのような一般大衆の心理的変化を背景に，アメリカ議会に対するロビー活動が功を奏し，クリントン政権による李登輝へのビザ発給を実現させた。本来の主要目標が実現された点から考えれば，第2節の事例における台湾政府の短期間のPDは，期待されていた役割を十分に果たすことができたと判断できる。

そして，PDは実施国のプレゼンスを向上させ，自己評価に必要な情報などの外交資源を提供することができる。第3節の中国の事例では，特定の国家イメージを諸外国に伝えるという本来の外交目標が実現できなかった点から，

第2章　事例分析から見るパブリック・ディプロマシーの役割と限界

PDとしての北京オリンピック聖火リレーは失敗したと一般的には判断されるだろう。しかし，約半年という短い期間において，中国の政治，文化，社会に対する世界の注目が集まっただけでなく，中国政府は非常に有益な経験を得られた。とりわけ中国政府関係者や学者は妨害活動だけでなく，各国メディアの報道，市民の態度といったフィードバックによって当時の国際社会，とりわけ関係諸国の中国に対する評価をある程度理解することができた。その後中国政府は聖火リレーの実施から得られた経験によって，中国を取り巻く外国世論に対する認識を改め，PD政策の試行錯誤を繰り返し，自らの特徴に相応しいモデルを模索している（楊，2011；裴，2010）。つまり，第3節の事例分析が示すように，特定の外交目標実現に失敗したとしても，短期間のPDは中長期的な視点から見れば，実施国に有益な情報や経験を提供する役割を果たしているとも評価できるのである。

2．国際文化交流の役割と有効性

では，相互発信，相互理解を重視する国際文化交流はどのような特徴を持ち，どのような役割を果たしているだろうか。第1節における事例分析を踏まえ，国際文化交流の役割と有効性を以下のようにまとめる。

まず，相互発信，相互理解を重視する国際文化交流は，持続的かつ多様なレベルにおける情報交換を保証し，自国を対象とする健全な外国の輿論の形成に貢献することができる。日米の事例から分かるように，国際文化交流は自国にとって望ましい情報を一方的に外国の一般大衆に発信するものではなく，双方向の発信にフィールドを提供し，それを促すものである。そのため，政府の影響が背景にあるとはいえ，民間のアクターがイニシアティブを持ち，政府の政策と一定の距離を保ちながら実施する国際文化交流は，対象が持つ警戒心，不信感を緩和することができ，民間レベルにおける本格的な相互信頼関係の醸成に大いに貢献できるといえる。

こうした視点に立った場合，日米間のPDには双方向，互恵主義や官民協力などの特徴があり，公正・中立だと認識されたからこそ，有識者や知識人をは

じめとする両国民間レベルの支持と共鳴を得られたと評価できるだろう。そして，民間レベルにおける相互発信，対話するチャンネルが50年以上にわたり維持されてきたからこそ，日米両国の互いに対する世論は大きく変動することなく，より成熟したものになった。換言すると，国際文化交流の場合，各国の一般大衆は一方的に伝えられる認知的要素だけでなく，自らが望んでいる情報を中立性の保たれた交流ルートによって得られるため，認知的不協和が緩和されやすい。そのため，大衆の心理的環境の出力である輿論は比較的に寛容になり，より良好な外交環境の形成に貢献することができる。

そして，多様なアクターを巻き込む国際文化交流は，外交活動に重要な人的ネットワークを提供する。日米の事例の場合，国際文化交流に関わった多くの有識者，知識人はその後日米政府関係者，政策立案関係者，あるいはオピニオン・リーダーとなり，良好な日米関係にコミットし，大いに活躍した。[23]そのような人的ネットワークはトラックツーにおける交渉，情報交換などの形で通常の外交ルートでの外交活動を補強し，より多様な外交資源を50年以上日米関係の発展に提供し続けてきた。つまり，国際文化交流は直接的に特定の外交目標を実現させることができないにしても，多様な外交資源の提供という役割を果たしている。

3．パブリック・ディプロマシーの問題と課題

以上では事例分析を踏まえ，PDを，文化外交を重視するものと国際文化交流を重視するものに分け，それぞれが対外政策として果たしている役割をまとめた。しかし，すべての対外政策がそうであるように，PDも常に政策目標を実現し，外交環境に望ましい影響を与えているとは限らない。本項では事例分析によって明らかになったPDの問題と課題をまとめる。

第1に，PDは各国の外交環境，そして国際関係の変化に影響を与えていると同時に，その実施過程，成果はまた国際関係の変化に強く制限されていると

---

(23) 茶野純一（2007）「日米関係とコミットメント──CGP評議会へのオマージュ」『外交フォーラム』2007年11月号などは国際文化交流によって得られる人的ネットワークの重要性を強調した。

いう点である。とりわけ上位目標である安全保障面の協力と対立，そして大衆の認知と深く関わる価値観，信念の共有はPDの効果に強い影響を与えていると確認された。事例3から分かるように，聖火リレーは当初の目標を実現できなかった理由は，単に広報文化外交の立案，実施プロセスにあるわけではない。むしろ安全保障上の対立と民主主義，人権など価値観のギャップがあったため，広報文化外交の効果は立案される以前から制限されていたといえる。つまり，平和的な対外政策をアピールするための聖火リレーという新たな認知的要素より，中国の安全保障政策や国内情勢に関する認知的要素が持つインパクトが強く，結果的に安全保障上の対立イシューを持つ国や価値観を共有できない国を中心に，不寛容な態度が強まった。

一方，政策目標を実現させた事例2が示すように，巧みに行われた台湾政府の文化外交の内容と実施プロセスは無視できないが，当時の台湾がアメリカと安全保障上の目標を基本的に共有していただけでなく，民主主義政治体制や人権重視などの価値観も共有できていたため，短期間において文化外交の効果を最大限に広げることに成功したと評価することができる。

事例2と3という対照的な2つの事例を合わせて考えれば，PD実施国と対象国の安全保障上の関係や価値観の共有の有無は，広報文化外交を中心とするPDの効果を強く規定する要素である。実際，事例1からも分かるように，民間アクターがイニシアティブを取る国際交流を中心とするPDの場合でも，日米両国が終戦後同盟関係となり，価値観も基本的に共有できるようになった後，国際文化交流の規模，内容および効果が飛躍的に向上していった。つまり，国際文化交流を中心とするPDも国際関係の変化や価値観の共有に制限されている傾向を読み取ることができるのである。

第2に，政策立案当初の目標を実現できたとしても，中長期的な視点から見ればPDは外交環境に予期せぬ影響を及ぼす可能性があるという点である。国費を投入して行われるPDは，その他の対外政策と同じように，経済的，人的資源の投入に見合った成果が常に求められている。そのため，多くの場合，とりわけ広報文化外交を中心とするPDは政策立案の段階から明確な目標設定が

要求される。

　しかしながら，代表例である事例3が示すように，PDが政策目標を実現するどころか，当初まったく予期しなかったような結果を生み出す場合もある。そして，事例2を中長期的な視点から見れば，訪米ビザ発給という政策目標は達成できたとはいえ，クリントン政権は台湾の露骨なロビー活動や文化外交に対する警戒を強めただけでなく，文化交流や学術研究の中立性，政治からの自律性を重視する一部のアメリカ知識人の批判をも引き起こしたのである。

　さらにいえば，政策実施後の中国政府の対応と政策転換も無視することができない。本来，政策対象国ではない中国は，台湾の文化外交とその影響をうけたクリントン政権の政策変化に強く刺激されることになった。無論，台湾政府が，中国政府の反発をまったく考慮せずに文化外交とロビー活動を実施したとは考えにくい。だが，李登輝訪米後の1995年から1996年にかけての台湾海峡の緊張，および1997年から1998年にかけての米中関係改善（松田，2010：267-269）に鑑みれば，台湾政府は中長期的な外交成果を得られたとは言い難い。

　第3に，PDによる中長期的な，多様な影響から特定の成果を抽出し，費用対効果の視点から分析することは極めて困難であるという点である。国家間の経済活動は計量的に評価し，その結果を数字で表すことができるのに対し，一般大衆の心理的環境に働きかけるPDはその他の対外政策と同時に行われ，さまざまな要素からの影響を受けている。そのため，特定のPD政策による成果を抽出し，計量的に評価することがほぼ不可能である。当然，長期にわたる世論調査はPDの立案と実施に有益な情報，ヒントを提供することができる。しかし，安全保障面の関係変化，経済活動や価値観などの影響を含めて考えれば，世論調査で得られた結果とPDの間の因果関係を実証することはきわめて困難である。

　したがって，計量分析の手法と費用対効果の視点から対外政策としてのPDの影響を評価することは無意味だとはいえないが，明らかに限界が存在し，PDの役割と実際の影響を矮小化する危険性がある。先述した分析を踏まえ，日米の事例を振り返って見れば，1960年代の反米，反安保運動やその後の反ベ

第2章 事例分析から見るパブリック・ディプロマシーの役割と限界

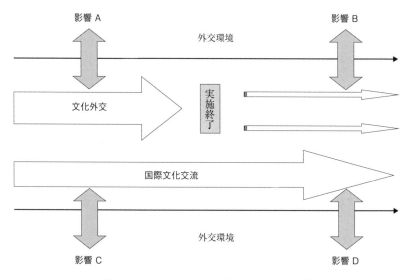

図2-1 パブリック・ディプロマシーと外交環境

トナム戦争運動, 1970年代以降の日米貿易摩擦といった問題を事前に防ぐことができなかった。しかし，それらを根拠に日米間のPDが両国一般大衆の心理的環境に与えるプラスな影響，および国際文化交流で培われた人的ネットワークを過小評価することはできない。換言すると，PD活動が費用に見合った成果を出せたかを評価するのであれば，その作業をすると同時に，PDが果たしている役割をも計量的に評価し，それに相応しい費用を議論することが必要であろう。

　本章で述べた内容をまとめると，図2-1で表すことができる。まず，文化外交も，国際文化交流も，自国の外交環境に影響を与えると同時に，外交環境からも影響を受けている。第1章の分析から分かるように，とりわけ安全保障関係や価値観の共有は，政策の実施に強い影響を与えている。そして，PDが外交環境に及ぼしている影響はAとDのように，成果だと評価できるプラスの場合もあれば，Bのようにマイナスの影響となる場合もある。さらに，第2節の台湾の事例が示すように，文化外交は中短期的に影響Aのような成果を生み

63

出したが,中長期的に見れば政策は実施後も外交環境に影響を与え,それが影響Bというマイナスの結果につながる場合もある。第3節の中国の事例はその逆であり,影響Aというマイナスな結果を外交環境にもたらしたが,影響Bの段階においては有益な外交資源を得られた。最後に,第1節の日米間の事例が示すように,国際文化交流は中短期的な評価が困難だが,評価できない影響Cに対し,中長期的な外交資源の提供という観点では,影響Dというプラスな結果に大きく貢献したということができるだろう。

5　パブリック・ディプロマシーの役割に対する再評価

　グローバル化や情報,通信技術の進展に伴い,NGO,企業や個人など非政府アクターが直接関わるPDはますます各国に注目され,その役割もいっそう強く期待されるようになってきた。しかし,PDが重要な役割を果たしてきたという認識が広がっているにもかかわらず,多くの難題が付きまとっているため,PDが果たすことのできる役割は過剰に期待されやすい。それに対し,PDが実施国の外交環境,そして,それを取り巻く国際関係に与える影響はしばしば矮小化されている。本章において,対外政策としてのPDの役割と限界を,中長期的な視点で再考することを試みた。

　グローバル化という背景のなか,PDはかつて自国政府による政策の正当性を外国大衆にアピールするプロパガンダから進化し,今日においては,多様な民間アクターが関わるような,対話や交流,そして協働も活動内容に含まれている。多様化,細分化が進んでいるPDは対外発信を重視する文化外交と,対話と相互理解を重視する国際文化交流に大別することができる。社会心理学の観点からすれば,2種類のPD活動の最終的な目標は外国の大衆に新たな認知的要素を提供し,認知的不協和を緩和することで,自国にとって望ましい外交環境の形成に,貢献をすることである。

　それを受けて本章では,第1節において戦後日米間の国際文化交流,第2節において台湾の対米ロビー活動に伴う文化外交,第3節において中国のオリン

第2章 事例分析から見るパブリック・ディプロマシーの役割と限界

ピック聖火リレーをめぐる文化外交の3つの事例分析を行った。PDの内容と実現された目標だけでなく，中長期的な視点から，国際関係の変化の渦中にあるPDを分析することにより，事例対象国が行ったPDの役割と限界が浮き彫りとなった。

さらに，第4節の分析から分かるように，PD，とりわけ広報文化外交の場合は3年以内という中短期的な期間において，間接的に特定の外交目標を実現させることができるだけでなく，政策実施国のプレゼンスを向上させ，フィードバックのような形で有益な外交資源を提供することができる。それに対し，多様な民間アクターが関わる国際文化交流は中短期的な外交目標達成につながりにくいが，自国を対象とする外国の健全な輿論形成に必要な情報交換ルートや人的ネットワークを構築，維持し，安定した中長期的な外交資源を貢献することができる。

しかし，事例分析が示したように，PDの効果はいくつかの要素に影響されており，限界が存在する。第1に，PDが国際関係に影響を与えることができる一方で，その実施効果は国際関係，とりわけ実施国と対象国の関係の変化に強く制限されている。とりわけ安全保障上の関係変化や価値観の相違はPDの効果を左右し，政策立案当初予測しなかった結果をもたらす可能性が強い。仮に短期的に特定の外交目標が達成されたとしても，中長期的な視点からPDの効果を評価すれば，予期しなかったような，外交環境にとってのマイナスな影響が現れる場合もある。対外政策としてのPDを立案する段階において，実施国と対象国の関係に合わせて，活動の目的を設定する必要がある。費用対効果の視点から，PDの戦略性，効率性について議論を重ねることは当然重要ではある。しかし，PD実施国がどのような国際環境に直面し，対象国とどのような関係を構築したいかとの問題意識を軽んじれば，発信したいメッセージの内容や活動の効率に関する議論は単なる空回りに終始する恐れがある。

第2に，グローバル化の進展や情報通信技術の革新的な進歩により，一方的な宣伝，広報，あるいは対外文化発信の手法のみでは，長期にわたって，自国にとって望ましい外交環境を維持することがより困難になっている。一国の

PDがその実施国の政府による情報操作，あるいはプロパガンダだと見なされた場合，PDの効果は極めて限定的なものにならざるを得ない。場合によってはむしろ実施国の外交環境にマイナスな影響を及ぼすことになりかねない。

　第3に，中長期的な視点から対外政策としてのPDが対象国，関係国の世論，そして自国を取り巻く国際環境に与えた影響を総合的に評価することが求められる。PDを構成する個々のプロジェクト・プログラムのアウトカムや，特定の外交目標の実現のみでPDの効果を評価することは，政策の影響を矮小化し，マイナスの影響を見落としかねない。したがって，中長期的な視点から，PDが外交環境に与えたインパクトを継続的に分析，評価することで，次の段階の政策設定・手法の変更に必要な情報を獲得することが求められよう。

　冷戦終結後，とりわけ21世紀の国際社会においては，ハード・パワーのみを行使する従来の対外政策が後退し，ソフト・パワーを活用できるPDをいかに構築するべきかという議論が増加していった。近年では，そうしたソフト・パワーへの過度な期待を再考し，スマート・パワーといった議論が主流となりつつある。しかしながら，PDの役割と限界への理解の不足に基因する過大な期待や過小評価も，やはり依然として存在しているといえよう。いずれにしても，対外政策としてのPDの性格を明らかにし，その役割と限界を明示することをなくして，PDの真の価値を読み取ることは困難である。

　そうであると同時に，政治的な立場や，PDに対する見方によって，PDの役割と限界に対する各国政府関係者や，有識者の理解と評価は，異なるのである。PDが対外政策である限り，PD活動における理念，規範的な側面と，PDを推進する各国政府の政治的な目的や対外政策の戦略性を完全に切り離すことができない。各国政府は理念や規範に対する理解のみに基づいて，自国のPDを構築しているわけではなく，自らが直面している国際環境の変化に対応するために，PDの概念を選択的に受け入れているのである。

　次章以降は，日中両国のPDの概念変容と，近年の特徴を分析し，PDの概念が選択的に受け入れるプロセスに伴う新たな競争関係を分析する。

第3章
「台頭する」中国のパブリック・ディプロマシー（公共外交）の概念変容

　急速な経済成長と軍事力の増強を背景に，中国は国際社会における自国のさらなる役割を求めている。近年の中国では，ハード・パワーの増強と合わせ，さらなるソフト・パワーを求める議論が活発化し，ソフト・パワーの活用に中心的な役割を果たすPDに強い期待を寄せられている。青山が指摘するように，2009年の時点で，「公共外交」（以下では中国のPDを「公共外交」と記す）という輸入された概念に対し，中国の政策関係者，有識者の理解は必ずしも一致しておらず，公共外交は政策レベルのコンセプトとして提起されていない（青山，2009：2-3）。しかし，公共外交の概念が定着した2000年代後半以降，中国のPDは防御的なものから積極的なものへと大きく変化した。従来の自国のマイナスイメージを払拭することだけでなく，特定の外交政策への寄与や海外権益の擁護も目的として提起されるようになった（青山，2014：17-22）。では，「台頭する」中国はなぜPDという西側諸国で提起された政策概念を輸入し，そしてどのような論争を経て，PDを「中国特色のある」概念である，公共外交として受け入れただろうか。この変化のプロセスにおける，決定的に重要なファクターを明らかにすることは，現在も大国化への道を歩む中国のPDの特徴だけでなく，「中国特色のある公共外交」という概念に内在する問題点に対する理解を深めることにも貢献できるのである。

　本章では，2000年代以降の中国において，PDの中国版である「公共外交」の概念が導入されたプロセスに注目し，理論的分析枠組みを用いてその要因の解明を試みる。具体的には，第1節において，PD研究と公共外交に対する近年の潮流を踏まえたうえで，公共外交を対象とする先行研究を概観する。第2節では，対外政策としての公共外交の変化を説明するための有効な理論的分析

枠組みを提示する。第3節では，2000年代以降の，中国の政策関係者と有識者による公共外交をめぐる言説に対する分析を行うことで，公共外交の概念が導入され，変容した要因を明らかにする。

1　パブリック・ディプロマシーと公共外交

中国の公共外交に関する議論を展開する前に，ここではまず第1章，2章で説明した，PDの概念，とりわけNew PDが重んじる政治からの自律性について，簡潔にまとめることとする。そして，公共外交を対象とする先行研究を概観し，先行研究から得られた知見とのそれらの問題点を分析したうえで，次節において，本章の問題意識と，用いる理論的分析枠組みを説明する。

1．パブリック・ディプロマシー研究の近年の潮流

外交の現場における実践は長い歴史を持つが，PDの概念そのものが提起，確立されたのは冷戦期であった（Cull, 2008）。東西イデオロギー競争を背景に，西側諸国のPDも人心を掌握しようとするプロパガンダ色が強く，戦略性が重要視されていた（貴志・土屋，2009）。冷戦終結後，とりわけ2001年の同時多発テロ事件がきっかけとなり，世界中の多くの有識者は再びPDに注目した。対テロ戦争に伴うアメリカのPDは失敗例として捉えられ，グローバル化の深化，情報通信技術の進歩，そして世界規模の市民社会化に対応できる「New PD」（新たなPD）を模索する研究が数多く現れた。近年の研究では，長期的な目標設定，双方向の発信と相互理解，民間アクターの協力と参加や，社会的，文化的ネットワークの活用も強調されている（Melissen, 2005; Cowan and Arsenault, 2008; Pamment, 2013）。

これらの先行研究では，非政府アクターによるPDへの参加を，政府が促進，支援すべきであり，同時にそれに干渉してはならないと強調している。つまり，PDにおける非政府アクターの参加と自律性を重視しているのである。New PDをめぐる議論は従来の概念に対し批判と補強を行った。とりわけPDにおけ

る非政府アクターの役割が増大し，政治とPDの距離を維持することがPD実施国と対象国の相互信頼関係に深く関わっているといった認識は，近年日米欧の研究においてほぼコンセンサスとして受け入れられている。

しかし，自律性を保障すべきだという新たな共通認識がPDの持つ政治性，戦略性を否定したわけではない。ソフト・パワー論を提起し，後にスマート・パワーの重要性を説くナイのPDに関する説明はきわめて興味深い。ナイによると，パワーの相対的変化が激しい21世紀において，超大国アメリカを含む諸国にとって，ハード・パワーのみを追求するだけでは不十分であり，ハード・パワーとソフト・パワーを合わせたスマート・パワー戦略の重要性がかつてないほど高まっている（Nye, 2011）。情報の信憑性（credibility）と，自己批判をする能力と非政府アクターの役割に対する理解なくして，PDでソフト・パワーとスマート・パワーを活用することは困難である（Nye, 2008）。

以上の説明から分かるように，今日のPD研究は大別して2つの側面を持っている。1つは戦略性であり，いま1つは自律性である。2つの側面は矛盾しておらず，むしろ互いに補完する関係である。

2．公共外交に関する先行研究

中国の台頭に伴い，公共外交や中国のソフト・パワーに関する研究も増えてきた。海外の有識者も公共外交の対象であるため，国外で発表された先行研究が公共外交のフィードバックとして認識され，公共外交の理念変容に寄与している可能性は無視できない。本節では，公共外交自体に焦点を当てた先行研究を概観し，公共外交の効果や中国のソフト・パワーに対する評価にも注目する。

多くの研究者が公共外交の評価に注力するなか，青山は公共外交の歴史的背景，目的，実施体制と手法を体系的に調査し，説明した（青山，2007a；2007b；2009）。青山によると，中国共産党は政権獲得以前からプロパガンダを行い，建国後も対外発信，民間交流を重視してきた。そして，天安門事件と冷戦の終焉は中国にとって公共外交の重要性を再確認する契機となった。2000年代以降，台頭する中国に対し，国際世論における批判も増えた。中国の政策関係者，有

識者は西側のネガティブな報道に対し危機感を強め,「中国脅威論」をはじめとする外国の批判に反論し,中国を説明する必要性について問題意識を共有するようになった(青山,2007a:435-439;2009:2-6)。また,良好な国際世論環境を形成するために,中国は公共外交の主目的を改め,以下の4点を求めるようになった。「A.望ましい国家イメージを形成する。B.歪曲された中国報道に反論する。C.中国を取り巻く国際環境を改善する。D.相手国の政策決定へ影響力を及ぼす」ことである(青山,2007a:438)。青山の研究では,2000年代前半において,中国の政策関係者,有識者がどのような問題意識に基づき,公共外交の議論と実践を展開してきたかについても説明がなされた。つまり,公共外交の戦略性の背景に焦点を当て,外交環境に対する問題意識を要因とし,公共外交の変化を説明した。青山の研究は公共外交の目的,戦略性を理解するためにきわめて有益であるが,中国の政策関係者と有識者がどのようにPDと対比し,公共外交の戦略性と自律性に存在する問題点を認識しているかは十分に説明されていない。そのため,青山の説明のみでは,2008年前後において,PDのカウンター・コンセプトとしての公共外交という概念が導入され,定着した理由を理解することは困難である。

　他方,ドーヘの研究は公共外交の特徴の説明に注力し,戦略性と自律性を評価することで,変化する公共外交が持つ構造的な強みと弱みを示した(D'Hooghe, 2005; 2007; 2011a; 2011b)。ドーヘによると,公共外交は急速な経済成長のみならず,中国の政治,外交,社会の発展とも切り離すことができない(D'Hooghe, 2007: 9-12)。中国は従来,宣伝,広報活動を行っていたが,急速な発展や国際社会におけるプレゼンスの増大につれて,望ましい国家イメージを構築する必要性が高まった。公共外交の目的は外交戦略のためにソフト・パワーを形成,投射することであり,具体的な目標は以下の4点にまとめられる。国際社会に対し,1.中国の政治体制と国内政策の正当性を認識させる。2.経済が急激に成長しているが,中国は警戒する必要のない,協力的なパートナーだと認識させる。3.中国は信頼できる,責任ある大国だと認識させる。4.輝かしい歴史と伝統を持つ国家として尊敬される(D'Hooghe, 2007: 17-19; 2009a:

164-169)。増強する経済力や豊富な文化的資源を持つ公共外交の強みは、政府主導による効率的な戦略構築と運営にある。しかし、一党独裁の政治体制や政府による強い指導力は公共外交の信頼性、自律性を損なう構造的な弱みにもなる (D'Hooghe, 2007: 13-16; 2011b: 29-30)。近年の公共外交には多くの非政府アクターが関わり、一定の変化が観察できるが、中国政府によるコントロールは依然として強い (D'Hooghe, 2011b: 21-24)。青山と比べ、ドーへの研究はPDの規範 (norm)、とりわけ前述した自律性の役割を重視している。そして、公共外交の変化を促す要因として、急速な経済成長と近年中国の政治、外交、社会の変化を挙げている。しかし、ドーへのいう戦略性は一党独裁体制の特徴や効率性を強調しているが、中国政府がどのような内外環境の変化に直面し、政策関係者がどのような問題意識を持っているかに関しては説明が不十分だと言わざるをえない。そのため、ドーへの研究は公共外交の特徴、とりわけ近年の変化を理解するのに有益であるが、公共外交の戦略、概念の変化を説明するには限界がある。

　ドーへ以外にも、多くの先行研究が公共外交に対する評価を試みている。そのうち、公共外交を中国のソフト・パワー戦略やイメージ戦略の一部として捉え、説明する研究も含まれる。この種の研究では、まず、戦略性に関して、中国の指導者たちが戦略的に公共外交を含む中国のソフト・パワー戦略を展開しているとされる。中国の経済成長とアメリカの相対的衰退により、中国が巧みに微笑外交 (charm offensive) を展開し、発展途上国を中心に影響力を拡大している (Kurlantzick, 2007) とか、欧米諸国が世界金融危機に対処している間、競争者である中国は自国の発展モデルを輸出し、微笑外交を展開することでソフト・パワーの増強を図ってきたとの説明 (Van Ham, 2011) もある。このように、概して公共外交の戦略性が強調されている。そして、戦略性の強さも一因となり、公共外交の自律性はきわめて低いとされる。中国は経済成長を背景に精力的に文化を輸出し、良いイメージを広めようとしているが、公共外交では中国と民主主義諸国の間の信憑性のギャップを埋めることができておらず (Rawnsley, 2012)、担い手が公的なアクターであり、対象国との相互信頼を必要

としない公共外交は国益を求める宣伝工作であり,その効果には限界があるとされる(中居,2011)。中国語学習者が急増するなか,孔子学院をはじめとする公共外交の活動も急速に拡大してきた。孔子学院の活動は単なるプロパガンダでもなく,国益促進の性格も中国特有のものではないが,政治体制ゆえに活動の自律性が疑われるという(Hartig, 2012)。

　各種世論調査の結果を用いた研究が示すように,2004年の時点において,中国のソフト・パワーは東南アジア,中東,ラテンアメリカやアフリカではより高く評価されており,ヨーロッパ諸国においてもおおむね好意的に見られていた(Gill and Huang, 2006: 23-26)。しかし,2000年代中盤以降は,ヨーロッパ諸国での中国イメージが悪化し,中国の急速な経済的台頭に対する懸念や人権問題に対する批判が強まった(D'Hooghe, 2011a: 179-183)。東南アジア諸国では中国の経済力や文化的ソフト・パワーが高く評価されているが,ライバルであるアメリカ,日本には及ばない。そしてアメリカ,日本,韓国のような民主主義諸国では,中国に対する評価は東南アジア諸国ほど好意的ではなく,微笑外交の効果は限定的であるという(Holyk, 2011: 243-247)。

　以上のように,多くの先行研究は民主主義先進諸国で形成されたPDの概念と規範を用いて公共外交の強みと弱みを説明し,あるいは世論調査の結果によって公共外交の効果とされる中国のイメージの改善やソフト・パワーの増大を評価した。先行研究から分かるように,台頭する中国は新たな手法でよい国家イメージを海外に投射させ,ソフト・パワーを追求するために戦略的に公共外交を行ってきた。しかし,公共外交は公的な影響力を強く受けており,自律性が担保されないため,その効果は限定的である。先行研究によって公共外交の特徴はある程度説明されたが,いくつか分析の課題が残っている。まず,公共外交,イメージ外交,微笑外交,ソフト・パワー戦略など異なる概念が乱立して混用され,公共外交の範囲やその他の概念との関係が明確に示されていない。そして,公共外交を政策,あるいは理念として評価するにせよ,基準が曖昧なため,印象的な説明に終始していることが多い。さらに,公共外交の特徴,強みと弱みの原因は政治体制にあると説明されることが多く,やや還元的な説

明になりやすい。そのため先行研究のみでは，中国が台頭するプロセスにおいて，公共外交という概念を導入し，研究と実践を推進してきた理由を十分に説明することができない。

2　公共外交の理論的分析視点

　先行研究から分かるように，公共外交は諸外国のPDと比べ，強い特殊性を持っている。ハイデンによれば，中国だけでなく，各国はそれぞれの政治的，文化的背景に影響され，ソフト・パワーとPDの理論構築と実践には特殊性が存在する（Hayden, 2012: 169-209）。他方，普遍性を強調する理論的アプローチで中国と他国との違いを明らかにすることで，逆に中国の特殊性を解明できるとの主張（例えば，伊藤，2006）もまた理に適っていよう。政治，経済，社会の急激な変化と密接に絡みつつ展開する中国の公共外交を研究対象とし，普遍性と特殊性という2つの視点を統合するためにも，対外政策の理論分析と地域研究の融合を図る必要がある。そこで，本節は以下の理論的分析視点を提示した上で，公共外交そのものに対する分析を行う。

1．ネオ・リアリズムの分析視点

　周知のように，ネオ・リアリズムの視点から国家の対外政策を説明する場合，合理的思考に基づくパワーや同質の利益に対する追求を重視することが特徴として挙げられる。一党独裁の政治体制を維持し，経済成長と軍事力増強を続ける中国に対し，多くの先行研究はネオ・リアリズムの視点から分析している。ネオ・リアリズムの分析は従来ハード・パワーを中心に議論を展開するものが多いが，情報発信や人的ネットワークに対する働きかけなどに注目したものもある。例として，フリードバーグは中国がパワーに対する強い野心を持ち，戦略的に行動していると主張する。その内容は軍事力を中心とする従来のパワー概念だけでなく，情報発信などの方法で影響力を強める動きも視野に入れたものである（フリードバーグ，2013）。また，ハルパーによれば，中国の発展モデ

ル，いわゆる北京コンセンサスは多くの発展途上国に評価され，アメリカをはじめとする民主主義先進諸国にとっては挑戦である（ハルパー，2011）。さらに，前節で挙げた先行研究の多くも公共外交を，ソフト・パワーを求める微笑外交の一部として捉え，中国と西側先進諸国の間に起こっているソフト・パワー，魅力，影響力をめぐる競争を強調している（Kurlantzick, 2007; Van Ham, 2011）。これらの先行研究がみな典型的なネオ・リアリズム分析を行っているとは限らない。しかし，ソフト・パワーには他者の行動を変える側面があることに鑑みれば，中国政府が戦略的に公共外交を展開し，ソフト・パワーを追求していると説明するほとんどの先行研究は少なくともある程度ネオ・リアリズムの視点を受け入れているといえる。

ネオ・リアリズムの分析視点からは，中国政府が合理的思考に基づき，パワーを追求するため，公共外交の研究と実践を強化してきたという仮説を立てることができる。つまり，公共外交の概念変容を促す要因として，中国と，アメリカをはじめとする民主主義先進諸国とのソフト・パワー競争や，相対的なパワー関係の変化が存在すると考えられる。

2．コンストラクティヴィズムの分析視点

国家を主なアクターとして捉えるリアリズムに対し，コンストラクティヴィズムは非国家アクターも分析の射程に入れている。前述のように，近年の先行研究では，国家の戦略だけでなく，非国家アクターの役割も一般的に重視されているため，多くのPD研究はコンストラクティヴィズムの視点を受け入れているといえる。そして，それらのほとんどは相互理解，相互信頼の醸成をPDの目的として掲げている点に鑑みれば，近年のPD研究において，コンストラクティヴィズムはリベラリズムの特徴を融合，吸収していると捉えることができる。

コンストラクティヴィズムの視点からすれば，さまざまなアクターは一方的に国際構造に影響されるのではなく，アイディア，規範を通じて国家と国際構造にも影響を与える。したがって，国益は常に合理的思考に基づく，自明なも

のではなく，アイディアや規範に影響され，構築されるものである。規範には波及効果があり，それ自体パワーにもなり得る（Manners, 2002）。前述したPDの自律性に対する政府の保障を規範として捉える場合，公共外交は規範に反する側面が強いため高い評価を得られていないといえる。しかし，独裁的な政治体制を持つ大国である中国といえども，国際社会における規範を無視して行動することはできない（例として，Foot and Walter, 2012）。そして，文化に対する政府のコントロールが強いとはいえ，中国の文化と社会は多様性を持ち，政府の力で完全にコントロールできるわけではない。中国の台頭は，中国が一方的に他者に文化的，経済的な影響を与えるプロセスではなく，他者との相互作用である（Katzenstein, 2012: 14-31）。前述したドーへによる研究では，公共外交に関わる非政府アクターが多様化し，公共外交の信憑性と正当性をある程度高めているとされた。ドーへも含め，ほとんどの先行研究は公共外交における公的な影響力がいまだに強いことを強調しているが，規範による波及効果と非政府アクターの多様化が自律性に影響を及ぼしている可能性は看過することができない。対外政策における「学習」の視点からすれば，手段レベルの変化を中心とする「単純な学習」と目的自体の変化を伴う「複雑な学習」が存在する（Levy, 1994）。公共外交の効果が疑問視され，公的な影響力の強さが批判されるなか，公共外交をめぐる「複雑な学習」効果が生じ，理念が変容した可能性も無視できない。

　コンストラクティヴィズムの視点からは，中国社会の多元化，公共外交に関わるアクターの多様化がボトムアップ型の規範の受容を促しており，公共外交をめぐる学習が進んでいる，という仮説を立てることができる。つまり，公共外交の概念が導入されたのは理念の変容であり，その要因として，中国社会，政策アクターの多様化や，PDの自律性をめぐる規範に対する学習が考えられる。

3．ネオクラシカル・リアリズムの分析視点

　客観的なパワー分布が国家の行動を制限すると主張するネオ・リアリズムに

対し，ネオクラシカル・リアリズムはパワー分布に対するアクターの認識と国内政治の要因を分析の射程に入れている。ネオクラシカル・リアリズムの分析では，政策関係者の認識の変化や国内政治の変化は国際システムと対外政策の間にある媒介として捉えられ（Lobell, Ripsman and Taliaferro, 2009: 4-13），この点は純粋な国内政治研究とも異なる。つまり，国際システムに対する政策関係者の誤解や国内政治における戦略資源動員の失敗は国家の対外政策を左右するが，アクターの行動はあくまで国際システムへの対応だとされる。近年のコンストラクティヴィズムの視点を用いる研究もネオクラシカル・リアリズム同様にアクターの認識や国内政治に注目しているが，前者は国際システムとアクターの間の相互作用を強調し，アイディア，規範の主体性を重要視するのに対し，後者は国際システムによる制約を受け入れ，相対的パワー分布をより重視する（Foot and Walter, 2012: 332-334）。ネオクラシカル・リアリズムの視点からすれば，2008年の世界金融危機以降の中国の強硬な対外姿勢は興味深い事例である。中国の政策関係者，有識者は常にアメリカと中国の相対的パワー関係の変化を意識しており，評価と認識の変化が戦略の調整をもたらしたとの説明がある（髙木，2014）。他方，対外政策に関わるアクターの多様化やナショナリズムの高揚が中国国内における政策の調整を困難にし，中国の対外政策を強硬なものにしたとの説明もある（Christensen, 2011; Ross, 2013）。管見の限り，公共外交に関する先行研究にネオクラシカル・リアリズムの分析視点に言及したものは見当たらないが，中国国内社会の変化と関連し，公共外交の対内宣伝の側面について説明したものは少なくない（D'Hooghe, 2007; Hayden, 2012; de Kloet, Chong, and Landsberger, 2011）。公共外交の概念が定着し，政策関係者や有識者による議論が急増する時期が2008年以降中国の外交政策が調整される時期と重なることに鑑みれば，ネオクラシカル・リアリズムの分析視点はきわめて重要であるといえる。とりわけ対外政策における公共外交の役割に関して，先行研究を無批判に受け入れるのではなく，国内外環境に対する中国の政策関係者，有識者の問題意識が変化した可能性を念頭に再検証をする必要がある。

　ネオクラシカル・リアリズムの視点からは国際システムと国内政治，社会の

変化に対する認識が変化したため，中国の政策関係者，有識者は公共外交に強い期待を寄せ，議論と実践を促進してきた，という仮説が成り立つ。公共外交の概念変容を促す要因として，自国の台頭を含む国際システムの変容と国内政治，社会の変化に対する問題意識があると考えられる。

以上の理論的分析視点と仮説を踏まえ，次節では，中国の政策関係者と有識者がどのような問題意識でPDという概念を輸入し，定着させてきたのかを検証する。

3　公共外交の概念変容

政策方針をスローガンのように述べる政策関係者に対し，有識者の議論は制限された環境のなかでよりオープンになされており，中国の対外政策形成に大きな影響を与えてきた（Shambaugh, 2013: 13-44）。本節2で触れる有識者の多くは元外交官であり，あるいは国務院参事，政治協商会議委員などの肩書きを持っている。本節は彼らの議論のなかにある問題意識，公共外交に対する理解，そして政策関係者がさほど言及しない公共外交に対する批判にも注目する。

1．政策関係者による内外環境への問題意識と公共外交をめぐる認識の変化

公共外交という概念が中国の政策関係者の間で定着したのは2000年代後半であるが，概念が定着する土台を提供した国内外環境の変化をめぐる問題意識は，それ以前から存在した。2002年の中共第16回全国代表大会（以下「16大」）での江沢民による報告では，「今日の世界では，文化は経済，政治と融合し，総合的国力競争における地位と役割がますます重要になってきた」との記述がある。「中国は引き続き民間外交，対外文化交流を推進していく」と述べられ，公共外交に対する意欲が明確に示された（江，2002）。だが，江の16大報告では，公共外交をめぐる外交環境の変化に関する説明がなく，文化の重要性は国内文化政策の文脈で強調された。2000年代前半では，伝統的，非伝統的な脅威がいまだに存在するとはいえ，中国の周辺環境は比較的安定していた。経済発展に伴

い，国際社会における中国の役割と影響力が拡大したとの認識は外交政策関係者の間で共有された（例として，唐，2004；劉，2004）。他方，天安門事件以降，西側諸国による思想，文化攻勢に対する政策関係者の警戒心が強く，文化政策に関する議論は防衛的で，思想工作の側面も依然として強かった（厳，2005）。しかし，2005年以降，政策関係者の対外環境の評価ととるべき政策について，考えの変化が現れた。早期の事例として，国際世論に存在する「中国脅威論」を問題視し，海外における「総体的，客観的，正確な」中国認識を促す必要があるとした戴秉国中央外事弁公室主任の発言がある（楊，2006）。2007年の17大での胡錦濤による報告では，対外文化交流を強化し，国際社会における中華文化の影響力を強める意欲が示された（胡，2007）。孟暁駟文化部副部長は「文化を利用し，自国の国際的地位を向上させ，影響力を強めることはすでに諸大国にとって戦略的な選択肢となった」と述べ，対外文化宣伝，文化交流は外交における和諧世界理念の実現に貢献できるとの認識を示した（孟，2006）。また，2007年に楊潔篪外交部長が，グローバル化，多極化が深化し，国際政治の変革と調整が進むなか，ソフト・パワーの重要性が増したとの認識を示したことも，同様の特徴を持っていたといえるであろう（楊，2008a）。

すなわち，2000年代序盤から2007年頃にかけて，中国の政策関係者は自国の発展に自信を持つようになり，外部環境に対する危機意識も緩和され，国際社会における中国の役割と影響力も以前より強く意識するようになった。他方，文化覇権による「和平演変」の代わりに，国際世論に存在する「中国脅威論」が問題視されるようになり，国際世論の認識をいかに変えるかが対外政策の新たな目標となった。そこでは，従来行われてきた民間外交に加え，対外文化交流，文化宣伝が強調されるようになり，公共外交という概念が定着する土台が形成された。

2008年の中国では，北京オリンピックだけでなく，チベット自治区における騒乱や四川大地震も世界の注目を集めた。そして，世界金融危機による影響がいっそう深刻化するなか，4兆元の景気刺激策を打ち出した中国の存在感もまた強まった。楊潔篪が改革開放以降の中国外交を総括する文章において，公共

外交，文化外交の項を設けた。そこでは胡錦濤政権は諸外国に対し，平和的発展などの政策理念を説明し，諸外国大衆の中国内外政策に対する理解と支持を促進したと説明する。そして，公共外交，文化外交の内容として「文化フェスティバル」などの文化活動，孔子学院の設立，北京オリンピックや上海万博のような大規模なイベントを挙げ，それらの活動が外国大衆の中国に対する理解と友好感情を促し，望ましい国家イメージの形成に貢献したと強調する。さらに，楊は展望の部分において，「中国と世界の関係に歴史的な変化が生じている」と述べ，国内経済，社会の安定的な発展に貢献するために，さらなる公共外交活動を展開する意欲を示した（楊，2008b）。楊の記述から分かるように，2008年頃から，中国の政策関係者は公共外交という概念を使用するようになった。しかし，この時点でも，PDに対する認識には公共外交と文化外交が存在し，2つの概念が明確に区別されていなかった。

　世界金融危機を背景に，政策関係者による文化外交，公共外交をめぐる議論はそれぞれ加速する。2009年9月，国務院常務会議において「文化産業振興計画」が議論され，承認された。同計画では，人民の文化に対するニーズ，社会主義市場経済の発展，科学技術の深化と中国の対外開放に鑑みれば，文化産業の発展は遅れており，活気が足りないとの問題意識が示され，「国内外の文化市場を積極的に開拓し，国際社会における中華文化の影響力を強める」との目標も掲げられた(1)。欧陽堅文化部副部長は文化事業の促進と文化産業の振興が国際社会における中国のソフト・パワーを増強し，中華文化の「海外進出（走出去）戦略」に貢献できるとの認識を示した（欧陽，2009a；2009b）。蔡武文化部長は政府の対外文化活動を文化外交，文化交流，対外文化宣伝，文化貿易の4つに分類し，対外文化活動は党による外交と文化事業の方針に従い，国内，国際2つの大局に合わせ，国益に資するように行われなければならないと述べる（蔡，2009）。他方，2009年7月に行われた第11回駐外使節会議において，胡錦濤は世界金融危機以降の国際情勢に複雑な変化が生じていると分析した。世界経済

---

(1)　「文化産業振興規画」http://www.gov.cn/jrzg/2009-09/26/content_1427394.htm（最終アクセス2014年7月9日）。

システムが深刻なダメージを受け,国際社会における発展途上国の役割が増大しており,世界多極化の趨勢がいっそう明瞭になっているなか,中国は国際情勢の変化に対応する能力を高めなければならないと述べた。同会議において,胡錦濤は国家指導者として初めて明確に公共外交と対外文化交流を外交戦略の一部として位置づけた(楊,2011)。楊潔篪は2009年の国際社会では冷戦終結後最も大きな変化が生じ,金融危機が国際システムの変革を加速させ,先進諸国と新興国の相対的な力関係の変化を浮き彫りにしたと述べる。しかし,諸国間では未だに協力も競争もあり,気候変動などのグローバル・イシューをめぐっては協力だけでなく,競争と対立も激化したとの認識が示された。また,中国の国力が向上し,役割,影響力,発展モデルが世界的な注目を集めたが,中国のパワーが過大評価され,中国にさらに大きな責任を求める「責任論」と「脅威論」も目立っていると強調された。公共外交をめぐる項では,楊は公共外交が中国のソフト・パワーを増強したと評価し,中国政府が「政策を広く発信,説明し,平和発展,互恵関係,和諧世界など主な戦略に対する国際社会の理解を促した」と述べた(楊,2010)。

以上を踏まえると,2000年頃からのPDのあり方をめぐる模索は,2008年以降,1つの転換期を迎えていたといえるであろう。従来使われてきた文化外交,文化交流,民間交流に加え,公共外交という概念も定着し,外交官僚だけでなく,最高指導者も公共外交について言及するようになった。しかし,先進諸国との相対的なパワー関係が変化したとはいえ,中国は依然として激しい競争と対立に直面しているという認識は根強く残っていた。そこで,「中国脅威論」や「中国責任論」に対抗し,国際社会の理解と支持を促す手段として,公共外交が注目され,概念が定着した。他方,国内経済社会の発展と対内宣伝の文脈から文化事業の促進と文化産業の振興も重要視され,文化外交,文化の海外進出による外交への貢献もいっそう注目されるようになった。2010年10月に審議,承認された「第12次五カ年計画」では,対外文化宣伝,文化交流は文化事業,

---

(2) 第十一次駐外使節会議在京召開 胡錦濤発表重要講話」http://www.gov.cn/ldhd/2009-07/20/content_1370171.htm(最終アクセス2014年7月9日)

文化産業振興の第39項，公共外交，民間交流，人的交流は外部環境改善の第55項で取り上げられた（中共中央，2010）。公共外交は中国の国家戦略方針を示す文書のなかで初めて言及され，政策関係者によるPDに対する強い意欲が明確に示された。

前述したように，2011年に楊潔篪は今後の公共外交について，以下の4点を注意すべき点として挙げ，展望した。1．活動内容の多様性，2．一方的な発信ではなく，相互理解の重要性，3．中長期的な視点の必要性，4．非政府アクターの主体性。楊の説明から分かるように，2011年の時点において，中国の外交政策関係者による公共外交に対する理解は民主主義先進諸国におけるPDの理念と大きな違いがない。しかし，楊による内外環境の変化に対する問題意識に目を向ければ，公共外交の独自性が浮き彫りになる。まず，外部環境に関して，国際世論に存在する中国に対する偏見，誤解，懸念が問題とされたことである。国際世論に対し，公共外交は「客観的な中国認識を作り出し，中国の歴史，文化，発展モデル，政治理念，内外政策に対する理解を促進し，中国の平和的，協力的，責任のある国家イメージを確立し，発言力を強め，国家の発展戦略と外交政策の遂行を保障」しなければならないとされる。楊の説明から，公共外交はきわめて強い政治性と明確な問題意識を持っていたことが分かる。

そして，楊は国内政治や社会の変化にも言及した。公共外交は，国外だけでなく，中国国内にも向けられていたのである。すなわち，中国の国力増大によって国内世論が望ましい対外環境の形成を後押しするどころか，逆効果になっているという深刻な問題意識があった。「我が国の経済と社会の発展に伴い，国民の外交や国際問題に対する注目と参加する意欲もかつてないほど強まり」，「他方，国内各界の有識者の間では，我が国の国力，国際社会における地位，役割，対外政策に対する認識と理解には違いが存在する」。「国民が客観的に中国の発展段階と外部環境を認識し，理性的に中国と世界の関係を見るように促し，中国が果たすべき役割や取るべき対外政策，国家利益を正しく理解するように促進」することも「公共外交の重要な役割である」。さらに，楊は国家指導者，政府，全人代，政治協商会議がそれぞれ積極的に公共外交活動を

行っているだけでなく，メディア，シンクタンク，学者やNGOなどの非政府アクターも自らの役割を果たし，「中国特色」のある公共外交の構築に貢献していると評価する（楊，2011）。

2011年10月の中共第17回中央委員会第6次全体会議において，文化事業の推進，文化産業の振興を含む文化体制改革が国内外2つの大局意識に基づき議論された。文化事業の推進と文化産業の振興は国内におけるさらなる経済成長と社会の発展に貢献できるとの期待に加え，国家の文化的安全を守り，ソフト・パワーと国際社会における競争力を強化することも重要な課題であるとの認識が示された（中共中央，2011）。趙少華文化部副部長は中国の対外文化交流，文化「海外進出戦略」が直面している課題を以下のように述べた，「我が国の文化産業はまだ初期段階にあり，国際社会における発信力，影響力と競争力はまだ限られており，西側は世論に対する発言権などの面においてはいまだに絶対的な優勢にあり，文化における『西強我弱』の構造は根本的に変化していない」（趙，2012）。

2012年11月の18大における胡錦濤による報告では，文化事業の促進と文化産業の振興は社会主義文化強国の節，公共外交は外交の節でそれぞれ説明され，今後の政策課題として掲げられた。2つの政策概念は重なる部分を残しつつ，変化する国内外環境と問題意識に合わせて，政策関係者に使用されるようになった（胡，2012）。

2．有識者による内外環境に対する問題意識と公共外交をめぐる認識の変化

中国の有識者は，政策関係者が公共外交の概念を使用する以前から，PDや国際関係における文化の役割に注目していた。冷戦以降グローバル化と文化交流の深化が意識され，先進諸国のPDは常に分析の対象となっていた。アメリカをはじめとする先進諸国のPDは「文化帝国主義」として説明され，その戦略性の強さと影響力が強調されていた（例として，関，2000）。同時多発テロ事件，そして対テロ戦争以降，多くの有識者はPDに注力するアメリカに焦点を当て，ソフト・パワーによる説明も合わせ，国際関係における公共外交の重要

性が増していると論じた（唐・王，2003a；2003bなど）。また，台頭に見合うよう，中国も公共外交をめぐる理論研究と実践を強化するべきとの声も強まった。新しい時代における公共外交とプロパガンダ，民間交流の違いが論じられ，非政府アクターの役割が注目されたものの，国際社会における主なアクターはいまだに国家であり，中国は公共外交に注力し，西側諸国による「中国脅威論」や「宣伝攻勢」に対抗する必要があると指摘された（高，2005）。唐小松は諸外国の動向を分析した上で，公共外交は宣伝と同等なものではないが，宣伝は公共外交の重要な手段であり，短，中，長期的にそれぞれ異なる役割を果たすと説明した。そして，唐は公共外交には協力と競争の2つの側面があると強調し，中国と日本，アメリカの二国間関係を例に挙げ，公共外交の対立，競争の側面がきわめて強いと述べた。中国はハード・パワーと比べソフト・パワーを軽視し，公共外交の戦略性が弱く，宣伝広報が「内向き」のため不利な立場に立たされていると論じた（唐，2006；2007）。

2008年の北京オリンピックをきっかけに，中国の有識者は自国の台頭と世界の変化を新たな時代を開く機会としてのみならず，危機，課題としても捉え，議論を展開した。例として，李永輝はオリンピック以降，台頭する中国は世界に注目されるだけでなく，批判の的にもなるだろうと指摘した。新しい時代に入った中国はかつてないほどのプレッシャーと挑戦に直面し，「中国脅威論」，「中国責任論」が強まるなか，冷静に，かつ客観的に自らの成功と業績を見る姿勢が必要だという。そして，強硬な対外政策を求める国内の声が平和発展の妨げとならないように警戒しなければならないと論じた（李，2008）。2008年に起こった多くの外交問題の裏に，西側社会における中国に対する深い誤解と偏見が存在するとの意識（張，2009）が強まった。そのため，新たな課題に対応する，「中国特色」のある公共外交の研究と実践を求める有識者が急増した。

元国務院新聞弁公室主任であり，政協外事委員会主任も務める趙啓正は『公共外交季刊』創刊号に寄稿し，中国が公共外交を強化する理由について，国内

（3）『公共外交季刊』の内容はすべてチャハル学会ホームページ http://www.charhar.org.cn/jikan.aspx（最終アクセス2014年7月9日）で確認した。

外環境の変化と関連し，以下の3点を挙げて説明した。1．成長した中国はすでに世界の中心にあり，国内で起こったことは当然世界の注目を集める。2．西側諸国ではいまだに冷戦思考が蔓延しており，中国に対する偏った報道，評価が大衆の誤解を生んでいる。3．今後の発展のために，中国は国内だけでなく，国際世論を含む外交環境を改善する必要がある（趙，2010）。曲星はアメリカのPDを概観し，中国はそれに近い外交活動を実践してきたが，政策関係者の間で公共外交の概念が定着したのは2000年代以降だと説明した。曲の説明によると，それ以降の公共外交の特徴は，1．国内外2つの大局を重視すること，2．ウィン・ウィン関係を重視し，外国世論をコントロールしようとしない，外国の政治に干渉しないことである。特徴の背景として，グローバル化の深化と中国自身の発展により，国内と国際問題の境界が曖昧になったと述べた（曲，2010）。俞新天はソフト・パワー，スマート・パワーを求め，覇権的な地位を維持しようとするアメリカや，民主主義，人権などのヨーロッパ型の規範を広げようとするヨーロッパ諸国に対し，中国は自らの公共外交理論を構築する必要があると強調した。また，俞は，国際社会における中国の台頭に対する偏見や誤解を解消し，理解を深めるためには，中国は自らの特色のある社会主義理論に基づき，諸外国のPDの良き部分を学び，公共外交理論を構築しなければならないと主張した。そして，公共外交の特徴として，国際社会における文化，イデオロギー，価値観の多様性を尊重し，外国に自国の思想を押し付けないことなどが挙げられた（俞，2010）。注目すべきは，中共中央外事弁公室副主任も務める裘援平が，国際問題の専門誌である『国際問題研究』誌に寄稿し，新たな時代において，公共外交は以下の3つの問いに答える必要があると強調したことである。第1に，中国はいかに復興を実現するか，第2に，中国はどのような国であるか，第3に，中国はいかに国際社会における発言権を手に入れるべきか（裘，2010）。裘のこの論文は，有識者の議論が公共外交の実務に影響を与えたことを強く示唆している。

　2000年代末において，中国の有識者の間では，台頭に伴う国内外環境の変化や公共外交を強化する必要性に関する認識はほぼ共有されたといえる。そして，

実践から得た経験を踏まえ，多くの有識者が公共外交の問題と課題を指摘し，戦略性と自律性に関する活発な議論を展開した。黄星原は公共外交がいまだに西側の理論を解釈し，模索する段階にあり，理念，概念が不明確なため効果に限界があると指摘した。問題点として，公共外交の実施主体が政府であるべきかどうか，非政府アクターは利用されるべきかどうか，自国の大衆も対象として設定する場合に，活動目標が統一されていない，などが挙げられた（黄, 2011）。黎星は2009年末にコペンハーゲンで行われた気候変動枠組条約第15回締約国会議（COP15）を例に挙げ，公共外交の問題点を指摘した。国際世論における中国の位置づけと中国自身による自国の位置づけが異なり，国力の増強に伴う中国が果たすべき責任に対する認識に大きなギャップが存在するため，台頭する中国にとって公共外交はきわめて重要だと黎は論じた。彼によれば，西側のメディアは意図的，戦略的に中国を批判し，責任を押し付けようとしているのに対して，中国の公共外交は発信が不十分で，劣勢に立たされているというのである。黎はCOP15に参加したNGOにも注目し，諸外国の非政府アクターは中国と比べ，数が多く，組織的で，影響力がはるかに大きいため，政策関係者のみでは西側諸国に対抗できないと強調した（黎星, 2010）。趙可金らが近年行った対アメリカ（趙, 2011），対日本（沈・李, 2011），対ヨーロッパ諸国（宋・王, 2011），対ASEAN諸国（高, 2010）の公共外交をめぐる事例研究でも，公的機関のさらなる努力を求めただけでなく，非政府アクターの役割を高く評価し，公的機関と非政府アクターの調整と協力の重要性を強調した。

　しかし，有識者たちは公共外交を非政府アクターに任せるべきだと主張しているわけではない。趙可金は別の論文において，非政府アクターが舞台の主役となり，政府が舞台裏で運営する公共外交は国際世論に対し，より大きな影響力を持つと説明した（趙, 2010）。唐小松は公共外交の目標には対象が興味を示す，理解を深める，支持をする，行動を起こすという4段階があると説明する。万博をはじめとする大型イベントや孔子学院の運営は外国大衆の中国に対する興味関心を強め，理解をある程度深めることに貢献しているが，中国を支持し，本国の政策に影響を及ぼす行動の段階には至っていないと分析した。防御型の

公共外交にとって，政府の役割設定が重要であり，積極的に計画と資金を出し，実施の際には姿を消すことが成功の鍵だと述べている。そして，公共外交は政府によるプロジェクトであり，非政府アクターが公共外交に貢献するためには，政府の計画に入り込み，方針と主旨を理解し，指示に従わなければならないと強調した（唐，2010）。檀有志はタイムズスクエアで放映された中国の広告ビデオを事例とし，批判を行った。問題点として，プロジェクト担当部署（国務院新聞弁公室）の政府色が強く，プロパガンダだと捉えられかねないことだけでなく，ターゲットの設定，伝えたいメッセージが不明確であった。そのため，期待した効果が得られなかったと檀は指摘し，プロジェクトの戦略の重要性を強調した（檀，2012）。これらの議論から分かるように，中国の有識者は公共外交における非政府アクターの役割を意識している。しかし，先進諸国で行われているPDの自律性をめぐる議論への同調は見られず，非政府アクターの活用は，公共外交の戦略性を強化するためのものだと捉えられている。

　中国の台頭という認識が広がるなか，国内社会の変化がもたらした新たな問題や課題に焦点を合わせて，客観的な自己評価と冷静な言動を求める声（王，2011；時，2013など）が強くなった。そのため，「中国特色」のある公共外交は国際環境の変化だけでなく，国内問題にも対応する必要があるとの認識も広まってきた。王憲鵬は公共外交が直面している新たな課題として，国内社会の変化を挙げて論じた。王によれば，現在の中国は発展が速いため制度改革が追いつかない場合もあり，国内ではさまざまな問題が多発しており，社会の矛盾や国民の不満は外国の敵対勢力に利用されやすいという（王，2010）。何蘭は中国の市民社会はいまだに成熟しておらず，一部の国民の感情表現は「民族主義」，「排外主義」として西側のメディアに批判されかねないと指摘した（何，2010）。黄友義は近年海外へ渡る中国人が急増し，一部の国民に国家イメージという意識が不十分であることに対し問題意識を示した。生活，仕事の習慣の違いや一部旅行者のマナーの悪さは中国の国家イメージにマイナスな影響を与えており，国民に対し，ガイダンスや啓発，教育により公共外交の意識を強める必要があると主張した（黄，2011）。韓方明は成熟した国民世論を形成するこ

とも公共外交の重要な役割だと指摘した。韓はインターネットやミニブログ利用者の増加に注目し、国内世論が中国の対外政策に大きな影響を与えるようになったと述べた。しかし、国民世論が成熟していないため、極端なナショナリズムや攻撃的な言動は政府の対外政策の妨げとなり、周辺諸国との関係発展に悪影響を及ぼし、「中国脅威論」を助長しかねない。公共外交は外国の大衆のみでなく、国内世論にも働きかけ、理解と支持を促し、教育、説得、誘導、規範としての役割を果たすことが期待された。民間交流を促し、国内外大衆の相互理解と親近感を醸成することも公共外交の役割であると韓は強調した（韓，2011）。

3．公共外交の概念変容を促す要因

以上の議論を踏まえ、ここでは第2節で提示した理論的分析視点からこれまでの検証で得られた知見を分析する。

まず、中国の政策関係者と有識者は公共外交をめぐる議論において、常にアメリカをはじめとする民主主義先進諸国との競争、対立関係を意識している。しかし、公共外交という概念が導入され、定着するプロセスから分かるように、中国が一貫した戦略を持ち、公共外交を通じてソフト・パワーを追求してきたとは言いがたい。中国の政策関係者と有識者は2000年代以前から宣伝、広報、文化交流の重要性を意識していたが、公共外交の重要性に対する理解、公共外交の概念は中国が台頭し、国内外環境が変化する中、段階的に対外政策と国際関係研究に定着し、発展してきた。パワーと合理的思考なくして公共外交を理解することはできないが、ネオ・リアリズムの視点のみでは公共外交の変容を説明するには不十分である。

中国の政策関係者と有識者は常に海外におけるPDに関する議論に注目し、とりわけ有識者は比較的自由に公共外交の実践と研究に存在する問題、課題を指摘している。しかし、自律性に関する規範が公共外交の理念変容に与えた影響は限定的なものである。中国の政策関係者と有識者は非政府アクターの重要性、役割を意識しており、政府色の強い国家宣伝事業の有効性を疑問視する有

識者も増えたが，非政府アクターの自律性を強調する欧米の研究に同調する者は見当たらない。非政府アクターの公共外交への参加促進，管理，調整，協力体制の強化はまさに公共外交の戦略性の一部として議論されている。川島が指摘するように，西洋の近代国際関係理論を受け入れた中国は「大国としての置かれている状況や対外政策を説明する必要性に迫られるようになった」ため，国際政治研究における「中国特色」を強調するようになった（川島，2014）。公共外交をめぐる議論にもそのような側面が目立っている。2000年代後半以降の中国において，PDに対する理解は浸透してきたが，民主主義先進諸国による実践と研究への同調は見られず，それを「中国特色」によって自己正当化している。公共外交の概念が導入され，定着するプロセスにおいて，PDの自律性という理念が受容されたとは言い難い。「学習」の視点からすれば，中国は「複雑な学習」ではなく，意図的に「単純な学習」を行ってきたといえる。つまり，コンストラクティヴィズムの視点は公共外交における非政府アクターの役割をある程度説明できるが，公共外交という概念が導入され，定着した理由を説明するには限界がある。

最後に，国内外環境の変化に対する認識をも分析の射程に入れるネオクラシカル・リアリズムの視点を用いることにより，他の分析視点では十分に説明できない部分を補うことができる。2000年代以降，中国のさらなる発展のために望ましい内外環境を提供するという公共外交の究極的な目的は変化していない。しかし，公共外交の概念は国際システムの変化，自国の台頭とそれに伴う問題，課題に対する政策関係者，有識者の認識によって変化してきた。そして，国際社会におけるパワー関係という外部環境の変化だけでなく，国内政治，社会の変化が外交環境に及ぼす影響も注目されているため，公共外交の概念は中国の戦略に基づき変化し，独自の理論構築が進められてきた。

以上の理論的分析から，公共外交の概念変容を促した要因は，台頭に伴う国内外の環境変化に対する認識の変化であると結論づける。中国はこうした国内外環境の変化に対応するため，公共外交やソフト・パワーのような概念を戦略的に学習し，自国の状況に合わせて国内の資金的，文化的資源を動員し，公共

外交に対する独自の解釈と実践を行ってきたのである。

4　パブリック・ディプロマシーの概念を選択的に受け入れた中国の公共外交

　公共外交の特徴として，一貫した戦略性の強さと自律性の弱さに注目し，変化に焦点を当ててこなかった先行研究に対し，本章は21世紀初頭における公共外交の概念がどのように変容してきたのかを明らかにするために，そのダイナミズムを検証した。経済発展を背景に，中国のハード・パワーは向上し，国際社会における存在感と役割も増大した。しかし，国内外環境が変化するなか，中国のソフト・パワーは民主主義先進諸国に比べて不十分であり，国内社会の問題や課題への対応も必要になってきたという新たな問題意識も中国の政策関係者，有識者の間で強まった。この新たな問題意識が共有されたため，公共外交をめぐる議論がとりわけ2008年以降さらに加速し，概念が導入され，定着した。本章が示したように，中国においては諸外国によるPDの実践と研究は常に意識されており，PDの戦略性のみならず，自律性が持つ意義も理解されていた。しかし，公共外交に対する批判があったにもかかわらず，諸外国で重視されるPDの自律性に関する規範は中国で「複雑な学習」として受容されることにはならなかった。中国の政策関係者，有識者は自らの問題意識に基づき，「中国特色」のある公共外交をめぐる議論を通じて，意図的に「単純な学習」をしてきたといえる。

　本章はこのような公共外交の概念変容を促した要因を，単純に中国の特殊性には求めず，ネオ・リアリズム，コンストラクティヴィズムとネオクラシカル・リアリズムの視点から理論的に分析し，国内外環境変化に対する政策関係者，有識者の認識の変化を結論として提示した。本章の分析が示したように，急速に変化する公共外交を理解するために，理論的分析視点，とりわけネオクラシカル・リアリズムの視点がきわめて有益である。このように，公共外交をPDの一形態として捉える場合，対外政策の理論的分析視点を用いるアプロー

チは公共外交だけでなく，PD研究自体にも重要な意義を持つと考えられる。本章で得られた知見と分析視角は，公共外交を含むPD研究にさらなる貢献ができるであろう。

第 4 章
「不完全な大国」日本のパブリック・ディプロマシー（広報文化外交）の概念変容

　前章では中国において公共外交が導入され，概念が定着するプロセスを概観し，理論的分析視点からその要因を分析した。本章では視点を日本の広報文化外交に移し，前章と同じように，3つの理論的分析視点から，広報文化外交の変容とそれを促してきた要因を明らかにする。

　日本の広報文化外交について，いくつもの優れた先行研究（例として，和田，2004；戦後日本国際文化交流研究会，2005；松村，2002；金子・北野，2007；2014；金子，2014など）が存在し，広報文化外交の変遷，特徴や課題を理解するのにきわめて重要な知見を提供している。しかし，変容する内外環境のなか，広報文化外交の概念がどのように変化し，対外戦略においてその役割がいかに捉えられてきたか，という問いに対しては，先行研究のみでは十分な答えを得られていない。本章で詳述するように，冷戦期の日本にとって広報文化外交は，アメリカをはじめとする西側諸国と円滑な外交関係を維持するための手段であるだけでなく，欧米先進諸国とアジア諸国をつなげ，軍事力に依らない「貢献」を行うための重要な手段でもあった。冷戦終結後，日本が推進するアジア地域主義への広報文化外交による役割が期待され，日中関係の変化に伴い，中国も広報文化外交の重要な対象国となった。2000年代以降，中国の台頭に伴うパワー・シフトを背景に，日本の広報文化外交にとって，中国は重要な対象国だけでなく，場合によってはソフト・パワー，文化的プレゼンス競争のライバル（Hayden, 2012; Heng, 2010）でもあった。従来PDにおける政治色を注意深く抑えてきた日本は，なぜ広報と国際文化交流という2つの概念を統合させ，広報文化外交における戦略性と効率性を求めるようになったのかを理解するためには，さらなる検証が必要である。

そこで，本章は1970年代以降の広報文化外交を概観し，国際関係論の理論的分析視点から広報文化外交の概念の変容を検証する。具体的には，まず第1節において，ネオ・リアリズム，コンストラクティヴィズムとネオクラシカル・リアリズムという3つの理論的分析視点から，対外政策としての広報文化外交の変容を解釈する可能性を簡潔に述べる。そして，第2節は日本のPDを1970年代から1980年代，1980年代末から1990年代，そして2000年代以降という3つの時期に分け，それぞれの時期のPDの特徴に合わせて国際文化交流と広報文化外交という2つの概念を中心に論じることとする。第3節では，理論的分析視点からそれまでの検証で得られた知見をまとめる。

　以下で詳述するように，日本でPDという言葉が使われるようになったのは2000年代以降であるが，PDの役割を担う重要なアクターである国際交流基金が設立されたのは1972年であった。時間軸に沿って日中のPDを説明する場合，実践の経験が長い日本を先に分析すべきであるが，アメリカに加え，中国も広報文化外交にとって重要な対象国であり，とりわけ2000年代以降，公共外交の変化は広報文化外交にも大きな影響を与えたことに鑑み，本書は前章で中国の公共外交，本章で日本の広報文化外交を検証することにした。

1　広報文化外交の理論的分析視点

1．ネオ・リアリズムの分析視点

　世界秩序とパワーの配分を重視し，国家が合理的思考に基づき，パワーを追求すると主張するネオ・リアリズムの視点からすれば，日本にとって，戦略的に広報文化外交を展開し，ソフト・パワーを追求することは当然の選択であるといえる。ライバルである中国が台頭するプロセスにおいて，精力的に公共外交の理論構築と実践を行ってきたため，日本が広報文化外交に注力し，自国のソフト・パワーを強化することで中国に対しバランシングを行っていると考えられる。つまり，中国の台頭によるパワーバランスの変化が広報文化外交の変容を促したという仮説を立てることができるのである。しかし，ここで注意す

べきは，日米関係の変化が広報文化外交の概念変容に与えた影響を軽視するわけにはいかない点である。広報文化外交，あるいは1970年代に文化交流の重要性が強調される背景には，日本がアメリカに次ぐ経済大国となり，まさに台頭する国として見なされていたことがあった。はたして日本が中国の台頭という新たな課題を抱える以前，広報文化外交において，超大国であるアメリカをいかに捉えていたのかは注意深く検証する必要がある。仮に日本が，中国の台頭が始まるまで，広報文化外交をソフト・パワー増強，バランシングの手段と見なしていなかったのであれば，広報文化外交の変化に対し，パワーバランスの論理のみでは説明能力に限界があると言わざるを得ないだろう。

2．コンストラクティヴィズムの分析視点

　戦後の日本は長い間，アメリカによるPDの影響を強く受けていた。日米間の文化交流において，財団，NGOや有力な個人のような非政府アクターが重要な役割を果たし，政府によるPDの土台を提供したといえる。一党独裁国家である中国に対し，戦後の日本は民主主義国家であり，市民社会がより成熟している。そして，日本は西側陣営の一員，米国の同盟国として欧米諸国と文化交流の経験を持っていた。これらの背景に鑑み，コンストラクティヴィズムの視点からすれば，日本はPDに関する理念，規範を「学習」し，受容してきたとの仮説を立てることができる。ここでも注意すべき点がある。それは日本の政策関係者と有識者によるソフト・パワーという概念に対する理解である。次節で詳述するように，日本でも2000年代以降，とりわけ2000年代後半以降において，広報文化外交の戦略性と効率性が盛んに議論され，広報文化外交のもつ，日本のソフト・パワーを強化する役割が強調されるようになる。この変化がどのような背景で生じ，広報文化外交における非政府アクターの自律性とともに，ソフト・パワー増強をめぐる戦略性が強調されるようになったかは慎重に検証する必要がある。仮にこのプロセスに，日米中の相対的なパワーバランスの変化に対する認識が関連していたのであれば，PDの理念に対する学習効果，あるいはボトムアップ型の規範の受容による説明の能力は限定的なものにならざ

るを得ないだろう。

3．ネオクラシカル・リアリズムの分析視点

　客観的なパワー分布が国家の行動を制限すると主張するネオ・リアリズムに対し，ネオクラシカル・リアリズムはパワー分布に対するアクターの認識と国内政治の要因を分析の射程に入れている。ネオクラシカル・リアリズムの分析では，政策関係者の認識の変化や国内政治の変化は国際システムと対外政策の間にある媒介として捉えられ，この点は純粋な国内政治研究とも異なる。つまり，国際システムに対する政策関係者の誤解や国内政治における戦略資源動員の失敗は国家の対外政策を左右するが，アクターの行動はあくまで国際システムへの対応だとされる。第3章における中国の公共外交に対する分析から分かるように，国家間のパワー分布に注目しつつ，アクターの間主観性を分析射程に入れるネオクラシカル・リアリズムの分析視点は，ネオ・リアリズムとコンストラクティヴィズムの説明を補強したのである。日本の広報文化外交の場合はどうであろうか。周知のように，戦後日本の対外政策にとって，同盟国であり，超大国であるアメリカと，自らが位置するアジアは常に重要な軸をなしていた。2000年代以降，中国の台頭に伴うアジア地域におけるパワー・シフトにより，日本が直面する外交環境が大きく変容してきたのである。ネオクラシカル・リアリズムの視点からすれば，日本は，同盟国であり超大国であるアメリカと，ライバルであり台頭する中国に対し，異なる見方と問題意識を持ち，広報文化外交に対する解釈を調整しつつ，対応してきたとの仮説を立てることができる。そして，注目すべきは，ハード・パワーによるバランシングという選択肢が制限されている日本の政治エリートたちにとって，広報文化外交が果たしうる役割は時代によって，そして国内外環境の変化に対する問題意識によってどのように異なるかである。

　以上の理論的分析視点を踏まえ，以下各節では，1970年代以降の日本において，広報文化外交がどのような問題意識に基づき解釈，期待され，そして実施されてきたのかを検証する。検証にあたって，とりわけ注目するのはPDをめ

ぐる自律性と戦略性変化や，日本にとって重要な関係国である米中両国が広報文化外交における位置づけの変化である。

2　広報文化外交の概念変容

1．1970年代から1980年代までの国際文化交流

　以下で詳述するように，PD，あるいは広報文化外交の概念が広く使われるようになったのは2000年代以降であり，それまでの間，PDに準ずる概念として「国際文化交流」が一般的に使用されていた。文化はとりわけ2000年代以前において，しばしば政治や経済と対比する概念として語られていたが，国際文化交流と後の広報文化外交には外交政策としての戦略性が常に伴っていた。現在では，日本の広報文化外交は外務省などの政府省庁や外務省管轄の独立行政法人国際交流基金（以下，交流基金と記す），そして政府の支援を受ける多くの民間アクターに担われており，日本の対外政策をめぐる広報や文化の発信だけでなく，多様な双方向文化活動，国際交流が行われている。

　戦後の日本は占領期と経済の復興を経て，1970年代初頭において本格的にPDを再開した。1971年に起こったいわゆるニクソン・ショックは日本政府と社会に大きな衝撃を与え，日米間のコミュニケーション・ギャップに対する危機感を強めることとなった。そのような背景の中，1972年10月に，国際文化交流を推進するための専門機関である交流基金が設立された。近年，外交史料の開示に伴い，外交史の視点から交流基金が設立されるまでのプロセスやそれ以前の広報文化外交を検証した研究（例として，楠，2015；牟，2016）も増えてきた。本節はそれらの研究を参考にしつつ，交流基金が設立された以降の時期を中心に分析を行うとする。

　ベトナム戦争で疲弊するアメリカとは対照的に，日本は戦後復興と高度経済成長を経て，1970年代初頭においてすでに世界第2の経済大国にまで成長していた。しかし，周知のように，経済力が著しく増強した反面，冷戦下において西側陣営の一員としての日本は，軍事面での貢献が限られていた。当時の日本

に対し，アメリカをはじめとする西側陣営において，いわゆる「エコノミック・アニマル」のような批判が広がっていた。1971年に，キッシンジャー大統領特別補佐官が北京を訪問し，そして，金とドルの交換停止と対日輸入課徴金を含むドル防衛がいずれも日本との事前協議なしに行われた。これらの問題に対し強い危機意識を持つ福田赳夫が佐藤内閣の外務大臣に就任し，対米交流を強力に推進するための大型基金を設置する，「福田構想」を打ち出した（国際交流基金15年史編纂委員会，1990：15-19）。後に福田が当時の背景を踏まえ，以下のように交流基金設立の重要性に対する認識を示している。「日本が第二次大戦の反省に立脚して，決して軍事大国への道を選ばないと決意した以上，資源の乏しい国であるわが国にとっては，世界の平和と繁栄の中で国の繁栄をはかること以外には，生きる道はありえないという状況の中で，わが国が世界のために貢献しうる国家となることが基本であり，そのためには，諸外国との相互理解の増進ほど重要なものはないと考えた」（福田，1987）。そして，1972年の『外交青書』は文化交流事業を推進する意義について，以下のように説明をしている。「平和憲法によつて国際紛争解決の手段としての戦争を放棄し・平和国家・文化国家として国際社会のなかで積極的役割を演ずることを最高の国是としているわが国にとつて，永続する平和の前提たる諸国民間の相互理解・友好的感情を醸成することは，いわばわが国の外交の基本ともいうべきものである」。「文化を通じ諸国民が心と心のつながりをもつことは国際関係においてややもすれば生じ易い誤解や偏見を是正し，不信や疑惑をとりのぞく上にはかりしれない意味をもつものだからである」（『外交青書』16号）。以上の記述から分かるように，日本の外交政策関係者は当時の外交環境の変化に対し強い危機感を持っていたが，対応として軍事的な資源を動員することが困難であったため，「誤解や偏見」を是正するための文化交流が代わりに期待されていたのである。

1972年10月，国会での審議と他省庁との調整を経て，交流基金が正式に発足した。1972年6月1日に施行された「国際交流基金法」では，交流基金の目的について「わが国に対する諸外国の理解を深め，国際相互理解を増進するとともに，国際友好親善を促進するため，国際文化交流を効率的に行い，もつて世

界の文化の向上及び人類の福祉に貢献すること」(国際交流基金15年史編纂委員会，1990：235)と記している。この目的に関する説明が示すように，交流基金は設立当初から文化の一方的な発信でなく，相互の交流と理解を重視し，自国の国益だけでなく，いわゆる国際益をも強調していたのである。さらに，当時では文化交流と単純な対外広報の関係も意識され，外務省では，海外広報と文化交流は組織上明確に区別されていた。前者は情報文化局の海外広報課所管であるのに対し，後者は同局の文化第一課と第二課の担当業務であり，交流基金が第一課所管のもとに設置されていた(杉山，1984：30)。杉山によると，政治的な宣伝(プロパガンダ)と文化交流の区別が不明確な社会主義国や全体主義国に対し，日本は欧米諸国同様，海外広報と文化交流の区別を意識していたという。

交流基金が設立された政治的，外交的背景に鑑み，アメリカを事業の最重要地域に設定したことは不思議ではなかった。そして，その背景には，アメリカの一方的負担で実行されてきたフルブライト計画に対し，日本も応分の貢献をしてほしいとの米国側の要請があった(国際交流基金15年史編纂委員会，1990：19)。米国の要請に対し，日本の有識者の間でも一方的に米国側の資金に依存する状況を見直し，フルブライト委員会やフォード財団などに匹敵するような大型財団を設立する構想があった(国際交流基金30年史編纂室，2006：20)。当時基金専務理事であった斎木は，アメリカに活動の重点を置いた理由について，「日米間のコミュニケーション・ギャップが，基金設立のきっかけの１つであった」，「また戦後，文化交流において，日本はアメリカの援助を一方的に受けていたという事情もあり，今度はこちらからも協力するということになった」[1]と述べた。当時交流基金幹事を務めていた楠田實は，1989年に行われた座談会において，交流基金発足当時の状況について以下のように回顧した。「現在わが国の政，官，学界等の指導的立場にある人々が，ガリオア・エロア，フルブライトなどの留学生として，戦後アメリカのおかげで勉強ができたということがあった。そこで，日本もここまで経済大国になったので，アメリカに対

---

(1) 斎木千九郎・門田省三ほか(1974)座談会「二年目に歩み出して――基金の活動と展望」『国際交流』1974年第１号，50-56頁。

して少しお返しをしなければいけないという考え方がでてきて，こういう構想が実ってきた」(国際交流基金15年史編纂委員会，1990：185)。彼らの発言から分かるように，当時日本の文化交流に携わっていた関係者，有識者の多くは日米関係の変化だけを意識していたのではなく，戦後米国側のイニシアティブで進められてきた，フルブライト交流事業などに対する思いも強かったといえる。そのようななか，交流基金の基幹事業である人物交流事業では，アメリカからの招聘者数は1980年代前半まで大きなウエイトを占めていた(国際交流基金15年史編纂委員会，1990：100-105)。前述したように，アメリカだけでなく，アジアも日本の文化交流における主要な対象地域であった。しかし，従来の日本の文化交流にはアメリカから学び，アジアで実践するという傾向があり(戦後日本国際文化交流研究会，2005：11)，北東アジア諸国を含むアジアが国際文化交流において，米国と並ぶ1つの主軸になるにはさらに時間を要した。

1960年代以降，「経済大国」の実質を備えながら，アジア地域秩序に積極的なイニシアティブを取ろうとしなかった日本に対し，不満を抱いたのは疲弊するアメリカだけでなく，東南アジア諸国もそうであった。そして，アジアへの関与を縮小させるアメリカの替わりにアジア地域への影響力を拡大させる日本の姿はまた中国にとって警戒の対象となった(井上，2015：138-139)。1974年田中角栄首相が東南アジア諸国を訪問する際に起きた反日暴動と日中国交正常化を背景に，1970年代半ば以降，日本の文化交流におけるアジアの比重が急速に拡大していった(和田，2004)。1977年8月，福田赳夫首相が東南アジア諸国を歴訪し，フィリピンのマニラでスピーチを行い，日本の対東南アジア政策を説明した。福田はこのいわゆる「福田ドクトリン」であるスピーチにおいて，日本が軍事大国の道を歩まず，その代わりに，ASEANとメンバー諸国との経済協力と文化交流を促進する方針を発表した。福田はスピーチにおいて，「東南アジア諸国民の一人一人と日本国民の一人一人との間に心と心の触れ合う相互理解を育てて行くために，文化交流が果す重要な役割は，あらためて多言を要しません」と述べた。そして，文化交流では，日本から東南アジアへの一方的な発信ではなく，東南アジア諸国の優れた文化を日本にも紹介すべきだとの認

識を示し，経済協力だけでなく，文化交流における対等の関係を強調した（『外交青書』22号）。福田ドクトリンから読み取れるのは，日本のオーバー・プレゼンスを警戒する東南アジア諸国に対する，文化交流における慎重な配慮である（宮地，2013：159-161）。この一方的な発信より相互交流，相互理解を重視する姿勢は，後の日本による対アジア文化外交の方針になったといえる。

　日本の対東南アジア政策の転換とほぼ同時期に，中国では文化大革命が終息に向かい，改革開放政策とともに，対外政策の転換が始まろうとしていた。「福田ドクトリン」が発表された１年後である1978年８月に，日中平和友好条約が締結され，さらに翌年の1979年には，日中文化協定が結ばれ，日本の文化交流事業に中国が正式に対象国として登場したのである。これらの政治，外交上の動向に伴い，交流基金では歌舞伎と京劇の交換公演などを行い，対中国日本語教育特別計画を打ち出した。とりわけ日本語教育事業の一環である北京日本語研修センターは画期的なプロジェクトとしてその後の交流基金の事業展開に大きな影響を与えたとされる（国際交流基金15年史編纂委員会，1990：37-41）。当時の大平政権は「環太平洋連帯構想」を打ち出し，アジア太平洋地域における先進諸国だけでなく，さまざまな問題を抱えるアジアの発展途上国との関係も重視していた。経済，文化の両面で西側諸国と協力し，アジアにおける唯一の先進国としての立場を活用し，アジア太平洋地域における協力枠組みの構築に意欲を示したのである[2]。中国に対する経済，技術面の支援や日本語教育を含む文化交流もその目標を実現するための政策の一環であった。当時の中国は十年以上も続いた文化大革命を収束させ，改革開放政策のために西側諸国の協力を求めていた。日本はそうした中国の改革開放を支援するため，援助協力政策と合わせ，中国における日本語教育や日本文化の紹介活動をスタートさせた（国際交流基金30年史編纂室編，2006：45-48）。長い間国際社会，とりわけ西側諸国との交流をほとんど持たなかった中国の改革開放路線を安定化させ，西側諸国との協調的な関係を維持させることは日本の重要な外交課題であり，対中文

（２）「大平正芳内閣総理大臣のメルボルンにおける演説」データベース『世界と日本』http://www.ioc.u-tokyo.ac.jp/~worldjpn/（最終アクセス2015年９月７日）

化交流はそのような明確な目標設定に基づくものであった。他方，大平による北京政協礼堂でのスピーチから分かるように，日本は中国に対する経済協力と文化交流を積極的に推進する姿勢を示したと同時に，ASEAN諸国やその他の西側先進国に対する配慮を怠らなかった。大平は同演説の中で，日本の中国に対する経済協力はその他の発展途上国，なかんずくASEAN諸国との関係を犠牲にしない，そして，日本による経済協力は中国市場の独占するためでなく，日中関係は排他的なものにしないと強調した（霞山会，1993：207-213）。

一方，1980年代には，日本が経済大国になるにつれ，欧米諸国との貿易摩擦やそれに伴う日本批判が増加した。より大きな責任を求められた日本は自らの「西側の一員」としての立場を強調し，安全保障面の協力的な姿勢だけでなく，経済，貿易面における協調的な姿勢を示そうと努めていた。しかし，新冷戦期における日米防衛協力の拡大に対し，経済貿易面における日米摩擦は加熱した。「異質」，「不公正」などアメリカの対日強硬派や一部メディアからのバッシングに対し，日本国内の反発も強まった（田中・田所，2008：270-285）。

そのようななか，対外広報だけでなく，国際文化交流の重要性もいっそう強く意識されるようになった。『外交青書』26号（1982版）は第3章第5節において，対外広報と文化交流の意義および両者の関係性について以下のように説明している。「我が国自身が世界の動きについて十分な認識及び情報を有することが必要であるのみならず，我が国の実情・動向について諸外国に正しい情報，知識を与えることがきわめて重要となっている。このため，我が国としては，海外広報活動を通じて，諸外国に対し，我が国の国情及び政策について正確な情報を提供し，我が国に関する正しい認識及び理解が深まるよう努力を重ねている。更に，諸外国との関係を長期的，かつ，より安定した基盤の上に維持・確保するためには，相互の文化交流の増進を図り，国民間の相互理解及び友好親善を深めることが肝要である[3]」。この説明から分かるように，当時の日本政府はすでに対外広報だけでなく，国際文化交流の重要性を認識しており，国際

（3）『外交青書』26号 http://www.mofa.go.jp/mofaj/gaiko/bluebook/1982/s57-1030500.htm（最終アクセス2015年9月7日）

文化交流による長期的で，かつ基盤的な効果を期待していた。そして，外務省が担当する対外広報と交流基金が主な役割を担う文化交流の違いも認識されていたといえる。1980年代各年度の『外交青書』の記述から読み取れる特徴として，一方的な発信と外国世論への直接な働きかけは対外広報の役割と見なされ，貿易摩擦のような具体的な問題への対応も期待されていたのに対し，国際文化交流ではより間接的で，長期的な効果が期待されていた。しかし，中長期的な効果は意識されていたものの，1980年代後半以降の国際文化交流と比較すると，それまでの文化交流をめぐる議論は諸外国による批判への「対応策」としての側面が強かったといえる。

米国をはじめとする先進諸国との貿易摩擦を背景に，1980年代の日本の文化交流において，中国を含むアジア地域も重要な対象地域とされていたとはいえ，欧米諸国に協力するための「世界貢献」の対象であった側面は否めない（国際交流基金30年史編纂室編，2006：61-70）。しかし，中曽根首相による靖国神社参拝，光華寮問題や歴史教科書問題をきっかけに，中国の世論では日本を批判する声が強くなり，対日感情が決定的に悪化する予兆はすでに表れていた。それらの問題に対し，日本政府は主に経済力を頼みに対処していた（高原・服部編，2012：167-221）。政治的な力で動かされていた「お祭り行事」のような大規模人的交流が日中関係の成熟を意味せず（田中，1991：132-164），対中文化交流が果たした役割は限定的なものであった。1980年，交流基金は外務省とともに10億円を投じ，北京言語学院に日本語研修センター，通称大平学校を設け，日本語教師の再研修プロジェクトを始めた。同事業は中国政府にも高く評価され，1985年に日本語教師研修に加え，日本研究を専門に行う大学院として日本学研究センターが設置されたが，同事業は日本を近代化モデルとする中国側の要望に応える側面も強かった（国際交流基金30年史編纂室編，2006：45-46）。

2．1980年代末から1990年代までの国際文化交流

1980年代末に至って，国際文化交流は外交環境の悪化に対応するための対策から，日本の対外戦略を構成する「3本柱」の一部として認識されるように

なった。やがて冷戦が終結し，1990年代の日本の対外戦略の転換に伴い，国際文化交流もさらなる変容を迎えたのである。

　1987年に首相の座に就いた竹下登は内閣の最大目標として，「世界に貢献する日本」の建設を掲げた。1988年，竹下首相はロンドンにてスピーチを行い，平和のための協力強化，国際文化交流の強化，開発援助の拡充強化の三本柱からなる「国際協力構想」を世界に打ち出した。竹下は同スピーチにおいて，日本は平和を国是とし，憲法上も軍事面の協力を行えないと説明しつつ，「先進民主主義国の主要な一員たる我が国にとって，世界の平和を守り，国際社会の繁栄を確保するため，その増大した国力に相応しい役割を積極的に果たすことは当然の責任であると信ずる」と強調した（『外交青書』33号）。1980年代後半，冷戦が終焉に向かうなか，大国化する日本がいかに自らのパワーを生かすかという問いに対し，竹下政権の「国際協力構想」はまさに大国日本が世界に，とりわけ西側諸国に出した答えである。つまり，増大した経済力を軍事力に転じさせることで世界秩序を変えることも守ることもしない。その代わりに，経済協力や文化交流を含むそれ以外の手段で西側陣営の一員，そしてアジアの先進国としての責任を担うという選択であった。

　1987年に梅棹忠夫や京極純一らによる鼎談で交わされた議論が示したように，1980年代後半において，日本の有識者たちはすでに安全保障の視点から文化交流を捉えており，日本が国際社会で「名誉ある地位」を占めるに必要な活動だと見なしていた。[4]同鼎談において，交流基金の地域別予算配分について意見を求められた時の京極による以下の発言はきわめて興味深い。「（前略）日中復交がありました。そして，外務大臣や総理大臣が外国に行くとき，『つかみ金のばらまき式』のようなことを行います。そのパイプに国際交流基金を使うことになりました。ですから，日中復交の後対中国事業が非常に大きなウエートを占めることになりました。（中略）日本が工業技術文明のなかにとどまるつもりでいる限り，将来ともアメリカやヨーロッパとの関係が中心的となるでしょ

（4）　梅棹忠夫・京極純一・萩原延壽（1987）鼎談「転換期の国際交流——国際社会において，名誉ある地位を占めたいと思ふ」『国際交流』1987年第44号，4-22頁。

第4章 「不完全な大国」日本のパブリック・ディプロマシーの概念変容

う」。京極はさらに「つかみ金のばらまき」について，「別枠の予算を別にもってこないで，基金の年間予算のなかから無理やりつまみあげて，ばらまく風潮がこのごろあるようです。（中略）文化交流につとめたという名分だけもっていくのでは，基金が気の毒です。文化の交流と文化の紹介とは違うのです。文化交流は双方通行が原則であって，単なる文化紹介では十分とはいえません」と述べた。これらの発言から分かるように，当時文化交流に携わる有識者は文化交流の特徴とされる双方向性，相互理解に対する強いこだわりを持ち，政治的な判断で交流基金に求められた一部の事業を疑問視していたのである。

そして，1980年代末の国際文化交流をめぐる議論において，いま1つ注目すべき点として，国内の国際化，開かれた社会という認識を挙げることができる。和田が説明するように，1980年代末には，地域の国際化が大きなテーマとなり，民間団体も含む多様な非政府アクターが国際文化交流に積極的に参加することも国際文化交流の本格的な拡大につながった（和田，2004：72-74）。『外交青書』第31号第1章第4節「日本外交の課題」の第5項，「より世界に開かれた日本の実現」から分かるように，欧米諸国との貿易摩擦に加え，「日本人の意識や行動に傲慢さが見られる」との批判も意識され，「異なる文化や価値観を受け入れ，多様性を尊重するという謙虚なくしては，我々自らを高めていくことも各国からの信頼を得ることもできない。さらに，偏狭なナショナリズムが高まることとなれば，国際社会からの孤立化を招くことになろう」との問題意識も示された（『外交青書』31号：13-15）。『外交青書』第32号第2章第5節では，諸外国に日本の実情を十分に知らせ，認識のずれのないような情報発信が肝心であるだけでなく，「安定的友好関係の基礎となる相互理解は，当然両方向で進められなければならない。諸外国の対日理解同様，我が国の対外理解も是非進める必要がある」とも強調された（『外交青書』32号：154-157）。さらに同第5節第3項「国際化と人の流れ」の記述から分かるように，開かれた社会や「内なる国際化」を強調する背景には，日本企業の海外進出や日本人の海外渡航の増加だけでなく，日本に入国，滞在する外国人の増加に伴う外国人労働者問題を

---

(5) 同上，13頁。

含む種々の社会問題があった（『外交青書』32号：162-167）。日本の経済力が増大するなか，これらの国内外の変化が1980年代後半の国際文化交流に対する日本の意欲を強め，そして，文化交流における双方向性に対する意識を定着させたといえる。

　1988年，竹下首相が史上初の国際文化交流をテーマとする総理懇談会を立ち上げ，懇談会による最終報告書が翌1989年5月に提出された。同報告書ははじめに，経済大国となった日本に対し，諸外国の理解が不十分であり，日本も諸外国の国情や物の考え方に対する認識が不十分だとの問題意識を示し，「まさに今こそ文化交流を強化することが緊急な国家的課題」であると強調した（国際文化交流推進会議，1989a：4）。そして，同報告は国際文化交流の理念と目的について，第1に安全保障に不可欠であることを挙げ，「我が国としては，異なる文化間の国際交流を盛んにし，多様な文化に対し開かれた寛容な国際社会の実現に努め，もって世界平和の構築に寄与するとの理念を世界に示すことが肝要です」との認識を示した。次いで2．世界文化の発展に貢献，3．世界各国の対日関心の高まりに対応，4．日本社会の国際化の推進を目的として説明した。さらに，同報告は国際文化交流の担い手として，政府や地方自治体以外に，個人，民間団体や企業などの非政府アクターも挙げ，全国民的な取り組みが必要だと強調し，政府の役割について，「民間主体の活動を助成していくとともに，相手国・地域に関する政策的観点から政府が主導的に行うべき事業，あるいは，民間主体による国際交流が困難な国に対する事業等を実施し，我が国として，適切な文化交流が推進されるように常時配慮」することだと説明した。岡によると，同懇談会第5分科会は国際交流基金の活動基盤の強化をテーマにし，先進国向け事業予算拡充のための政府出資金の積み増しなどを提言した。そして，同懇談会の提言が1990年代後半にかけた，交流基金の予算，職員定員，海外拠点数の増加につながったという（岡，2012：198-199）。

　冷戦の終結に伴い，日本外交は新たな課題に直面した。冷戦時代西側陣営の一員，そしてアジアにおけるアメリカの同盟国として外交活動を展開していた日本にとって，グローバルな協力とアジア太平洋における地域協力をともに再

定義，再構築する必要が生じ，ポスト冷戦時代の日米同盟関係の維持と深化を図らなければならなかった。さらに，冷戦終結後噴出した中国，韓国などとの歴史認識問題も日本の周辺国外交に大きな課題をもたらした。そのような外交環境の変化による影響を受け，日本の国際文化交流も進化を遂げた。しかし，国際文化交流をめぐる議論とその実施内容が1990年代に入り，急激に変化したわけではない。日米経済摩擦の影響が残るなか，1980年代末にすでに現れた，外交環境の変化に対する理解や国際文化交流をめぐる問題意識が継続し，国内外環境の変化に伴い，新たな要素が追加されるようになったと説明できる。1990年代以降日本の国際文化交流の主な特徴として，文化と交流を通じてアジア太平洋，後に東アジアのような地域認識の共有を促し，地域主義の深化を促進しようとした点を挙げることができる。

冷戦が終結に向かうプロセスにおいて，文化交流の対象として，アジア諸国の重要性が強まりつつあったが，関係調整，改善の急を要したのはむしろ西側先進諸国，とりわけ同盟国のアメリカであった。『外交青書』34号は，日本がこれまで「先進民主主義諸国の一員」と「アジア・太平洋地域の一国」として外交を展開したと説明し，「そのいずれの立場から見ても重要であるのが日米関係である」と強調した（『外交青書』34号：19）。外務事務次官である栗山尚一は1990年頃の国際状況について，国際政治の基本的枠組が崩壊の危険性を増していると危機感を示し，1990年代から21世紀に向けて，日本外交の最大の課題は新たな国際協調の枠組を構築することであると説明した。栗山によると，戦後の日本は米国が支える国際秩序を最大限に利用し，平和と繁栄を享受してきたが，国際環境が変化し，日本の経済力が増強するなか，従来の受け身の外交が通用しなくなったという。そのため，日本は米欧と協力し，新しい国際秩序の構築に積極的に参加し，非軍事的な貢献を中心に役割を果たさなければならないと栗山は強調した（栗山，1990）。

こうした背景のなか，安倍晋太郎などのイニシアティブにより，1991年に国際交流基金の下に，新たな時代におけるグローバルレベルのパートナーシップを推進し，揺るぎない日米同盟を堅持するという明確な目標を持つ日米セン

ター (Japan Foundation Center for Global Partnership：CGP) が発足した。日米センターの事業領域は1．政策志向型研究を含む知的交流，2．相互理解を促進するための地域，草の根交流という2種類に大別することができる。そして，事業の骨子は1．知的交流推進，2．日米グローバル・パートナーシップ推進，3．科学分野での親善交流計画，4．草の根交流，5．日本語学習支援特別計画，6．日本文化関係拠点支援，7．現代日本の実像紹介特別計画の7本柱からなっていた（国際交流基金30年史編纂室編，2006：227-248）。日米センターの設立に携わった和田によると，日米センターの設立は国際交流基金のサイズを倍にしたのみならず，発想の転換としての重要な要素を含んでおり，1990年代における転換点であったという。従来の「対日理解の促進」，「対日関心への対応」や「相互理解の促進」とは異なり，日米センターの英語名であるCGPが表すように，日本はパートナーとして，アメリカと「協働」を通じ，「共通課題の解決」を目指す姿勢が表れた。和田が説明したように，こうした発想の転換の基盤として，「日本の存在意義をグローバルなものに高めたいという願望」と「アジア太平洋のコミュニティー形成に日本もより積極的に参画したいという明確な意思」があった（和田，2004：76-77）。

　岡が説明するように，日米センターは外務省だけでなく，国際交流基金本体とも一定の距離をもっており，プロジェクト運営は米国の民間財団を手本とし，外部の専門家による審査，調査，評価を先駆的に行っていた。日米センターの運営により，透明性や説明責任などその後国際交流基金にとって重要な概念が導入され，知的交流と草の根交流の領域は後の対欧州，対アジア事業にも受け継がれることになった（岡，2012：200-201）。当時日米センター所長である楠田實はインタビューで日米センター発足の経緯について以下のように説明した。楠田によると，安倍晋太郎やその周辺の政治家たちは先進国対策，とりわけ米国対策の重要性から，「安倍基金」の構想を打ち出し，新たな財団を作り，文化交流活動を実施することを模索していた。その背景には「国際交流基金は官僚化している」，「民間的色彩の濃いものにしたい」との考えがあったという。楠田は組織の一体性や人材，ノウハウの確保といった視点から新組織を国際交

流基金内部に設立するように安倍を説得し，新組織である日米センターの独立性を維持するために，事務所や運営を国際交流基金本体と別にし，日米センター独自の評議会が設けられた(6)。

本間長世・島田晴雄・小島明は対談(7)において，冷戦後における日米関係について議論を交わし，共通の敵がなくなった後，同盟国であり，大国同士である日米が互いに向き合い，建設的で安定的な関係を維持，発展させるために，知的交流や文化交流がきわめて重要であるとの認識を示し，日米センターの活動に期待を寄せた。さらに，日米文化交流の今後の課題について，3人はまず徹底した中立性と独立性の維持を上げた。小島は日米センターの原資が公的資金であるが，日本政府が政治的にセンターの活動に介入しないことが重要であり，「エージェント・オブ・インフルエンス」と見なされれば，活動の効果が低下すると強調した。そして，3人はセンターによる活動における中長期的な視点の重要性について議論し，より長いスパンでセンターによる文化交流の効果を評価する必要を強調した。

カーティスのコメントが代表するように，日米センターの運営と活動は米国の有識者にも評価された。カーティスによると，設立当時の日米センターに対し，アメリカの一部の学者は「日本政府の短期的な政策目的に利用されるのではなかろうか」，「自主性を確立することはできないのではなかろうか」のような懸念が表明されたが，日米センターの努力は「そういった懸念を和らげるのに十分な成果をあげてきた(8)」という。

以上の議論から分かるように，当時日本の対外政策関係者と有識者の間では，ポスト冷戦期における日米関係の再構築をきわめて重視していた。日米関係の改善のみならず，新たな時代における日米協力関係を推進し，共に新たな秩序

---

(6) 楠田實（1992）インタビュー「21世紀の扉を開く鍵――日米センター発足をふりかえって」『国際交流』1992年第60号，62-73頁。
(7) 本間長世・島田晴雄・小島明（1992）鼎談「グローバル・パートナーシップの確立に向けて，日米関係の再構築を――日米センターの今後を展望する」『国際交流』1992年第60号，74-88頁。
(8) カーティス，ジェラルド（1992）「日米センターを通じた国際交流」『国際交流』第60号，89-90頁。

を構築するために，日米センターの活動が代表するような効果的な文化交流が注目され，期待を集めていた。その有効性を担保するために，文化交流，知的交流における活動の自主性，中立性が不可欠との認識が強く現れ，後の日本の文化交流，そして広報文化外交にも浸透していった。

　文化交流における日米関係の調整と同時に，アジア諸国の位置づけも変化の時期を迎えた。1990年に，国際交流基金のいくつかの部署で個別的に実施してきたアジア文化を紹介する事業を受け継ぎ，ASEAN諸国文化を包括的に，かつ継続的に日本に紹介するASEAN文化センターが国際交流基金内に新設された。ASEAN文化センター設立の背景に，前述した1980年代後半の日本における変化があったほか，東南アジア地域の経済と文化の発展による文化活動の活性化もあった（国際交流基金30年史編纂室編，2006：249-259）。ASEAN文化センターの設立は，日本が東南アジア諸国に対する一方的な文化紹介を行うのでなく，東南アジア諸国の文化を日本に紹介する役割を果たし，日本が国際文化交流における双方向性を重視する象徴であったともいえる。同センターは1995年に予算と定員を拡充し，事業地域をアジア地域とし，アジアセンターとして活動を新たにした（国際交流基金30年史編纂室編，2006：260-262）。ASEAN文化センターの活動を受け継ぎ発足したアジアセンターの主要目標は，1．アジア諸国間の相互理解の推進と，2．アジア地域が共通に抱える問題を解決するための共同作業の推進とされた（国際交流基金30年史編纂室編，2006：249-278）。同センターの設立と拡大は，1990年代の日本の国際文化交流におけるアジア地域，あるいはアジア太平洋地域を重視する姿勢の表れである。従来対日理解が主要目標とされていた対アジア文化交流には，歴史認識問題に対処するための共同歴史研究をはじめとする平和友好交流，相互信頼醸成のための知的交流などの活動が追加された。そして，従来東南アジア諸国との文化交流において強調されてきた双方向性も重んじられ，アジアセンターの事業領域にはアジア地域の知的交流推進とアジア各国の文化振興支援だけでなく，日本におけるアジア理解促進も挙げられた。[9]これらの変化を促し，加速させたのは，細川首相が立ち

（9）「国際交流基金アジアセンターについて」『国際交流』1995年第69号，104-105頁。

上げた総理懇談会,「国際文化交流に関する懇談会」が行った提言と,村山政権による「平和友好交流計画[10]」であった。

「国際文化交流に関する懇談会」による報告書「新しい時代の国際文化交流」では,冷戦の終焉という国際環境の変化だけでなく,日本国内社会の変化も意識し,国際文化交流による諸外国との相互理解の重要性を強調した。そして,経済大国としての日本が国際社会に対し,経済面以外の積極的な貢献の重要性を説明し,「文化交流を通じて,『顔の見える日本』として諸外国との関係を作り上げることが,日本が国際社会に理解され,評価されるための条件であり,新時代の国際秩序への貢献にもつながる」と述べた。さらに,同報告書で,アジア諸国が国際貢献の対象のみならず,アジア太平洋地域の未来を作り上げる交流のパートナーとして見なされた点は注目に値する。アジア諸国との文化交流や交流を通じる国際貢献は1980年代以上に強調され,アジア太平洋地域における地域的な連帯が深まりつつあるとの背景認識が言及され,政府レベルだけでなく,民間と地方も含めた幅広い交流や協力の推進がアジア太平洋地域のコミュニティ作りのための基本条件であるとされた。和田が指摘するように,それまでの国際文化交流において,アメリカとアジアを分けて想定し,アジアにおいても中,韓,ASEANと別々に対応してきたことを考えれば,アジア太平洋という発想の意味は大きい(和田,2004:80)。

その後,1997年1月には橋本龍太郎首相がシンガポールで演説を行った。演説において,橋本はアジア太平洋地域における協力関係を促進する可能性と必要性を訴え,「アジアにおける米国のプレゼンス,中国の国際社会へのいっそうの建設的参加を前提としつつ」,日本とASEANの経済,文化やその他の分野における協力関係を深化させる意欲を示した[11]。この政策演説を受け,日本とASEAN諸国の有識者による「日本-ASEAN多国籍文化ミッション」が結成され,ミッションメンバーによる提言がアジア金融危機翌年の1998年に発表され

---

(10) 「『平和友好交流計画』に関する村山内閣総理大臣の談話」http://www.mofa.go.jp/mofaj/area/taisen/murayama.html(最終アクセス2015年9月30日)

(11) 橋本龍太郎総理大臣による演説(1997)「日・ASEAN新時代への革命――より広くより深いパートナーシップ」『外交青書』第41号,186-193頁。

た。提言では，日本とASEAN諸国間のエリートによる交流や政府による文化協力だけでなく，地域的アイデンティティーの形成に貢献する国民対国民の交流や民間アクター同士による文化，知的交流の重要性を強調し，文化のグローバリゼーションへの対応と文化産業の利用や芸術創造における協力についても提言を行った[12]。1998年12月には，小渕恵三首相がハノイでのスピーチにおいて，21世紀を，「人間の尊厳に立脚した平和と繁栄の世紀」としてアジアで構築するための努力として，地域規模の知的対話と協力を挙げた。1990年代末に至って，国際文化交流における対象は特定の国家に限らず，地域的な概念が頻繁に登場し，二国間の交流事業だけでなく，多国間や地域協力の枠組みも強調されるようになり，文化交流の相互性や，非政府アクターの役割と自律性といった概念は対先進国だけでなく，ASEAN諸国をはじめとする発展途上国との文化交流においても定着したといえる。

　1990年代の日本外交の戦略変化からすれば，国際文化交流におけるアジア太平洋，そして後の東アジアといった地域概念に基づく発想は突如現れたわけではなく，日本が主導を試みる地域主義の推進と深く関連していたのである。田中によれば，1990年代序盤，経済力が強まった日本にとって，ヨーロッパが単一市場に向かい，アメリカが北米自由貿易協定を目指し，日本経済を政治的に封じ込めようとしているかに見える状況に対応が求められていた。その対策として考えられたのは，日本とアメリカを含む「大地域」の形成であり，アジア太平洋という枠組みの推進であった（田中，2010：360-361）。そして，1997年にアジア諸国を襲ったアジア通貨危機とそれへの対応をきっかけに，日本の対外政策における東アジアという地域概念がさらに強まった。

　1990年代前半のAPECやその後のASEANプラス3など地域協力枠組みの発展が示すように，日本とアジア諸国との協力関係がいっそう強化されてきた。中国の改革開放を背景に，日中間の経済，文化面における相互交流も深化した。しかし，かつて日本の経済力と中国政府の交流促進の意欲を背景に順調に行わ

---

(12)「『日本－ASEAN多国籍文化ミッション』――総括会合の開催」『国際交流』1998年第80号，80-85頁。

れてきた日本の対中文化交流事業は，歴史認識問題の深刻化という課題に直面しただけでなく，日中政府間関係の変化による影響を強く受けるようになった（Vyas, 2011: 89-93）。1998年から2001年までの『外交青書』で確認できるように，日本政府は中国の経済成長を意識し，以前より日中関係の重要性を高く評価するようになった。そして，歴史認識問題をはじめとする摩擦に対処するために，種々のレベルの交流や相互理解が必要だと言及されていた。1990年代の日中関係が変化したため，日本の対中政策とそれに基づく文化交流も変化し，対中経済支援を支えるための語学教育や人材育成から双方向の文化交流へシフトした。1990年代において，事業の拡大と同時にODA事業からの脱却が図られ，日中共同事業に変化しつつある「大平学校」はそのような変化を代表する好例である（小熊・川島，2012：54-73）。しかし，対中文化交流の重要性は一段と強く認識されるようになったとはいえ，中国の経済的，軍事的な台頭を背景に，日本にとっての中国は歴史認識問題を抱える周辺国から競争と警戒の対象国へと変化していった。そして，バブルが崩壊し，経済の低成長期が続くなか，国際文化交流の予算と活動規模の縮小が余儀なくされたため，21世紀初頭における日本のPDは新たなコンセプトによる概念の修正を受けることになる。

3．2000年代以降の広報文化外交

2000年代前半において，外交環境の変化が日本の対外政策，そしてPDに変化をもたらした。同時多発テロ事件以降，米国をはじめ，多くの国々はソフト・パワーを獲得する手段としてのPDに注目し，政策関係者，研究者，そしてジャーナリストの間ではソフト・パワーやPDに関する議論が急増した。小泉純一郎首相の靖国神社参拝に対し，中国と韓国の大衆が激しく反発するなか，日本政府もソフト・パワーの重要性を再確認することとなった。国家のソフト・パワーを強化するために，広報文化外交というコンセプトの下で，対外発信と国際文化交流の一貫性，戦略性が強調されるようになったのである。グローバリゼーションの深化や中国などの新興国の台頭に対する認識が強まるなか，日本におけるソフト・パワーや広報文化外交をめぐる議論がよりいっそう

活発化してきた。しかし，日本の政策関係者や有識者の広報文化外交に対する意欲を強めたのは，決して外交環境の変化のみではなかった。1990年代以降，日本経済が低迷するなか，政府予算の削減に伴う政策の効率化に対する要求といった国内政治の変化も広報文化外交の概念変容を促す主な要因であった。

　1980年代末から1990年代初頭にかけて，国際文化交流の予算と活動が急速に拡大したが，バブル経済の崩壊に伴い，低金利と財政難が「不要不急」の扱いにされやすい国際文化交流に大きな影響を与えた。総務庁行政監察局が国際文化交流事業および実施状況について調査を行い，1991年に観察結果を公表した。同監察報告書では，国際文化交流に関連する予算の削減は求められなかったが，文化交流事業の実施や組織構造に存在する効率性の問題が指摘され，交流基金内の各部門間，そして交流基金と外務省やその他の省庁の活動が重複し，連携が不十分な点などが問題視され，効率的かつ効果的に国際文化交流を実施するための種々の勧告が行われた（総務庁行政監察局，1991）。その後，財政難が深刻化するなか，国際文化交流における事業実施の効率性に関する指摘はしばしば行われるようになる。和田によると，1990年代中盤以降国際交流基金の事業費の伸びが鈍化し，国際文化交流においてもバブルが終わったという。国際文化交流の事業展開がより戦略的になり，そして官から民へ，中央から地方へのシフトが顕著になり，その結果として国際文化交流に関わるアクターの多様化も進んだ（和田，2004：78-79）。

　一連の国内要因があるなか，とりわけ中央省庁再編や特殊法人改革はPDにも大きな影響を与えてきた。1997年に行われた行政改革会議において，国際文化交流も含む，外務省が実施している業務が他省庁と重複している問題が議論され，文部省が国際文化交流事業を引き受け，所管事業との一体化が望ましいという文部省の主張に対し，外務省は自らが国際文化交流事業を担当，実施する意義を強調し，国際文化交流は単なる国内行政の延長ではなく，広く日本の対外関係を増進させるための有効な手段として捉えるべきだと説明し，現行体制

---

(13)　行政改革会議第14回議事概要（1997年5月21日）http://www.kantei.go.jp/jp/gyokaku/0526dai14.html（最終アクセス2015年10月2日）

を運用面から強化すべきだとの立場を示した。最終的に,1998年に成立した「中央省庁等改革基本法」第19条(外務省の編成方針)では,「国際文化交流について,教育科学技術省との連携をさらに緊密化すること」が求められた。2001年に行われた中央省庁再編に際して,国際文化交流に関する外務省と文化庁の役割分担が明確化され,文化庁の役割拡大が認められたのに対し,外務省と国際交流基金の活動は外交に資するものに限定された(岡,2012:204)。そして,2001年に制定された「特殊法人等改革基本法」により,改革推進本部が設置され,国際交流基金も審査の対象となり,独立行政法人化が決定した。国際交流基金に対する,事業について講ずるべき措置として,外交政策上必要性の高いものに限定することにより事業量の縮小や,客観的な事業評価の指標を設定し,外部評価を実施するとともに評価の内容を国民に情報提供することなどが求められた。2002年に公布,施行された「独立行政法人国際交流基金法」では,基金の目的は「我が国に対する諸外国の理解を深め,国際相互理解を増進し,及び文化その他の分野において世界に貢献し,もって良好な国際環境の整備並びに我が国の調和ある対外関係の維持及び発展に寄与すること」とされた(国際交流基金30年史編纂室編,2006:343-347)。特殊法人時代の目的と比べ,新目的は国際的公益と日本の国益,外交への寄与の双方をより明確にした(国際交流基金30年史編纂室編,2006:80-81)のである。役割が明確化し,事業運営の効果と効率性が求められるにつれ,外務省だけでなく,高い自律性を維持してきた国際交流基金も対外政策としての国際文化交流の意義を強く意識し,主張するようになる。岡によると,国際交流基金が組織運営上独立性の高い独立行政法人へと移行したが,文化庁との役割分担を明確にするため,外務省の政策への接近が顕著になり,基金の目標も広報文化外交政策に明示的に関連づけられるこ

---

(14) 外務省説明資料(1997年5月14日,21日)http://www.kantei.go.jp/jp/gyokaku/gaimu617.html(最終アクセス2015年10月2日)
(15) 「中央省庁等改革基本法」http://www.kantei.go.jp/jp/gyokaku/980303houan.html(最終アクセス2015年10月2日)
(16) 「各特殊法人等の事業及び組織形態について講ずべき措置」http://www.gyoukaku.go.jp/jimukyoku/tokusyu/gourika/tokushu.pdf(最終アクセス2015年10月2日)

ととなった。そして，その背景には，それらの対応をなくして，国際交流基金が独立行政法人として生き残ることが困難だと外務省が判断したという事情があった（岡，2012: 204-205）。

　従来の国際文化交流に関連する予算が削減され，事業運営の戦略性と効率性が強く求められるようになるなか，外交環境の変化に伴い，ソフト・パワーが国際文化交流や文化，情報発信の意義を裏付ける概念として注目されるようになった。そして，ソフト・パワーを活用する重要な手段として，PDをめぐる議論が2000年代以降活発化し，やがて違いが意識されてきた対外広報と国際文化交流がPD，広報文化外交という概念に「統合」されることとなる。ナイにより提起されたソフト・パワーによる議論は1990年代初頭において，すでに翻訳本『不滅の大国アメリカ』（ナイ，1990）を通じて日本にも紹介された。経済成長の低迷を背景に，1990年代末以降，ソフト・パワーはしばしば外交政策関係者や有識者による議論において言及されるようになる。日本のソフト・パワーめぐる議論では論者によって認識と理解の違いが存在するが，共通の特徴として，グローバリゼーションと市民社会化といった変化への問題意識，そして，軍事力や経済力だけでなく，日本の文化の力を活用すべきだといった主張があった。

　『外交青書』42号では，脅威の多様化，国力の多元化とグローバリゼーションの進展が21世紀の3つの大きな流れとして分析され，軍事力のみならず，経済力，技術力，文化の力など様々な要素が外交に影響を与えており，国益を実現していくためには，軍事力以外の様々な力を背景に国際的な発言力を増していくことがますます重要だと強調された。2000年1月，小渕恵三首相の委嘱による「21世紀日本の構想」懇談会が，報告書である『日本のフロンティアは日本の中にある──自律と協治で築く新世紀』を提出した。報告書では，ハード・パワーに対比し，時代が文化力，魅力と感動を競うソフト・パワーへ移行しているとの認識が示された（「21世紀日本の構想」懇談会，2000：95）。ほぼ同時期においては，同報告書の他にも経済の再生，社会と文化の魅力と関連し，ソフト・パワーを強調する議論があった（例として，竹中，1999）。その背景には，

第4章 「不完全な大国」日本のパブリック・ディプロマシーの概念変容

大国となった日本が軍事力増強の代わりに，どのように経済や文化力を生かし，国内外の問題に対応すべきか，という問題意識があったといえる。そして，同報告書は21世紀の世界の潮流は「グローバル化」，「グローバル・リテラシー（国際対話能力）」，「科学技術の進化」と「少子高齢化」であると分析し，明治以降の「追いつけ追い越せ」モデルで発展してきた日本にとって，新たな挑戦と改革が迫られていると強調した。そして，社会，経済の硬直性と脆弱性が露呈した日本にとって，国内においては官と民の関係を調整し，対外的にはより開かれた姿勢で，シビリアン・パワーを生かしてグローバリゼーションに対応すべきだと主張された。さらに，同報告書は対外政策に関連し，国内基盤を強化する具体的な提言として，「言力政治（ワード・ポリティクス）」の強化（「21世紀日本の構想」懇談会，2000：128-129）を求めた。このワード・ポリティックスを提唱した田中明彦は自らの著書において，ワード・パワー（言力）を，短期的な発信とシンボルの操作と，長期的なアジェンダ設定のパワーとして説明し，ソフト・パワーとの関連についても言及された（田中，2000：97-102；134-138）。以下で詳述するように，2001年に起こった同時多発テロとその後の米国による対テロ戦争は日本におけるソフト・パワーやPDに関する議論に大きな影響を与えることとなるが，日本のソフト・パワーをめぐる議論はそれ以前からすでに始まっていたのである。

2000年と2001年に行われた鼎談[17]では，その出席者たちは21世紀において文化が日本の外交においてより重要な役割を果たすだろうとの認識を示した。鼎談において，国際交流基金理事である藤井宏昭は，国際政治における力の本質の重点がソフト・パワーに移りつつあると述べ，文化交流によって日本文化がさらに魅力あるものとして，外交面と経済面でも大きな力になると強調した。2002年，藤井宏昭理事長の依頼を受け，諮問グループ国際交流研究会が会合を重ね，翌年の2003年に報告書である「新たな時代の外交と国際交流の新たな役

---

(17) 藤井宏昭・山崎正和・米本昌平（2000）鼎談「新しい時代の文化とは——『やまと』文化から『日本』文化へ」『外交フォーラム』第4号，14-23頁；藤原義春・藤井宏昭・本間長世（2001）鼎談「日本はどういう『力』をもっているのか」『外交フォーラム』第1号，12-21頁。

割——世界世論形成への日本の本格的参画を目指して」を提出した。同研究会は急速に変化する国際環境を踏まえ，新たに浮上した外交課題について議論を行い，これに対し国際交流が果たすべき役割について分析し，提言を行った。同研究会による報告書では，世界世論の形成とその影響の重要性を説明し，日本の課題として，「『世界世論』の形成やルールづくりにいっそう積極的にかかわるとともに価値観を共有する国々と協力して，こうした価値観が十分実現していない国々や価値観を受け入れようとしない国々への働きかけを行っていくべきである」（国際交流研究会，2003：7）と強調した。そして，同報告書は，外交において軍事力に依拠せず，経済力も弱まりつつある日本にとって，国際環境の変化と諸課題に対応するためにPDの強化と国民レベルの外交の推進に取り組む必要があると主張した。PDの強化に当たっては短期的な広報の強化のみならず，中長期的な観点からの人材育成，人的交流や文化交流などの手段を組み合わせ，世界世論を担うパブリック・インテレクチュアルや非政府アクターのネットワークへの参加が同時に重要であるとされた。したがって，日本文化の海外発信，文化を通じた国際貢献や国際交流の支援といった面において，公的資金を使用しつつ政府から一定の距離を持つ国際交流基金はPDを担う重要な役割を果たせるとの認識が示された（国際交流研究会，2003）。

　これらの議論から分かるように，従来国際文化交流を行ってきた国際交流基金は2000年代初頭において，ソフト・パワーやPDの概念をめぐる議論を行い，新たな環境変化に対応するための，自らの役割を模索し，再評価していたのである。なお，政策広報の役割は引き続き政府の業務であるが，「欧米諸国における交流と情報の連携強化のトレンドに照らせば，一般広報と国際交流の境界は曖昧になりつつ」，交流基金は「日本の発信力の向上との観点から，一般広報と国際交流の連携強化を今後検討していく必要がある」（国際交流研究会，2003：34）との理解も現れた。さらに注目すべき点として，重点地域戦略強化の部分において，従来重視してきた米国だけでなく，中国も取り上げられ，地域戦略をより明確化し，強化する必要があると強調されたのである（国際交流研究会，2003：31）。委員としてこの研究会に携わった和田はPDに関する論文に

おいて，同時多発テロ以降の米国のPDについて，「情報」と「交流」を核として，ソフト・パワーの発揮が戦略的に展開されていると評し，今後の国際社会では対話や相互理解の必要性がさらに強まるだろうと分析した。そして，そのような外交環境の変化に対し，日本も自らのPDを構築するために，とりわけ国益に関する議論や，政府と非政府アクターの役割に関する議論を行う必要があると問題提起をした（和田，2002）。

2002年，『フォーリンポリシー』誌にジャーナリストであるマッグレイによる「日本のナショナル・クール」が掲載され，ポップ・カルチャーをはじめとする文化による魅力が日本のソフト・パワーを強め，経済の再生をもたらすだろうと主張された（Mcgray, 2002）。そして，ナイも著書『アメリカへの警告──21世紀国際政治のパワー・ゲーム』（ナイ，2002）や『ソフト・パワー──21世紀国際政治を制する見えざる力』（ナイ，2004）のなかでソフト・パワーをめぐる議論を展開し，軍事力や経済力と対比し，新世紀におけるソフト・パワーの重要性を強調した。同時多発テロ事件以降，ソフト・パワーをめぐるこれらの議論は日本にも影響を与え，後に日本の多くの政策関係者や有識者がこれら欧米での議論を踏まえ，日本の文化力をいかに活用し，PDあるいは文化外交を通じてソフト・パワーを強化する重要性を強調していった。[18]

2004年，小泉純一郎首相の要請により，文化外交の推進に関する懇談会が開催され，翌年の2005年に報告書である「『文化交流の平和国家』日本の創造を」が小泉首相に提出された。報告書では，PDに直接な言及はされなかったものの，文化交流や文化分野での国際協力を通じて総合理解を深め，地域研究，知的交流を通じての対外発信が日本外交に幅と奥行きを持たせるうえで重要であるという認識のもとで議論が展開された。その背景には，文化外交の死活的重要性を認識せず，知的，人的，物的資源を最大限生かせる体制を整備せず，本気で文化外交を展開しなければ，国際社会における日本の存在感が急速に薄ま

---

(18) 例として，福川伸次・藤井宏昭・高階秀爾（2003）鼎談「日本人はソフトパワーをもっと活用すべき」『外交フォーラム』第1号，18-27頁；近藤誠一・田所昌幸・杉浦勉（2004）鼎談「日本を天女が舞い降りたくなる国に──日本の文化力を高めるには」『外交フォーラム』第6号，24-33頁。

れてしまうだろうという危機意識があった（文化外交の推進に関する懇談会，2004：6）。PDの概念にきわめて近い，文化外交の重要性が強調され，外交戦略に資するように，日本の魅力をアピールし，発信力の強化と相互交流を通じ，諸外国の対日イメージ向上や親日感の醸成という明快な目標が示された。そして，報告書で論じられた文化外交の目的は1．「自国についての理解促進とイメージ向上」，2．「紛争回避のための異なる文化間，文明間の相互理解と信頼の涵養」，3．「全人類に共通する価値や理念の育成に向けての貢献」に設定された（文化外交の推進に関する懇談会，2004）。中国を含む東アジア地域はPDの重点対象地域として再確認され，「積極的かつ戦略的な文化交流を展開すべきである」とされた。歴史認識などの困難な問題に対し，丁寧に説明していくとともに，文化交流や対話，文化面での国際協力を通じて対日理解を促進し，二国間の相互理解と対日信頼感だけでなく，将来の「共同体」形成に向けて地域レベルの共通の利益や価値観，一体感の醸成も強調されるようになった（文化外交の推進に関する懇談会，2004：20-21）。

　2004年8月，外務省は大規模な組織改編を行った。組織，機構面での改革として，大臣官房の元に広報文化交流部が新設され，その英語名称はPublic Diplomacy Departmentとされた。これにより，従来組織的に分けられていた対外広報と国際文化交流が部分的に再統合されることとなる（金子，2007：200-208）。『外交青書』第48号では，初めて公式にソフト・パワーについて説明を行い，「軍事力や経済力といった相手の政策変更を促すことができる力（ハード・パワー）に加え，その国がもつ価値観や文化の魅力で相手を惹きつける力，いわゆるソフト・パワーが，国のイメージを高め，外交力の向上と広義の安全保障，海外での邦人の安全性の向上につながるとの認識が広がっている」と強調した（『外交青書』第48号：246）。そして，広報文化交流部の新設について，「日本の対外イメージを向上させ，日本文化の持つ魅力を外交上もソフト・パワーとして最大限活用するため」，「海外広報と文化交流を連携させたパブリック・ディプロマシーを展開している」と説明された（『外交青書』第48号：292）。2004年の時点では，PDの定義は「伝統的な政府対政府の外交ではな

く，民間とも連携しつつ外国の国民・世論に直接働きかける外交活動」として捉えられるようになった。なお，PDは「『対市民外交』，あるいは『広報外交』と訳されることが多いが，定訳はまだない」との説明（『外交青書』第48号：246）もあったように，PDの日本語訳がまだ決まっていなかったが，広報と文化外交を統合したPDが公式な概念として日本外交において使用されるようになったといえる。

　2000年代序盤において，日本は安全保障面の協力をはじめ，同盟国であるアメリカとの協力を推進し，東アジア諸国との協力関係の深化も図っていた。台頭する中国に対し，日本政府は警戒しつつも，小泉首相の「挑戦」，「好機」発言が代表するように，前向きに捉えていた。そして，中国でも対日新思考が現れ，胡錦濤新政権も対日関係を改善する意欲を見せていた。しかし，小泉首相の靖国神社参拝と日中間の領土資源問題をめぐる対立により，両国の互いに対する国民感情が悪化していった（加茂，2012；伊藤，2012）。このような背景のなか，国際社会からの高い評価を得るとともに近隣諸国や友好国との信頼関係を構築，強化することを外交方針として掲げる（『外交青書』第48号：5）日本の広報文化外交にとって，従来以上に中国や韓国の対日感情悪化に対応する必要性が強まったのである。『外交青書』第49号は2005年4月に中国各地で発生したデモや暴力行為に触れ，その背景に中国における日本の政策と文化に対する理解が不十分であるためだと説明された。そして，日本政府の対応として，「人的往来の促進とあわせ，中国国民に対して日本に関する正確な情報を発信し，現在の日本に対する理解を深めるべく，諸施策を推進」することを強調した（『外交青書』第49号：37-38）。

　しかし，広報文化外交の重要性を強調する論調が日本政府内外において強まったこととは対照的に，独立行政法人として再出発した国際交流基金の第1期中期計画[19]（2003-2007年）では，事業，業務運営の効率化，経費削減やプログラムの見直しが随所で強調されていた。同中期計画から分かるように，効率が

---

(19) 国際交流基金中期計画（第1期-第3期）および各年度計画は国際交流基金ホームページ https://www.jpf.go.jp/j/about/admin/plan/（最終アクセス2015年10月2日）より確認。

強く求められていたなかでもなお、国際交流基金が日本語教育や日本研究、知的対話の分野において、米国とアジア近隣諸国をとりわけ重要な地域として設定し、積極的な支援と事業実施を目指した。交流基金の中期目標期間事業報告書が示すように、効率的な事業を実施するという観点から事業プログラムの見直しと削減が進むなか、交流基金は「歴史認識等に起因する市民レベルでの反日感情が高まったことを踏まえ、両国の市民・青少年向けの事業を重点的に実施した」。対中国事業として、「平成17年度より、21世紀日中交流特別事業を実施し、平成18年4月には、政府より国際交流基金に対し新たに出資された20億円と国際交流基金の既存資金を合わせ総額100億円のファンドを基礎とする日中交流センターを設立し、中国人高校生の中長期招聘、日中市民交流ネットワーク整備、中国国内交流拠点整備を3つの柱とする日中21世紀交流事業を開始した[20]」。

　内外の環境が激しく変化するなか、とりわけ2000年代後半以降、日本の広報文化外交をめぐる議論における中国の存在感が増してきた。中国が著しく台頭し、日中政府間、民間に存在する問題が多様化、激化してきたため、広報文化外交の対象として中国の重要性が増すことは当然だといえる。一方、前述したように、2000年代中盤以降は中国でもソフト・パワーや公共外交をめぐる議論が活発化し、対外発信や文化交流の実践が本格的に強化される時期であった。そのため、日本の広報文化外交における中国の位置づけは、台頭する競争相手、あるいは挑戦者であるようにも認識されるようになってきた。2006年から2008年にかけて、外務大臣諮問機関である海外交流審議会が「我が国の発信力強化のための施策と体制」をテーマに議論を重ねた。2007年の同審議会による「日本の発信力強化のための5つの提言」では、日本が総じて良好な国際的なイメージを享受し、ソフト・パワーを発揮して効果的に外交政策を展開しうる環境にあるとしつつ、その環境を十分に生かしておらず、各国のソフト・パワー

---

[20] 「独立行政法人国際交流基金中期目標期間（平成15年10月-平成19年3月31日）事業報告書」https://www.jpf.go.jp/j/about/admin/evaluation/dl/mid-term_report.pdf（最終アクセス2015年10月2日）9-10頁。

第4章　「不完全な大国」日本のパブリック・ディプロマシーの概念変容

競争が激しさを増すなか，日本はその良好な環境を生かし，文化や社会の魅力を訴え，発信を強化していかなければならないとの状況認識を示した。そして，同提言は広報文化外交のターゲットを一般市民層と有識者層に分け，一般市民層では日本のポップ・カルチャーの人気により対日関心が高まっているのに対し，有識者層では中国の急成長などを背景に対日関心が相対的に低下していると分析した。そのような状況認識に合わせて，報告書は一般市民層に対し，ポップ・カルチャーを導入した対日関心層の拡充を目標とし，1．日本文化ボランティア制度の新設，2．日本語教育拠点を100か所以上の展開と日本文化「ふれあいの場」の新規展開を挙げた。そして，有識者層に対しては対日関心向上の取り組みとして，3．IT，メディアを通じた政策メッセージの外国語発信強化，4．知的交流と知日派育成により日本の有識者の声を世界に反映，5．若手指導者に対する対日理解促進プログラムの導入を挙げた（海外交流審議会，2007：3-9）。

　2008年に行われた，海外交流審議会第13回総会において，答申「我が国の発信力強化のための施策と体制――『日本』の理解者とファンを増やすために」が採択され，発表された。答申では，現在の国際社会は軍事力や経済力に加え，国家の発信力が国力に直結するという新たな潮流にあると述べ，PDを通じて日本の魅力や考え方を積極的に海外に伝えるための取組みを本格的に強化することが，日本の対外関係において喫緊かつ死活的な課題であると強調された。そして，答申は前年に発表した提言の内容を踏まえた上で，より具体的かつ包括的に提言を行い，とりわけ発信強化を実現するためのポップ・カルチャーの活用，国際社会における有識者層の論調形成への積極的な関与や非政府アクターとの協力関係の強化などの点が挙げられた。さらに，重要対象地域としては，中国や韓国を含むアジアと同盟国であるアメリカが挙げられ，それぞれの対象地域の特徴を捉え，効果的な政策を実施することが必要だと強調された。具体的に，中国，韓国など近隣諸国との関係には未だ歴史問題の影響があり，相互理解を通じて改善する必要があり，市民レベルでの交流が進み，相互理解があれば長期的に関係が改善するとの認識が示された。米国に関しては，両国

間に大きな懸案がないため,交流が空洞化している側面があり,中国が存在感を高めるなか,米国の有識者の対日関心が,とりわけ政治,安全保障といった分野において相対的に低下したことが問題視された(海外交流審議会,2008)。

　外交環境の変化と行政改革による影響を背景に,広報文化外交の主要アクターである外務省広報文化交流部と独立行政法人国際交流基金はそれぞれ自らの業務と活動について議論しており,新しい時代におけるPDのあり方を模索している(外務省,2012a;広報文化外交の制度的あり方に関する有識者懇談会,2012;国際交流基金文化交流研究委員会,2010)。2009年に決定した国際交流基金第二期中期計画(2007年4月-2012年3月)は引き続き業務の合理化,効率化を目指しつつ,前述した提言を受け,ポップ・カルチャーの活用や重要地域での日本語教育および日本研究の支援,知的交流の強化を目標として挙げた。以上述べてきたように,2000年代日本におけるソフト・パワーをめぐる議論が盛んにされるようになり,広報文化外交の概念が徐々に定着し,政府のさらなる努力がしばしば強調されるようになった。

　しかし,注意すべきはこうした戦略性が強調されるなか,非政府アクターの役割と自律性が決して軽んじられるようになったわけではない点である。むしろ官民協力の推進と非政府アクターのリソースを活用することで政府予算の不足を補い,効率的に日本のソフト・パワーを増強できるといった観点から,広報文化外交における非政府アクターの役割と自律性が重視されてきたといえる。元外務省広報文化交流部長である近藤誠一が2005年に『外交フォーラム』に寄稿した論文において,政府の機能変化を以下のように論じた。富をいかに文化に配分するかを決めるのは国民自身であり,政府がすべきことはその環境整備であり,国民が判断をするための適切な情報やネットワーキングの場の提供である。また,文化交流のネットワークのハブとして参加者の共鳴を支援し,民間アクターの行動を「命令」,「指導」すべきではない。具体的には,政府の役割は税制や入国管理制度などにより,文化の創造や流れを奨励し,邪魔をしないことである(近藤,2005)。さらに,当時広報文化交流部長である門司健次郎は2009年の寄稿において,文化外交が政治経済だけでなく,安全保障も含めた

日本の国益につながるとの認識を示し,中国や韓国の文化外交への資源投入により,文化面でのイメージ競争が厳しくなったとしつつも,文化外交を単に国のイメージのための競争と捉えるのが適切ではないと述べた。門司は広報文化外交におけるポップ・カルチャーの影響力を説明し,政府が外交力強化するために直接文化の振興と支援を行うのではなく,圧倒的な集客力を持つポップ・カルチャーの力を借りる,非政府アクターとの協力的な姿勢を強調した(門司,2009)。

　民主党政権下で行われた提言型政策仕分けを受け,外務省が広報文化外交の戦略策定と実施をいかに主導し,どのように調整すべきかについて,有識者を交えて検討した。6回の会合を経て,広報文化外交の制度的あり方に関する有識者懇談会による最終報告「3.11後の広報文化外交」が2012年7月に外務省広報文化交流部長に提出された。[21]報告書では,PDを広報文化外交と訳し,広報文化外交が直面していた現状と抱えている課題に対する認識を以下のように説明した。第1に,政治の混乱,経済の低迷,財政の危機,少子高齢化などの問題,そして東日本大震災と福島原発事故は世界の日本に対する見方に影響を与えかねないため,海外における好意的な日本観を維持するために,日本について正確な姿を伝える必要が増した。第2に,中国や韓国などの国がPDに注力し存在感を増しているため,広報文化外交の世界でも国家間の競争が激化しつつある。これまでにない挑戦を受けつつある日本にとって広報文化外交がますます重要になる。第3に,情報技術の発達や各国における市民社会の成熟を背景に,一般市民が外交政策に大きな影響を与えるようになった。第4に,NGO,大学,財団,企業などの非国家主体が国際社会のさまざまな局面において主体的かつ能動的に活動するようになったため,多様な非国家主体と交わり,認識を共有し,国際的なアジェンダ形成することが必要不可欠である(広報文化外交の制度的あり方に関する有識者懇談会,2012:1-2)。報告書は事業仕分けによる批判を意識し,とりわけ短期的な効率を求めることで広報文化外交の中

---

(21)　広報文化外交の制度的あり方に関する有識者懇談会について http://www.mofa.go.jp/mofaj/gaiko/culture/kondankai1201/ (最終アクセス2015年10月2日)

長期的な効果を損なう点や，予算削減が国際的な競争力を喪失させる危険性に対し，疑問を呈し，対応の必要性を強調した。そして，報告書は日本の広報文化外交が従来重視してきた活動における双方向性がもつ意義を再確認し，広報文化外交は業務を民間にアウトソーシングするのではなく，多様な非政府アクターと協力関係を強化し，協働性を担保する意義を強調した。さらに報告書は従来の議論を踏まえ，広報文化外交に携わる各政府アクターの位置づけや役割の明確化，各組織間の調整強化，非政府アクターとの協働の強化などを提案した（広報文化外交の制度的あり方に関する有識者懇談会，2012：1-2）。

　グローバル社会の変化や中国の台頭を含む外交環境の変容からすれば，台頭するライバルとの競争関係を意識し，対応策を強調したのは自然な反応である。そして，日本国内政治，経済，社会の変動という背景を考えれば，従来行われてきた広報文化外交の意義と今後それを強化する重要性を強調したのは不思議なことではない。これらの議論から分かるように，2010年前後において，日本の広報文化外交は外部環境に対応する必要性と国内政治による効率性の追求という深刻なジレンマを抱えていたといえる。国際交流基金中期目標（2012年4月-2017年3月）では，「グローバル化が進展し，また，新興国をはじめとした国々の世界における存在感が高まる中，我が国がこれまでに築いてきた国際社会の信頼をさらに強化し，また国際社会における我が国のプレゼンスを維持し，高めることがますます重要となっている」[22]との認識が示されたのである。詳述は他稿に譲るが，国際広報強化連絡会議[23]の開催などから分かるように，2012年に発足した第2次安倍政権は広報文化外交の重要性を高く評価し，組織の改革と戦略的な対外発信の強化を図っている。

---

[22]　独立行政法人国際交流基金中期目標 http://www.mofa.go.jp/mofaj/files/000014488.pdf（最終アクセス2015年10月2日）
[23]　国際広報強化連絡会議の内容は以下のホームページで確認した。http://www.cas.go.jp/jp/seisaku/npu/policy04/archive07.html（最終アクセス2015年10月2日）

3　概念と役割を調整する広報文化外交

　本章は1970年代以降の日本の広報文化外交を概観し，理論的分析視点から日本の広報文化外交の概念変容を検証した。これまで検証の結果を以下のように示すことができる．

　まず，ネオ・リアリズムの視点からは，日本が台頭する中国に対応するため広報文化外交を重視し，活用する理由を，とりわけソフト・パワーをめぐる競争の視点から説明することができる。中国が公共外交に注力する2000年代中盤以降，日本の政策関係者や有識者による議論において，ソフト・パワーや文化的プレゼンスの相対的評価に関する問題意識が強くなっただけでなく，ポップ・カルチャーなど新たな文化資源を動員し，戦略的な文化発信と相互交流を強化する意識も強まったのである。しかし，1970年代から1990年代にかけて，日本は徐々に対外発信と国際文化交流を強化し，PDを対外戦略の一環として捉えるようになるプロセスにおいて，覇権国であるアメリカに対するバランシングの意識は見られなかった。中国の台頭が加速する2000年代前半においても，広報文化外交における中国は主に重要な対象国であったため，競争とバランスオブパワーの視点のみでは広報文化外交の概念変容は説明できない。

　そして，コンストラクティヴィズムの視点からすれば，日本は戦後以降のアメリカとの文化交流から広報文化交流の重要性と実施方法を学習してきたことや2000年代以降米国のPDにより影響を受け，ソフト・パワーという概念が浸透したプロセスとその理由が説明できる。日本では，文化交流の双方向性やPDにおける非政府アクターの自律性が常に重んじられてきた。それは，対外広報と国際文化交流が広報文化交流の概念に再統合された2000年代以降も同様である。しかし，広報文化外交における重要な対象国でありパートナーでもあるアメリカと，対象国でありライバルでもある中国に対する位置づけの違いと変化からも分かるように，広報文化外交の概念変容は決して学習，あるいは理念の受容のみによるものではなかったのである。

最後に，外交環境の変化だけでなく，国内政治，経済の変化およびそれらの変化に対する認識を分析射程に入れるネオクラシカル・リアリズムの視点を用いることで，広報文化外交の概念変容をより重層的に説明することができる。
　1970年代以降の日本が経済大国へと変貌するにつれ，周辺諸国だけでなく，同じ西側陣営の先進諸国，とりわけ米国による批判に直面した。これらの批判を緩和し，調和された外交環境を維持するため，日本は本格的に国際交流事業を始めた。そして，1980年代後半以降，大国に相応しい責任と貢献が求められるなか，軍事面での貢献が限られていた日本は文化面での国際協調，国際貢献を強調し，対外広報と国際文化交流を自らの対外戦略の一環と位置づけ，注力するようになる。しかし，1990年代中盤以降，国内の非政府アクターが果たしうる役割が拡大したものの，経済の低迷に影響され，広報文化外交に動員できる資源に厳しい制限が設けられることとなった。そのため，限られた軍事的，経済的資源の代わりに，文化資源を動員しうるソフト・パワーをめぐる議論と広報文化外交の意義がいっそう注目されるようになった。つまり，2000年代以降，国内外環境が激しく変化するなか，日本の広報文化外交は戦略性の強化と効率性の追求というジレンマを抱えるようになり，台頭するライバルに対応しつつ国内の資源を動員するために，外交におけるソフト・パワーという論理を強調し，広報文化外交に対する解釈を調整せざるを得なくなったのである。そこで，従来意図的に使い分けられていた広報と国際文化交流は，PD・広報文化外交に統合されたのである。
　本章での検証から分かるように，日本の広報文化外交の概念変容には，独自の特殊性が存在する。それは既存の研究が明らかにしてきたことでもあった。他方，本章でも明らかにしたように，理論的分析視角を用いることによって，広報文化外交をPDの一事例として検証することができる。とりわけ広報文化外交の概念変容に存在する普遍的な要素や，他者との相互作用にスポットを当てることが可能である。このことは今後，各国のPDに存在する特殊性だけでなく，各事例の間に存在する一定の普遍性を検証しうることを示唆しているのである。

第5章

文化政策の側面から見る新たな競争

　グローバリゼーションの深化と情報通信技術の発展により，国際関係における文化の概念と役割が多様化してきた。とりわけ冷戦終結に伴いイデオロギーの違いをめぐる政治的な境界線が薄まったため，文化は人，カネとともに国境を越え，よりいっそう交流，摩擦と競争を起こしている。各国政府による政治的，経済的な交流と競争と対比し，近年の文化の越境と交流に脱政治の側面が強いため，文化によるグローバル規模の市民社会化や国家間相互理解への貢献が期待されている。他方，ナイが主張するように，グローバリゼーションが進む今日の国際社会において，文化はソフト・パワー，スマート・パワーの源泉として国家にとってきわめて重要な意義を持つ（ナイ，2004；2011）。そのため，近年では，日，米，欧州諸国だけでなく，中国，インドなどの新興国も文化の役割と影響力に注目し，ソフト・パワーをめぐる競争における自国の優位性を求めている。文化のグローバリゼーションに対応するため，諸国政府は国内外の文化交流を促進するとともに，自国文化の輸出と発信を強化している。

　以下で詳しく論じるように，文化政策に関する近年の議論はしばしばソフト・パワーの観点から，PDをはじめとする対外政策と関連して展開されている。そのため，各国の文化政策における対外政策としての側面が強まってきたといえよう。日本と中国も例外ではない。従来文化行政と対外文化政策，文化交流を重視してきた日本に対し，中国も2000年代以降において，先進諸国による文化政策に注目し，国内政策と対外政策における文化の役割をめぐる議論を本格化させてきた。前章までの分析が示したように，日中のPDとその他の政策において，互いをライバルと見なし，ソフト・パワー，文化的プレゼンスをめぐって競争をする側面が強くなった。そのため，PDとの関係が深い両国の

文化政策が持つ競争的な側面にスポットを当てることは非常に重要である。

　しかし，文化政策は本来国内政策，あるいは公共政策としての側面が強いことも無視できない。対外政策としての性格，とりわけ競争的な側面を過剰に強調すれば，各国の文化政策が持つ意義や目的を総合的に分析することが困難になる。国際交流やソフト・パワーをめぐる競争以外には，国民国家の建設，経済効果，国民教化，福祉などの分野における役割も文化政策の動機や目的として挙げられる（後藤，2001：33-37）。日中の文化政策もそれぞれの国内社会の変化と課題に対応するために議論されてきたと考えられる。したがって，近年日中間の文化をめぐる新たな競争を総合的に理解するためには，文化政策とPDの関係を説明することだけでなく，両国の文化政策がどのように国内外の問題と課題に対応しようとしてきたかを分析することも必要であろう。

　ナイによるソフト・パワーの概念が広がり，定着する以前から，多くの外交実務家はすでに対外文化交流と国内文化政策の関係性を説明し，その重要性を強調していた。例として，フランスの元外交官であるルイ・ドローは著書『国際文化交流』において，以下のように述べている。「海外文化普及を目的とする機関はもちろん国内問題を扱う機関とは性質を異にするものだが両者の関係が密接であることはいうまでもない。国内における文化遺産の保護と普及がない限り海外への自国文化の伝播は存在理由の薄いものになってしまうのである」（ドロー，1965：40）。一方，イギリスの元ブリティッシュ・カウンシル役員であるミッチェルは著書『文化の国際関係』において，「(対外文化政策)の有効性は，国内の状況，すなわち国内文化政策の活力いかんにかかっている。理想的には，対外文化政策と国内文化政策とが結びついていなければならない」と国内外の文化政策の関係を説明した（ミッチェル，1990：14）。さらに，ミッチェルは，「当然ながら，国内文化政策の成果に頼らないで，すなわち一国の文化的様相を形成する加工品，演者，機関を抜きに，さらに現代においては，それらの維持と普及が公的な資金に依存している事実を抜きにして，対外文化政策を考えることができない」と強調しつつ，「通常，対外文化政策の権限が外務省に，国内文化政策の権限が純粋に国内に基盤をおく省庁に委ねられる傾

第5章　文化政策の側面から見る新たな競争

向がある，権限の分割によって不明瞭になっている」（ミッチェル，1990：115-116）とし，政策決定においてそれらの省庁間で意見と方向性を収斂させることの困難さを指摘した。以上の説明をナイのソフト・パワー流に言い換えると，国家のソフト・パワーへの追求を主な目標とする，PDなどの対外文化政策に対し，国内文化政策は文化というソフト・パワーの源泉を提供していると理解することができる。しかし，ミッチェルによる指摘から分かるように，担当省庁が異なる場合，対外文化政策と国内文化政策は常に政策方針を共有し，協調的な関係にあるとは限らない。

　では，日中の文化政策がなぜ，そしてどのように変容し，ソフト・パワーの競争に寄与するようになったか，という問いに答えることは，日中両国の国内文化政策に対する理解を深めるだけでなく，両国のソフト・パワーをめぐる戦略とその課題に対する理解にも貢献できるだろう。そこで，本章は近年日中両国の文化政策の概念変容，とりわけ対外政策としての役割が拡大するプロセスを分析することにより，日中の文化政策における競争的な側面が強まった要因の解明を試みる。具体的には，第1節において，日中の「文化競争」や文化政策に関する先行研究を踏まえ，PDとの関係が深い文化政策が持つ対外政策としての側面を説明する。第2節と第3節は，それぞれ日本と中国の文化政策をめぐる両国政府と有識者の議論に対する分析を行い，両国の文化政策の概念が変化するプロセスを概観する。第4節では，本章の分析で得られた知見をまとめ，日中両国の文化政策にある競争的な側面が強まった要因を分析する。

1　文化政策が持つ対外政策，国内政策としての側面

　日中を含む各国の文化政策に存在する対外政策としての側面を理解するためには，ナイによるソフト・パワーをめぐる議論に注目する必要がある。そして，ソフト・パワーの重要な活用方法であり，文化政策との間に非常に深い関係性を持つPDに関する分析もまた不可欠である。本章はまずPDの視点から文化政策を捉える先行研究を踏まえ，日中の「文化競争」を概観する。次に国内政策

であるがゆえに，文化競争が持つPDとは異なる性格について説明し，本章の分析枠組を提示する。

1．ソフト・パワーをめぐる日中の「文化競争」

　文化政策とは，「文化を対象領域とした公共政策である」。各国の文化政策は「有形の芸術文化ばかりではなく，一人一人の生活の質からまちづくりや地域における創造産業創出まで幅広い領域に関わる政策となっている」（後藤，2001：1-2）。文化自体がきわめて範囲の広い概念であり，文化政策に関わるアクターも各国の中央政府から企業，市民団体まで多岐にわたるため，文化政策から対外的な部分を抽出し，厳密に分析することは困難である。しかし，種々の公開資料や報告書から分かるように，近年では，日中の政策関係者，有識者による文化政策やPDをめぐる議論において，ソフト・パワーはしばしば言及されてきた。そのため，多くの先行研究はソフト・パワーの視点から，文化政策の対外的な側面をPDと一体的に捉えている。代表的な例として，青山（2014）や金子（2014）による研究を挙げることができる。青山は近年，中国政府が推進するメディアの海外進出や文化産業の育成を中国の「積極的パブリック・ディプロマシー」の一部として分析し，「パブリック・ディプロマシーを成功させるためには，競争力のある文化産業の育成が重要なカギとなる」と説明した（青山，2014：17-21）。金子もPDをめぐる日本政府の近年の取り組みとして，クール・ジャパン事業をはじめとするさまざまな文化発信，交流活動を説明した（金子，2014）。

　ナイが定義したソフト・パワーが近年，新興国を含む各国の対外戦略のみならず，国内政策にも強い影響を与えてきた。ソフト・パワーとは力による強制と，利益による誘惑を伴わず，魅力により他者の尊敬と共感を強め，自らにとって望ましい行動を促す能力である（ナイ，2004）。ナイによれば，国家にとってのソフト・パワーの源泉とは文化の魅力，政治的な価値観，対外政策の正当性である（ナイ，2004：34）。そのため，自国の文化を保護，維持，発展を図り，諸外国文化との交流を推進する文化政策は当然国家にソフト・パワーの

第5章　文化政策の側面から見る新たな競争

源泉を提供していると考えられる。

　一方，PDも国家にソフト・パワーの源泉を提供する重要な手段である。PDは外国の大衆を対象とし，文化を媒体に発信と交流を促進する対外政策である。そのため，純粋な政策広報を除き，PDの多くの活動内容は文化政策との関連性が深く，切り離すことができない。PDの定義について，北野は以下のように示した。「自国の対外的な利益と目的の達成に資するべく，自国のプレゼンスを高め，イメージを向上させ，自国についての理解を深めるよう，海外の個人及び組織と関係を構築し，対話を持ち，情報を発信し，交流するなどの形で関わる行動」（金子・北野，2007：20）である。北野の説明から分かるように，PDの目的は自国の対外的な利益と目的の達成に貢献することであるがゆえに，伝統的な外交と同様に，安定と協調を生み出す可能性だけでなく，対立と緊張を助長する可能性もある（北野，2015：2）。日中の構造的な競争関係が固定化されるなか，両国のPDと文化政策における競争的な側面が強まってきた。日本を含む西側先進諸国との競争を強く意識し，2000年代後半以降PDと文化政策に注力する中国に対し，従来中国との交流を重視してきた日本も2000年代後半以降において，中国に対するライバル意識を強めてきた。

　以上の説明から分かるように，ソフト・パワーの視点を用いて，PDとの親和性を強調する分析方法は文化政策の対外的な側面，とりわけ競争の側面を理解するのに貢献している。しかし，文化政策がソフト・パワーをめぐる競争に寄与しているとはいえ，対外政策であるPDというレンズのみでは，文化政策が果たす役割と影響力を矮小化しかねない。ソフト・パワーの視点から見る場合，PDと文化政策の間の境界が曖昧だが，異なる性格を持っている。近年日中の文化政策はそれぞれどのような国内問題に対応しようとしているか。日中の文化政策をめぐる議論において，ソフト・パワーという概念がいつ頃登場し，どのように語られてきたかといった問いに対し，日中のソフト・パワー，あるいは文化をめぐる競争を強調する先行研究では十分な説明がなされていない。そこで，次節では，いったんPDをはじめとする対外政策の視点から離れ，国内政策としての文化政策，そしてグローバリゼーションに対応する文化政策を

分析した先行研究を概観し，それらのインプリケーションを説明する。

2．文化政策とグローバリゼーション

　グローバリゼーションの深化と通信情報技術の進歩により，文化政策の領域が拡大し，文化政策に関わる利害関係者が多様化してきた。スロスビーは文化セクターを構成するアクターを以下のように特定した。すなわち，文化に関わる労働者，商業的企業，非営利組織，公共の文化組織，教育・訓練組織，政府の機関及び省庁，国際組織，そして消費者および消費者団体である（スロスビー，2014：25-27）。各国の文化政策はさまざまなアクターによる複雑な相互作用のなかにおいて形成されているが，政策である以上，最終責任を負う各国の公的機関による役割と影響力が未だに決定的に重要である。しかし，文化政策自体は長い歴史を持つが，多くの政府が文化政策に関心を持ち，自覚的に注目するようなったのは約半世紀にすぎず，文化政策の学問として位置づけは未だに不明確である（クレーン，2009：77-78）。そのため，各国の文化政策に対する分析と評価は，注目する文化政策の側面によって異なる。本章は文化政策の対外政策としての側面に注目するものであるため，国家を代表する公的機関，省庁を主な分析対象とする。クレーンは文化的グローバリゼーションを説明するための理論的モデルを以下の4つを挙げた。1．文化的帝国主義モデル，2．多文化主義モデル，3．能動的受け手モデル，4．国家，都市の文化戦略モデル，である（Crane, 2002）。本章の目的は，国家を単位にその行動と動機を分析することであるため，その他のモデルを意識しつつ，第4の国家都市文化戦略モデルを中心に議論を展開する。

　平野が指摘したように，多種多様な文化は国家や民族により固定化されたものではなく，多文化との複雑な相互作用，いわゆる「文化の触変」により絶えず変化している。国際文化交流には各国政府が意図的に推進する，国境を越える文化交流だけでなく，政府が意図していない，文化の自律的な越境，相互作用も含まれるとされる（平野，2000：179-183）。そのため，文化交流による文化の接触は国家や民族の枠を超え，真の相互理解と共通のアイデンティティー形

成に貢献できると期待された（平野，2008）。一方，岩渕らは近年アジア地域の国境を越える文化交流，は「トランスナショナル」の視点が持つ意味を強めたと評価しつつも，トランスナショナルな文化交通がナショナルな枠組みをいっそう強化してしまう現実を説明した（岩渕，2004）。メディア文化をはじめとする文化の越境はアジア地域における対話と交流を促しているが，国家が文化を政治的，経済的な国益を増進させる道具として捉える傾向も強くなっている。国家政策におけるメディア文化を通した交流を推進しようとする動きが盛んになり，国という枠組みが文化交流の単位としてますます自明なものとされている（岩渕，2011：4-9）。

歴史的，文化的な背景が異なるため，近年東アジア諸国が盛んに議論し，推進している文化政策は欧米諸国のケースと異なる点が多い。地域内諸国の文化政策はそれぞれの歴史的，地政的な影響を受けており，文化の発展，国家アイデンティティー構築，国民国家建設などの要素を織り込んでいる。諸国の中には，中国やシンガポールのように政府が強い指導力と介入によるトップ・ダウンモデルが多いが，日本のように中央政府の役割が比較的に低く，市場主導のボトムアップモデルも存在する（Lee and Lim, 2014: 4-11）。リーとリムは今後アジア諸国が文化政策に対する投資をさらに増やすだろうと推測し，日本が国家による文化政策への介入を最小限に抑えることができなくなるのに対し，中国もまた政治，市場とボトムアップの原動力を調整する困難に直面するだろうと分析した（Lee and Lim, 2014: 12）。一方，文化をめぐる世界規模の競争を「文化とメディアの世界戦争」と表現したマルテルも，中国政府がコンテンツ産業育成を決意したものの，政府の規制が創造産業の成長を妨げていると強調し，日本政府が中国などの成長を意識し，反撃を決意したと述べた（マルテル，2012：447-452）。

日中両国は政治体制のみならず，国内経済，社会の構造が異なるため，両国政府は文化政策に対する解釈や実践において多くの相違点を持っている。しかし，多数の先行研究（Otmazgin and Ben-Ari: 2012; Lee and Lim: 2014; Otmazgin: 2011; 2014; Brienza: 2013; Su:2010; 2014; Fung and Erni: 2013; Tong and Hung: 2012)

が示したように,両国政府は同様に文化産業の成長と文化商品の輸出による経済的な効果を強く意識し,国際市場における自国の文化産業の競争力を強めようと努力している。そして,両国における文化政策,文化産業をめぐる議論では,文化商品の輸出促進がもたらす経済的な利益に加え,魅力的な文化商品が提供しうるソフト・パワーの増進も政策目的と見なされている。先行研究から分かるように,グローバリゼーションが深化するなか,日中の文化政策が持つ対外政策としての性格が強まり,経済的な国際競争力とソフト・パワーをめぐる競争の側面がますます注目されている。

　本節で挙げた先行研究の多くは,経済学や社会学の視点から近年日中両国の文化政策と経済,文化,社会のグローバリゼーションとの相互作用を分析し,前節で触れた日中の「文化競争」をめぐる説明に対し,異なる視点を提供した。競争的な側面を対外政策の前提とし,日中がソフト・パワーを追求,促進するために,文化政策をPDの一部として戦略的に推進しているという説明は常に国家間の相互作用に注目している。そのため,日中両国国内政治,経済,社会の変化や国際文化市場の変化,そして東アジア地域と地球規模のグローバリゼーションが日中の文化政策に与えた影響は軽視されていると言わざるを得ない。本節で紹介した分析視点を用いることにより,ソフト・パワーに基づく「日中文化競争」に対する説明が持つ分析課題にスポットを当てることができる。国内産業構造の再構築や国際文化市場における自国の競争力の強化がもたらす経済的な利益が日中両国の文化政策に対する意欲を強めたといった説明は,近年日中における文化政策だけでなく,PDに関する議論が活発化している理由に対する理解にも貢献しているといえよう。しかし,国家の文化産業促進に対する意欲を強調する説明では,日中両国はどのような国内外の問題や変化に対応しようとし,どのように文化政策の意義を見出し,そして再解釈してきたかについて,十分に説明することができない。とりわけ経済的な利益とソフト・パワー,文化政策とPDの関連性を意識し,国内政策と対外政策の2つの側面から日中の文化政策を分析する視点が欠如しているため,両国における文化政策の変容がいかに「日中の文化競争」に寄与し,加担してきたかという問

第 5 章　文化政策の側面から見る新たな競争

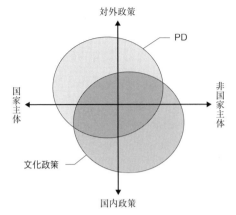

図 5-1　ソフト・パワーを提供する文化政策と PD

いに対し，満足のできる答えが未だに出されていない。

3．本章の分析視点

　以上の先行研究の分析視点とそれらにより得られた知見をまとめると，国家にソフト・パワーを提供する文化政策とPDの関係を図5-1で示すことができる。

　単純化を恐れずに文化政策とPDを別の概念として捉える場合，対外政策の性格が強く，国家の戦略と影響力に強く影響されるPDに対し，文化政策は国内政策としての性格が強く，企業や多様な民間アクターもより重要な役割を果たしていると考えることができる。2つの概念はそれぞれの文脈で議論されてきたが，重なる部分が存在し，2つの概念の拡大に伴い，重なる部分の範囲も大きくなった。前述のように，文化政策とPDという2つの政策概念が重なっているため，明確に分類し，区別することが困難である。2つの概念の関係を曖昧なままにし，ソフト・パワーの観点から重なる部分を説明する場合，日中の文化政策が両国の対外戦略に基づき，「文化競争」あるいは「ソフト・パワー」競争に寄与しているように過大評価されることになりやすい。しかし，2つの概念が変化するなか，重なる部分がどのように出現し，解釈されたのか

というプロセスに注目し、そして、PDと重なっていない部分を分析の射程に入れることにより、日中両国がどのように文化政策に関する議論をしてきたかを理解することができる。換言すれば、近年両国がどのような問題意識に基づき文化政策を推進し、ソフト・パワーをめぐる「文化競争」の側面を強めたのかを理解することになる。

　PDとの関連を意識し、文化政策が持つ対外政策の側面が拡大してきた要因を分析するために、第3章と第4章で説明した対外政策の理論的分析視点がきわめて有意義である。本章はとりわけネオクラシカル・リアリズムの視点から、日中の文化政策を変化させた国内外の問題、課題に注目する。客観的なパワー分布が国家の行動を制限すると主張するネオ・リアリズムに対し、ネオクラシカル・リアリズムはパワー分布に対するアクターの認識と国内政治の要因を分析の射程に入れている。ネオクラシカル・リアリズムの分析では、政策関係者の認識の変化や国内政治の変化は国際システムと対外政策の間にある媒介として捉えられ（Lobell, Ripsman and Taliaferro, 2009: 4-13）、この点は純粋な国内政治研究とも異なる。つまり、国際システムに対する政策関係者の誤解や国内政治における戦略的資源動員の失敗は国家の対外政策を左右するが、アクターの行動はあくまで国際システムへの対応だとされる。近年のコンストラクティヴィズムの視点を用いる研究もネオクラシカル・リアリズム同様にアクターの認識や国内政治に注目しているが、前者は国際システムとアクターの間の相互作用を強調し、アイディア、規範の主体性を重要視するのに対し、後者は国際システムによる制約を受け入れ、相対的パワー分布をより重視する（Foot and Walter, 2012: 332-334）。国際秩序やパワーの相対的な配分など、国家の外部環境変化だけでなく、政治エリートの認識変化や国内環境の変化も分析射程に入れるネオクラシカル・リアリズム（Rose, 1998）の分析視点は本書の分析に極めて有益だと考えられる。

　本章は以上の分析視点から、次節以降において、近年日中の政策関係者と有識者がそれぞれどのような国内外環境の変化に対し問題意識を持ち、文化政策の概念を解釈してきたかを分析する。分析はとりわけ両国の政策関係者、有識

者が文化をパワーと見なし，文化政策の役割に対する解釈を拡大したプロセスを意識して行う。そして，彼らが相手国を含む他国の文化政策に対する理解と評価にも注目し，日中の文化政策が持つ対外政策としての性格拡大がどのように「文化競争」に寄与しているかを検証する。

2　中国の文化政策における概念の変容

　中華人民共和国が建国されて以来，文化の重要性は常に政治エリートたちに意識されている。しかし，文化産業，文化政策やソフト・パワーといった概念が登場したのは近年のことである。数十年以上自国の文化政策を模索してきた日本などの西側先進諸国と比べ，中国は非常に短い期間で，国内政策，対外政策における文化の価値を再評価し，文化政策の内容と解釈を変化させてきた。その変化のプロセスには，常に政治の指導力と市場による調整の関係が議論されており，国内外の変化に合わせて，文化政策の政治的，経済的，社会的な目標が調整されてきた。

1．2000年頃までの国内政策としての文化政策

　一党独裁の政治制度と階級闘争，冷戦などの歴史的背景があり，中国では，文化は長い間国内外に対する宣伝や政治思想工作の道具として捉えられていた。そのため，改革開放までの中国において，文化は市場の調整とは無縁な存在であり，文化産業という概念自体存在しなかった（Su, 2014: 4-5）。改革開放以降，市場経済化が進むにつれ，西側先進諸国の文化商品も中国の市場と社会に流れ込むようになった。しかし，中国政府は2000年前後まで，文化市場の開放と自由化に対してきわめて慎重であった。胡恵林が指摘したように，文化大革命終演後の十数年において，中国政府は文化大革命による混乱から反省し，市場メカニズムを段階的に導入しつつ，文化による国民の思想への統制を解こうとした一方，市場メカニズムによる文化行政や文化産業の急激な変化をも警戒し，回避しようとした（胡恵林ほか編，2015：1-12）のである。1990年代初頭の政策

文章から分かるように、文化事業はあくまでも政府が投資し、管理する分野であり、経済利益に関する意識が薄かった。文化部が国務院に提出した「文化事業における経済政策意見に関する報告」では、十一期三中全会以来の文化事業は発展を続けてきたが、財源の制限などの原因により、文化事業の発展が経済の発展に追いつかない状況が変わってないと説明され、政府によるさらなる支援と保障政策を行う必要性を強調された（文化部，1991）。そして、文化事業の発展と改革はしばしば対国内宣伝の手段として説明され、市場の調整より、党と政府が効率的に文化を管理することの重要性が強調されていた（例として、鐘軒，1995：5-6）。一方、文化は社会主義イデオロギーのみを国内社会に宣伝するわけではなく、国民の道徳意識、愛国精神を強化するなどの役割も文化事業に期待されていた（丁関根，1996）。

　1990年代前半の中国が置かれていた国際情勢に鑑みれば、外国の文化、とりわけ西側先進諸国の文化に対する中国政府の警戒感は不思議ではなかった。当時外交部長である銭其琛は1990年代初頭の国際情勢について、冷戦終了後の各国が経済発展に注力していると評価しつつも、冷戦思考の強い西側諸国が反中的な政策を取り、中国の内政に干渉し、社会主義中国の屈服を企てているとの危機意識を示した（銭其琛，1995：4）。1996年10月に発表された「社会主義精神文明建設に関する重要問題の決議」では、経済発展に相応しい精神文明と文化事業の重要性が強調され、国内外環境変化がもたらした新たな問題について以下のように説明された。改革開放と市場経済の深化を背景に、党内と国内社会における望ましい理想、価値観や道徳規範を形成させ、堕落した思想の蔓延を防止することは党にとって重要な課題であり、外国の優れた文化を吸収すると同時に望ましくないものを排除し、敵対勢力による「西洋化」、「中国分裂」の企てに対抗することは歴史的な課題であった（中共中央，1996：6-8）。同「決議」では、党と政府が文化事業や文化商品に対する管理、投資、運営の重要性が強調され、外国文化の流入と国内における文化の市場経済化に伴う新たな「問題」への警戒心が随所示されているが、文化市場に関する言及もまた注目すべき点である。「決議」第19項では、「文化体制改革は文化事業の繁栄、発展

第5章 文化政策の側面から見る新たな競争

のための根本的な解決策である。改革の目的は文化事業の活性化を図り，文化事業に従事する関係者のモチベーションを高め，優れた作品と人材を多く輩出することである。改革は精神文明建設のニーズに合わせ，文化発展の内在的なルールに従い，市場メカニズムのポジティブな影響を活かさなければならない」との記述があり，文化商品とその他の商品が異なり，人々の思想，道徳意識や教養に大きな影響を与えるため，文化事業改革では経済利益より社会利益を優先すべきだとも強調された（中共中央，1996：13）。同時期の中国では，多くの国有企業が市場経済化による競争の激化に対応できていないという問題意識（例として，呉邦国，1996：12-13）はすでにあったが，「決議」が示したように，政府は文化市場のさらなる自由化に対し，慎重な姿勢を崩さなかった。

　以上の説明から分かるように，1990年代中盤までの中国にとって，文化は行政サービスの他に，主に国内向けのイデオロギー宣伝や国民教化，そして西側諸国の「文化覇権」に対抗する手段であった。文化市場の増大に伴い，中国政府は徐々に文化をめぐる市場のメカニズムを意識するようになるが，依然として，文化市場は厳しく管理すべき対象であり，文化市場の発展がもたらす経済利益に対する意欲は決して強くなかった。中国市場に流入する西側諸国，とりわけ米国の文化商品に対し，中国政府は強い警戒心を持ち，国内文化事業の強化と社会主義イデオロギーを宣伝する国産文化商品で対抗しようとした。社会主義イデオロギー，愛国主義や優れた中国文化を宣伝するものは文化活動，文化商品の「主旋律」と定義され，「主旋律」を文化市場の主流として促進することは文化市場拡大の前提と見なされた（丁関根，1995：5-6）。しかし，1990年代後半の中国国内映画市場の変化から分かるように，政府が主導し，大量の資金を投入した「主旋律」映画が産み出した経済効果と作品のインパクトは同時期に輸入されたハリウッド映画に比べてはるかに弱かった（Su, 2010: 48-53）。文化部が公表したいくつかの調査結果から分かるように，第9次五カ年計画期（1996-2000年）では，文化産業自体が成長傾向にあったが，「非国有経済が占める市場の割合が上昇し，徐々に主導的な地位を獲得し，文化市場管理に新たな課題をもたらした」[(1)]。劇団などの文化事業団に目を向ければ，中国政府が直面

139

していた問題がさらに浮き彫りになる。1998年全国2640個の劇団，芸術団体の公演収入が4.2億元に上ったが，平均経費自給率は34.5%であり，全体の1割以上を占める329個の劇団，芸術団体は年間一度も公演を行わなかった[3]。1996年以降，中国政府はミュージックホールなどの営利目的の文化施設の売り上げや，テレビ，新聞，雑誌などの広告収入から3％の「文化事業建設費」を徴収し，中央と地方の文化事業費の増額を図り，文化事業の発展に資する減税措置を打ち出した（国務院，1996）。しかし，政府による文化事業補助費が増加したとはいえ，「文化事業総支出の増加分の3分の1が人件費などに充てられ，その他の支出を除いた後，実際事業拡大のために使われる経費が限られている[4]」との評価が示された。以上の説明から分かるように，1990年代後半において，中国政府が推進していた，国有文化事業の支援を中心とする「文化事業政策」は文化市場の発展に対応できたとは言い難い。そのような情況への対策として，中国政府は徐々に文化市場のメカニズムを尊重することや文化市場のさらなる開放の重要性を強調するようになった。

1997年9月の中共第15回全国代表大会における江沢民の報告では，さらなる経済市場化や対外貿易の推進や法治国家建設，いわゆる中国特色のある社会主義経済と政治の建設が強調されただけでなく，中国特色のある社会主義文化建設も目標として挙げられ，経済，政治と文化発展は党にとって，分割できない基本綱領であると述べられた。経済分野に関する記述では，国有企業改革に加えて，国内経済改革における市場メカニズムの活用や商品，サービスの国際貿易の拡大に対する意欲が強く表れた。そして，文化の部分では，宣伝や文化事業に対する党の管理は依然として強調されたが，西側諸国の「文化帝国主義」

（1） 文化部財務司「"九五"期間全国文化市場発展不均衡，総体経営効益有所回昇」http://59.252.212.6/auto255/200505/t20050527_20579.html?keywords=（最終アクセス2015年8月23日）

（2） 文化部財務司「全国芸術表演団体注意演出効益，加大創収力度」http://59.252.212.6/auto255/200505/t20050527_20555.html?keywords=（最終アクセス2015年8月23日）

（3） 文化部財務司「全国338個芸術表演団体前年演出超過300場，329個芸術表演団体全年無演出」http://59.252.212.6/auto255/200505/t20050527_20554.html?keywords=（最終アクセス2015年8月23日）

（4） 文化部財務司「1998年全国文化事業費分項収支情況」http://59.252.212.6/auto255/200505/t20050527_20502.html?keywords=（最終アクセス2015年8月23日）

に関する言及がなく,その代わりに「我が国の文化の発展は,人類文明の共通の成果から切り離すことができない」との記述が表れた。自国を中心に,自国のためになる(以我為主,為我所用)ことを原則として,多様な対外文化交流を行い,各国文化の優れたものを広く取り入れ,世界に中国文化の発展を発信することは今後の目標として提示された(江沢民,1997)。同年6月に,文化部は渉外文化芸術活動に関する管理規定を公布し,中国の文化芸術団体が海外で,外国の団体が中国で公演,交流活動を行う場合のルールを設けた。同「規定」では,中華民族の優秀な伝統文化を発揚し,近代化の成果を諸外国に宣伝するような文化芸術活動の海外進出を奨励する方針が示されただけでなく,中国の政治制度,政策に反対し,国内社会の安定や中国の国家イメージに望ましくないような外国の団体による文化芸術活動を禁じるなどの項目を設けた(文化部,1997)。文化部長孫家正は文化市場の役割について,人民の文化生活を活発化させるだけでなく,就職の機会と税源を増やす重要なものであると述べ,増加している対外文化交流は中国の文化を発揚し,改革開放後世界の舞台に参加する中国の姿を見せていると評価した(孫家生,1998)。

1990年代における文化市場の段階的な開放により,中国では従来の文化行政の問題点や,政府による文化市場に対する管理の限界が明らかになった。さらなる市場経済の拡大を視野に入れた中国政府は,市場メカニズムによる調整を強く意識せざるを得ず,文化政策の役割や手段に対する解釈と評価が加速したのである。そして,文化政策が持つ対外政策としての役割も拡大し,西側先進諸国による文化の浸透に対する防御に加え,経済利益の追求や政治体制,発展モデルの正当性をアピールする役割も期待されるようになったのである。

2. 2000年代以降の対外政策としての性格を強める文化政策

1990年代末,WTO加盟を控えていた中国にとって,さらなる市場経済化,改革開放は基本方針となった。経済のいっそうの効率化のために,国有企業改革や本格的な民営化推進は必要であり,中央財政危機を回避するために国有資本の売却も不可避と認識されるようになった(今井,2002:5-10)。このような

背景のなか，中国における文化産業や対外文化交流への解釈と認識が変化したのである。2000年代初頭，とりわけ中共第16回全国代表大会が行われた2002年は中国の文化政策にとって重要な転機となり，その後有識者の間でも文化産業や対外文化交流に関する議論も活発化した（Su, 2004: 10-11）。青山が説明したように，2002年頃から中国の対外文化交流が全方位外交の時代を迎え，その主な要因として，WTO加盟に伴う国内メディア，文化市場の開放と，諸外国との協力関係の深化が挙げられた（青山，2007a：442-445）。2001年に公表された第10次五カ年計画（2001-2005年）では，文化政策と対外文化交流は第7編，精神文明で言及され，文化政策をめぐる従来の言説と比べ，経済利益や市場メカニズムに対する意識が強くなったといえる。文化政策において，社会的利益の優先を堅持し，社会的利益と経済利益の融合を原則とし，文化の体制改革を深化させ，科学的で効率的な管理，運営システムを構築することが強調された。そして，従来同様の文化事業に関する言及の他に，文化市場の建設と管理への強化や文化産業発展の推進も目標として掲げられた[5]。つまり，2000年代以降の中国では，文化政策における政府の指導力は依然として強調されているが，市場メカニズムによる調整力に対する理解が徐々に深まったのである。

　国内の変化だけでなく，外交環境に対する認識の変化により，中国政府は次第に文化が持つ対外政策としての役割に注目し，強調するようになった。2001年年末に公布された「ラジオ，映画，テレビ放送の海外進出に関する通知」では，ラジオ，映画やテレビ放送の海外進出を推進する目的について，世界各国，とりわけ北米，西欧諸国の視聴者に中国の本当の姿や，重大な国際問題に対する中国の立場と態度を理解させ，「西強我弱」の状況を改善することであると説明した（広電総局，2001）。さらに，中国の指導者たちが文化政策の役割に対する理解の変化を代表するものとして，2002年の中共第16回全国代表大会では，江沢民は文化が経済や政治とともに総合国力の競争において重要な役割を果たしていると強調した点も注目すべきである（江沢民，2002：19）。2000年代序盤

（5）「中華人民共和国国民経済和社会発展第十個五年計画綱要」http://www.people.com.cn/GB/shizheng/16/20010318/419582.html（最終アクセス2015年8月26日）

以降，中国の政策関係者は自国の発展に自信を持つようになり，外部環境に対する危機意識も緩和され，国際社会における中国の役割と影響力も以前より強く意識するように変化した。他方，西側「文化覇権」による「和平演変」の代わりに，国際世論に存在する「中国脅威論」が問題視されるようになり，国際世論の認識をいかに変えるかが対外政策の新たな目標となった。そこでは，従来行われてきた民間外交に加え，対外文化交流，文化宣伝が強調されるようになり，前述したように，公共外交という概念も導入され，次第に定着した。中国の政策関係者，有識者が意図的に対外文化政策と公共外交を別の概念として使い分けるのは2000年代後半以降であるが，それまでの間においても文化政策とPDの関連性はソフト・パワーに対する理解に基づいて議論されていた。

2000年代前半において，中国の一部の有識者はすでに西側諸国，とりわけアメリカで盛んに議論されていたソフト・パワーやPDをめぐる議論に注目していた。2000年代後半まで，文化政策とPDの関係性は明確にされていなかったとはいえ，国家のソフト・パワー増強につながる文化の重要性を強調する先行研究（魏新龍，2002；李智，2004；張清敏，2006など）が徐々に増えた。これらの研究はしばしば西側諸国におけるソフト・パワーをめぐる議論と文化政策，対外文化交流の実施を中国と比較する対象とし，中国が文化政策と対外文化交流を強化する必要性を強調し，諸外国の文化的プレゼンスに対抗することには中国の「文化主権」を守る意義があると主張するもの（代表的な例として，曹澤林，2006）もあった。この時期の研究では，西側諸国に対する評価は1990年代の「文化帝国主義」に共通する部分もあるが，決定的に異なるのは，西側諸国が文化力を用いて社会主義中国の弱体化を図る敵から，学ぶべき手本と強力な競争相手という2つの側面を持つ存在になった点である。同時期に中国政府が公開した政策文書でも，同じ特徴を確認することができる。

2003年に公布された「文化産業促進に関する意見」[6]では，文化産業は文化事業とともに社会主義文化建設を構成する重要な部分であると述べられ，文化産

---

[6] 「文化部関于指示和促進文化産業発展的若干意見」http://www.chinaculture.org/gb/cn_law/2004-06/28/content_49710.htm（最終アクセス2015年8月26日）

業促進の意義について以下のように説明された。「文化産業の発展は人民の文化に対するニーズに応える手段であり，サービス産業を発展させ，産業構造を調整する重要なステップであり，経済のグローバル化と国際競争に適応し，我が国の総合国力を強める重要な政策である」。そして，同「意見」は中国の文化産業はまだ発展の初期段階にあり，先進諸国と比べ大幅に遅れていると説明し，中国の文化産業は十分に市場メカニズムに対応できておらず，イノベーション能力が低く，競争力が弱いと指摘した。さらに，「意見」は主な施策方針として，国有企業や事業団の改革，非国有資本の活用，民営化の推進，文化の「海外進出」や一部重要なプロジェクトに対する重点的な投資，育成などを挙げた。最後に，「意見」は政府の役割に関する従来の説明に加え，計画経済的な管理から市場経済的な管理へ，「文化の運営」から「文化の管理」へ，文化産業に対してマクロなマネジメント能力を高めなければならないと強調した。「意見」に基づき，関係省庁が新たな政策を打ち出し，文化の安全を強調しつつ，外国資本と非国家資本の文化産業への参入を条件付きで推進する方針を示した。[7] 以上の説明から分かるように，2000年代以降の中国の文化政策において，従来政府が行う文化事業の他に，市場メカニズムに基づく文化産業に対する理解が徐々に浸透し，定着してきた。そして，文化商品やサービスの競争力を高め，文化の海外進出を推進することで自国の対外政策に貢献させる意欲も高まった。このような意識の変化を背景に，中国政府と有識者たちは西側諸国を敵より，国際文化市場競争とソフト・パワーをめぐる競争のライバルと見なす傾向がますます強まった。

　2000年代中盤以降，国際社会におけるソフト・パワーの競争と中国が講じるべき対応策をめぐる議論は政策関係者による各種文書と報告に頻繁に登場するようになった（例として，李肇星，2007；胡錦濤，2007；楊潔篪，2008a）。対外政策

---

(7)　『5 部委制定「関于文化領域引進外資的若干意見」』http://news.xinhuanet.com/newscenter/2005-08/04/content_3309000.htm（最終アクセス2015年8月26日）；『国務院関于非公有資本進入文化産業的若干決定』http://www.xinhuanet.com//newscenter/2005-08/08/content_3325946.htm（最終アクセス2015年8月26日）

第5章　文化政策の側面から見る新たな競争

として直接外国の大衆に働きかける公共外交という概念が導入され，定着する時期と重なり，文化政策は国内政策だけでなく，対外政策としての性格を持ち，中国のソフト・パワー増強に貢献できるとの理解は中国の政策関係者の間ではほぼ共通認識となった。孟暁駟文化部副部長は「文化を利用し，自国の国際的地位を向上させ，影響力を強めることはすでに諸大国にとって戦略的な選択肢となった」と述べ，中国も優れた文化商品を媒体とし，対外文化宣伝，文化交流と文化貿易を強化することで外交に貢献すべきだと強調した。注目すべきは，孟が対外文化宣伝と文化交流の近況を総括しただけでなく，中国が直面している文化貿易面の課題を説明した点である。孟の説明によると，グローバル規模の文化市場の拡大を背景に，西側先進諸国は文化産業の育成と文化商品の輸出に注力し，外国の文化商品が絶えず中国市場に進出している。競争力がまだ弱い中国もそのような環境変化に対応し，適切な保護策で文化主権を守ると同時に，自国の文化産業の発展と海外市場の開拓を促進しなければならないという（孟暁駟，2006）。

　2008年の北京五輪と世界規模の金融危機を契機に，中国は国際社会における自国の存在感と役割を再評価し，以前より公共外交の理論構築と実施に注力するようになった。同時期に，ソフト・パワーを増強し，中国に対する諸外国の理解を深めることで外交に貢献できるとされる文化政策はよりいっそう重視されるようになる。文化政策が持つ対外政策の意義は各種政策文書と政策関係者による議論において頻繁に言及，強調されるようになる。しかし，文化政策の国内政策としての役割が相対的に軽視されるようになったわけではなく，むしろ金融危機が国内経済にもたらした悪影響への文化政策による対応策や産業構造改革における役割が強く期待されるようになった。2009年9月国務院常務会議で承認された「文化産業振興計画」では，金融危機が文化産業に大きな影響を与え，困難と挑戦とともに機会と有利な条件をもたらしたと述べられ，金融危機を機に，さらなる文化産業の振興は経済成長を保障し，産業構造の改革や内需拡大などに貢献できるとの認識が示された。[8] その後，行政の機能を果たす文化事業に加え，文化産業の振興と対外文化宣伝や文化交流は2010年に承認さ

れた「第12次五カ年計画」と2012年の中共第18回全国大会での胡錦濤による報告に盛り込まれ、中国の国家戦略の一部として定着したのである。

　ソフト・パワーの提唱者であるナイが評価したように、2000年代以降の中国がソフト・パワーを作り出すために文化を活用し、自国の良さを伝えようとしてきたが、その効果が未だに弱く、中国の努力が信頼と尊敬を獲得したとは言い難い（ナイ、2011：113-125）。そして、中国政治、外交の専門家であるシャンボーも国際社会における中国の文化的プレゼンスを評価し、中国のソフト・パワーに惹きつけられる人が少なく、その魅力が普遍的なものではないと強調した。シャンボーによれば、近年の中国は積極的に文化政策と公共外交を利用し、ソフト・パワーを獲得しようとしているが、中国政府による文化、言論への統制や国内問題がソフト・パワー戦略の足かせとなり、中国の世界に対する文化的アピールはまだきわめて限定的であるという（Shambaugh, 2013: 207-268）。これらの分析と評価が中国の文化政策、とりわけソフト・パワー戦略を構成する文化政策の問題点と限界を鋭く指摘したのである。しかし、本章による以上の検証から分かるように、中国にとって、外交におけるソフト・パワーの獲得は決して文化政策に注力する唯一の動機ではない。中国政府はソフト・パワーというコンセプトを輸入し、意図的に解釈、活用する以前から、国内における文化行政の改革、文化政策における市場メカニズムの導入といった課題に直面していたのである。ソフト・パワーが中国の西側諸国への対抗心、競争意識を誘発したのではなく、国内政治、経済、社会問題に対処するための、文化政策の役割拡大に魅力的な「理屈」を提供したのである。

3　日本の文化政策における概念の変容

　政治体制と歴史的背景が異なるため、戦後日本での文化に対する理解は中国とは大きく異なる。戦前と戦時中における、政府による文化への介入に対する

（8）「文化産業振興規劃」http://www.gov.cn/jrzg/2009-09/26/content_1427394.htm（最終アクセス2015年8月31日）

反省から，戦後日本の文化行政と文化政策における政府の役割は限定的なものとされてきた。文化創造に携わる非政府アクターの自律性が尊重され，文化産業の振興による外交面の国益や経済利益の追求に対する意欲は総じて弱かったと言えよう。しかし，日本の政策関係者と有識者が文化政策と対外政策の関係を意識していないわけではない。とりわけ2000年代以降，文化政策をめぐる議論が活発化するなか，広報文化外交を担当する外務省だけでなく，文化の発信や国際文化交流における文化庁の役割も盛んに議論されるようになった。このプロセスにおいて，文化政策は単なる国内行政の概念を超え，国内外環境の変化への対応をより強く求められるようになったのである。

1．1990年代までの文化政策と国際文化交流

　日本は戦前から広義の文化政策を行ってきたが，戦時中，政府は文化芸術に対する統制を強め，文化政策を国民の戦意高揚を図る手段として使っていた。そのため，戦後の一時期では，戦前，戦中の文化芸術に対する統制と抑圧への反省から，公的機関が文化，とりわけ芸術文化に直接関わることが極力避けられ，明確な理念や方針に基づく文化政策は確立されなかった（根木，2001：2-3；根木・枝川・垣内・大和，1996：22-27）。しかし，1960年代の高度経済成長期において，乱開発や公害などの社会問題が顕在化を背景に，文化の重要性が再確認されることとなった。1966年，文部省に文化局が設置され，2年後の1968年文化局と文化財保護委員会が統合され，文化庁が正式に発足した。文部省設置法において，文化は「芸術及び国民娯楽，国宝，重要美術品，史跡名勝天然記念物その他の文化財，出版及び著作権並びにこれらに関する国民の文化的生活向上のための活動[9]」と定義されている。そして，文化庁が設置された1968年に，文部省設置法が改正され，文化庁の任務は「文化の振興及び普及並びに文化財の保蔵及び活用を図るとともに，宗教に関する国の行政事務を行うこと[10]」とされた。文化庁所掌事務に関する記述（文部省設置法33条から35条）

---

[9]「文部省設置法」第2条 http://www.shugiin.go.jp/internet/itdb_housei.nsf/html/houritsu/00519490531146.htm#r=s&r=s（最終アクセス2015年10月31日）

から分かるように，文化庁は文化行政の一部として，教育，学術，文化に関わる国際交流事業にも携わっていた。外務省所掌事務との区別が意識され，文化庁が行う文化交流事業の多くは国内におけるものに限定されたが，諸外国との人物交流，文化財をめぐる国際協力のような事業は外務省が行う国際文化交流と厳密に区別することが困難であった。

　根木によると，文化庁の設置により，政府による文化芸術活動への支援を中心とする文化行政の輪郭が徐々に形成され，支援の措置も拡大したが，国が積極的に文化芸術に関わるための理論的な根拠は不明確なままであった（根木，2001：2-3；14-17）。1970年代以降，世界第2位の経済大国にまで成長した日本は国内外の環境変化への対応に迫られていた。いわゆるニクソン・ショックや東南アジア諸国で起きた反日デモをきっかけに，日本政府は対外政策としてのPDに注力するようになり，文化をめぐる国際交流の役割を再評価した。大平正芳首相の委嘱で発足した政策研究会による報告書と提言から分かるように，欧米諸国をモデルに発展し，経済大国に変身した日本にとって，新しい時代を切り開くためには，欧米式の近代化の代わりに，日本的価値観の見直しが必要だという認識は当時の政策関係者と有識者たちに共有されていた。新しい時代のビジョンとして，「文化の時代」，「地方の時代」，「地球社会の時代」といった認識は大平首相と各研究グループにより提唱され，物質的，経済的な豊かさを実現した後，精神的な豊かさを実現するために文化が果たしうる役割は強く期待されていた（内閣官房内閣審議室分室・内閣総理大臣補佐官室編，1980：1-22）。

　1980年，大平首相政策研究会の文化の時代研究グループが提出した報告書では，明治期以降の自国文化の否定や欧米を模範とする態度を改める必要性が強調され，日本文化を再認識，再把握し，自己の文化とそれに基づく規範を把握することこそが国内外からの「文化の要請」であると述べられた（文化の時代研究グループ，1980：19-31）。一方，報告書は財政難という現状を踏まえた上で，

---

(10) 「行政機構の簡素化等のための総理府設置法等の一部を改正する法律」http://www.shugiin.go.jp/internet/itdb_housei.nsf/html/houritsu/05819680615099.htm#r=s&r=s（最終アクセス2015年10月31日）

文化への関わりは必ずしも政府主導を必要とせず，政府は個人や企業，地方諸団体，文化団体などを背後から支え，文化の活性化を促すべきだと主張した（文化の時代研究グループ，1980：36-38）。そして，報告書は今後経済の低成長への対応として，成熟した市場社会にふさわしい，文化の発展の可能性を強調し，文化政策が市場メカニズムの補正手段として捉え，文化の成長への積極的な役割に期待を寄せた（文化の時代研究グループ，1980：39-48）。民主主義の時代において，文化創造の主役は民間であるとされ，政府の役割は文化活動のための基盤整備，民間の活動に対する奨励や市場論理に左右されがちな活動に対する保護，そして民間の力のみではできない文化サービスの提供であると述べられた（文化の時代研究グループ，1980：49-53）。さらに，報告書は国際文化交流の意義についても議論を展開し，国際社会における相互依存の深化を背景に，国際文化交流は自国の文化にいっそうの多様さと強靭さをもたらすだけでなく，日本と諸外国の相互理解と信頼関係の醸成に貢献するとの認識が示された。従来文化交流への積極的な努力が不十分なため，欧米やアジア諸国との経済摩擦が起こり，外国の日本への不信と誤解を募らせてきたではないかとの問題意識が示され，日本が文化を通じて外国を知り，商品経済活動の背後にある日本の社会構造や歴史を諸外国に説明することの重要性が強調された（文化の時代研究グループ，1980：66-71）。根木が指摘するように，1970年代後半において，長らく高度経済成長の陰に隠れていた文化政策が脚光を浴び，「文化の時代」という標語はその後の日本の文化行政の展開に大きな影響を与えた（根木，2001：36-42）。

　1988年，文化庁発足20周年を記念し，文化庁により編集された『我が国の文化と文化行政』では，文化行政を取り巻く環境に関する分析は前述した文化の時代研究グループ報告書をほぼ踏襲し，新たな時代における文化振興の必要性について，国内外の変化と関連しつつ以下のように説明した。まず，社会全体の変化として，経済成長の恩恵を受け，多くの国民による文化への思考と期待が高まり，地域社会まで文化の波が行き渡ることが強く望まれているという。そして，経済にあっては従来の大量生産，大量消費の傾向が弱まり，消費が多

様化と個性化の方向へと向かっており，経済活動にとっても付加価値に富む文化の振興は大きな意義を有するとされた。さらに，外交環境の変化として，国際化の深化が挙げられ，経済的な実力を持つ日本が文化を継承，創造し，世界に貢献する責務と役割を担うことがますます重要となっていると述べられた。そのような文化振興の必要性に対し，政府による文化行政の役割は国民の自発的な行動を刺激し，伸長させるとともに必要な諸条件を整えることを基本に置きながら，個人の行動として限りがある部分に補い，不均衡を是正することとされたのである（文化庁，1988：17-27）。

これらの説明から分かるように，1980年代当時において，経済発展を成し遂げ，市場が成熟した日本の文化政策は主に国民による精神的な豊かさへの追求や文化的志向の向上に応えるためのものであったといえる。そして，文化振興の重要性が強調されるなかにおいても，文化活動の主体はあくまでも国民自身であるとされ，政府の役割は基盤整備などの行政サービスを提供し，文化活動を間接的に促進することと，市場の論理により生じた問題への是正に限定されていた。吉本が指摘するように，1980年代の文化庁の予算には急激な変化がなく，いくつかの文化施設の開設があったものの，文化政策で目立った動きが少なかった。一方，1970年代後半以降盛んになっていた民間企業の文化事業がより活発に行われるようになり，企業が文化活動を支援する「メセナ」や，民間団体による見返りを求めない社会貢献である「フィランソロピー」などの概念が定着するに伴い，文化政策における企業などの非政府アクターの役割が増大した（吉本，2008：44-47）。その後の種々の政策文書や報告書から分かるように，問題意識や対応策をめぐる議論にはさまざまな変化があるものの，文化創造活動における国民の主体性と市場メカニズムを尊重し，企業や民間団体などの非政府アクターの役割と自律性を重視する姿勢はその後の日本の文化政策において定着してきたのである。

もう1つ注目すべき点として，文化庁と文部省は国内社会，経済の変化だけでなく，外交環境の変化を意識し，自らが担当する国際文化交流をめぐる議論を展開していたのである。『我が国の文化と文化行政』第1章第4節，「文化の

第5章　文化政策の側面から見る新たな競争

国際交流」において，文化交流の意義について，文化庁は以下のような説明を行った。諸国間の相互依存が深まり，多くの国々が日本の文化と歴史に関心を寄せつつあるなか，日本文化についての諸外国の理解を広げ，深める努力は国際社会の一員として諸外国との友情協力を深める上で大切なだけでなく，多文化との活発な交流は，日本文化が国際社会のなかで新たな創造を加えつつ発展していく上で不可欠であるという。他方，諸外国が日本文化に強い関心を持ち，日本の諸製品への評価も高いが，文化交流の不足が欧米やアジア諸国との経済摩擦を引き起こし，ひいては日本への不信や誤解を生む原因の1つであるとの問題意識も強調された（文化庁，1988：52-57）。これらの説明，とりわけ経済大国になった日本と諸外国との経済摩擦やそれに伴う諸外国による批判と不信感に対する問題意識は，同時期の外務省による説明に通じる部分も多い。しかし，文化行政を担う文化庁の説明では，正面から文化と外交上の国益の関係について論じることはなく，国際文化交流が日本文化，社会に貢献しうる役割と重要性に議論の重点が置かれていたといえる。文化庁による具体的な交流事業として，1．芸術家，専門家による人物交流，2．海外美術展，公演の開催，3．国内における外国の芸術作品の美術展，公演や映画祭の開催，4．文化財保存，修復のための国際協力が挙げられた（文化庁，1988：58-63）。

　1988年，竹下登政権は「世界に貢献する日本」の建設を政権目標として掲げ，平和のための協力強化，国際文化交流の強化，開発援助の拡充強化が3本柱となる「国際協力構想」を世界に打ち出した。1989年，竹下首相により立ち上げられた，国際文化交流をテーマとする初の総理懇談会が最終報告書を提出し，国内外環境に対応する国際文化交流を緊急な国家課題とし，その重要性を強調した。これらを受け，広報文化外交を担当する外務省や国際交流基金の予算，人員と活動が1990年代中盤までにかけて拡大していくこととなった。一方，文部省と文化庁も国際文化交流に携わる部署として今後の対応策を強調した。1990年の「我が国の文教施策」では，「国際文化交流に関する懇談会」による方針が言及され，第7章「文化の振興の施策概要」において，国際交流の推進が交流により自国の文化をいっそう豊かなものにするとともに，経済大国にふ

さわしい国際的貢献を果たしていくことが求められていると強調された。そして，第8章「国際化の進展と教育・文化・スポーツ」では，国際文化交流の取り組みとして，国際化に対応できる教育の他に，ユネスコやOECDなどの国際機関，文化協定を通じた交流と協力，留学生交流の推進や学術交流の推進が挙げられた（『我が国の文教施策』，1990：482-483；522-543）。その後の『我が国の文教施策』では，文化振興の意義に関する説明にはさらに諸外国との関係や，経済大国となった日本の立場を意識した部分が増えていった。例として，1991年版では，これからの日本は経済的な豊かさだけでなく，文化的豊かさとのバランスが取れた，「顔」の見える文化国家として，尊敬と信頼を得ていくことが重要な課題だと説明された（『我が国の文教施策』，1991：454-455）。そして，1992年版では，個性豊かな文化国家として国際社会に確固たる地位を固めていくことが日本にとって不可欠な課題だと強調された（『我が国の文化施策』，1992：428）。

　1990年に，日本では最初の本格的な芸術文化への公的助成制度である芸術文化振興基金が創設され，民間企業による企業メセナ協議会も設立され，官民ともに芸術文化に対する支援の基盤が整えられた（吉本，2008：47）。吉本によると，バブル経済崩壊後，民間企業によるメセナの予算が一時期減少傾向にあったが，メセナ活動を行う企業の数や活動の戦略性を重視する企業の数が増え，文化芸術活動に対する企業メセナの貢献が増大したという。そして，1996年度に「芸術創造推進事業」が創設されたことを契機に，文化庁予算の拡充対象が文化財保護の拡充から芸術文化の振興へと移り，日本の芸術文化に対する公的な支援も拡大した（吉本，2008：47-50）のである。以下で説明するように，1990年代中盤以降，日本は従来の文化行政の体制を見直し，文化芸術の振興や国際文化交流を含む文化政策の重要性と意義に対し，再評価を行ったのである。

　1994年に，総務庁行政監査局が芸術文化振興体制などを含む，文化行政の現状に対し監査を行い，1996年に報告書をまとめ，公表した。同監査報告では，従来の文化行政は文化財保護に比重を置き，文化振興政策の理念や実施方向，そして手段の位置づけが不明確であり，推進を図る体制が十分に整備されてい

ないとの問題点が指摘された（総務庁行政監査局，1996）。ほぼ同時期に，文化庁に置かれた文化政策推進会議が文化庁長官に対し，21世紀に向けた文化政策の推進について報告を行った。報告「21世紀に向けた文化政策の推進について」では，政府が行うべき，文化の振興を図るのに必要な基盤整備をめぐる議論だけでなく，政府と文化芸術活動の担い手である地方公共団体，民間企業，団体やボランティアなどとの連携を求めたのである。そして，同報告は，日本が文化の受容，交流に加え，世界文化の創造のために，国力と地位にふさわしい積極的な貢献をしていく必要があると強調した。今後の国際文化交流に関する説明から分かるように，政府の役割は主に創造活動の充実や交流を促進するための基盤整備に重点が置かれ，具体的には財政基盤の充実と効果的な助成，税制上の優遇措置や情報ネットワークの構築，芸術文化を担う人材の育成などが挙げられた。[11] 同報告では，文化庁が推進すべき事業として，文化遺産の保存や活用に関する協力，そして国際的な共同政策事業の推進や芸術フェスティバルの開催などを挙げたが，政府が外交上の国益に基づき，国際文化交流事業を主導するのではなく，文化活動を行う民間企業に基盤を提供し，サポートする姿勢は従来の議論と大きく変わらなかった。そして，この姿勢は翌年の1995年に，文化政策推進会議が文化庁長官に提出した報告書「新しい文化立国をめざして——文化振興のための当面の重点施策について」（文化政策推進会議，1995）においても貫かれたのである。

前章で述べたように，1997年に行われた行政改革会議において，文部省が国際文化事業を引き受け，従来の所管事業との一体化が望ましいと主張し，その後は国際文化交流における自らの役割をより強く意識するようになった。1998年に，文化政策推進会議による報告「文化振興マスタープラン——文化立国に向けての緊急提言」を受け，文化庁は1998年に「文化振興マスタープラン——文化立国の実現に向けて」を策定した。マスタープランにおける文化立国の必要性に関する説明では，価値観の変動と多様化，国際化の進展や大競争（メ

---

(11)「文化政策推進会議報告の送付について」http://www.mext.go.jp/b_menu/hakusho/nc/t19940628001/t19940628001.html（最終アクセス2015年11月1日）

ガ・コンペティション）の激化などの社会の変化が進むなか，文化の現状に対する懸念の声も高まり，文化の座標軸の明確化も求められていると述べられた。そして，日本が今後とも活力ある社会を維持し，世界に積極的に貢献していくためには，先導性や独創性をいっそう発揮する方向へ転換し，量的な拡大を中心とする経済成長から，経済の質を高めていく方向への転換が必要だとも強調された（文化庁，1998：450-451）。文化による国際貢献と文化発信の部分では，外交上の国益に関する言及がないものの，外務省，国際交流基金などとの連携をさらに緊密化し，文化庁がより重要な役割を果たすために文化庁の国際交流，協力の機能を強化する方針がしめされたのである（文化庁，1998：461-462）。さらに，プランは今後充実が求められる施策として，1．芸術家や芸術団体の相互交流の機会の充実，2．映画芸術の交流，3．伝統文化の国際交流の推進，4．博物館，美術館，文化財研究所の相互交流の推進，5．文化財保護に関する国際協力の推進，6．国内外の日本語や日本文化の学習者への支援が挙げられた（文化庁，1998：461-463）。これらの活動の多くは広義の広報文化外交であり，活動の重点が主に国内に置かれるものもあるとはいえ，1990年代の文化庁の活動はすでにPDの一部を構成しており，外務省や国際交流基金が行う広報文化外交にも文化的な資源を提供していたといえる。文化庁30年史『新しい文化立国の創造をめざして』における，文化の国際交流の意義に関する説明では，個性ある文化や歴史は国の「顔」であり，国際的な文化交流は対外的な自己主張であるとともに，相互理解の促進や友好親善の増進に大きく寄与するものであるとの認識が示された（文化庁監修，1999：187）。2000年代以降，ソフト・パワーをめぐる議論が盛んに行われ，広報文化外交の戦略性が強調されるなか，文化庁が担う文化政策もより広報文化外交との関連性を深めることとなった。

2．2000年代以降の文化政策と文化の発信

2000年1月，小渕恵三首相の委嘱による「21世紀日本の構想」懇談会の報告書である『日本のフロンティアは日本の中にある——自律と協治で築く新世紀』が提出され，ハード・パワーに対して，時代が文化力，魅力と感動を競う

ソフト・パワーへ移行していると認識が示された(「21世紀日本の構想」懇談会,2000：95)。同時期に行われた中央省庁再編を経て,文部省と科学技術庁が統合し,文部科学省が設置され,文化庁はその外局として従来同様に設置された。文部科学省設置法(12)において,文化庁の任務は「文化の振興及び国際文化交流の振興を図るとともに,宗教に関する行政事務を適切に行うこと」と設定されたのである(文部科学省設置法第4章第3節)。中央省庁再編をきっかけに,国際文化交流における文化庁の役割がより明確にされたのである。『文教白書』2000年度版第3章第6節,「相互的な推進体制の確立」では,新たな任務に対応するため,文化庁に国際課が新たに設けられたことが紹介された。そして,芸術文化の国際的な交流の推進,日本語教育の振興,文化財保護と開発事業の調整などの領域には関係省庁が一体的に取り組む課題が多く,国際文化交流の政策においては,とりわけ外務省との連携,協力の場を定期的に設けるとの方針が示された(『文教白書』2000年度版：117)。同白書第3章第5節,「国際文化交流の推進」では,国際文化交流の意義に関する従来の説明に加え,「我が国の現在の繁栄と将来の発展に深く関わっている国際社会の相互依存関係を安定的に維持させることにつながることが期待され,相互理解を通じた安全保障については国際文化交流も一定の役割を果たすものと考えられます。我が国の伝統や現代文化について諸外国の理解を深めるための努力は,国際社会における我が国の位置を確かなものにすることでしょう」との認識が示された(『文教白書』2000年度版：114)。この説明から分かるように,2000年代以降,広報文化外交を担当する外務省や国際文化交流基金だけでなく,文化政策,文化行政を担当する文化庁,文部科学省も文化をめぐる国際交流と日本の対外政策との相互作用に対し,より明確な問題意識を持つようになったといえる。

2001年に超党派の議員立法により,文化政策の根拠法となる「文化芸術振興基本法(13)」が成立した。基本法は前文において,文化芸術の意義を以下のように

---

(12) 「文部科学省設置法」http://law.e-gov.go.jp/htmldata/H11/H11HO096.html#(最終アクセス2015年11月1日)

(13) 「文化芸術振興基本法」http://www.bunka.go.jp/seisaku/bunka_gyosei/shokan_horei/kihon/geijutsu_shinko/kihonho.html(最終アクセス2015年11月1日)

説明した。「文化芸術を創造し，享受し，文化的な環境のなかで生きる喜びを見出すことは，人々の変わらない願いである。また，文化芸術は（中略）人々の心のつながりや相互に理解し尊重し合う土壌を提供し，多様性を受け入れることができる心豊かな社会を形成するものであり，世界の平和に寄与するものである」。そして，基本法前文は国が文化芸術の振興を図るためには，文化芸術活動を行うものの自主性を尊重するとしつつ，文化芸術を国民の身近なものとし，それを尊重し大切にするよう包括的に施策を推進していくことが不可欠だと強調した。基本法の基本理念を説明した第1章第2条では，日本の文化芸術振興は世界の文化芸術の発展に資するものであるように考慮されなければならない（基本法第2条第4項）と述べられただけでなく，「文化芸術の振興に当たっては，我が国の文化芸術が広く世界へ発信されるよう，文化芸術に係る国際的な交流及び貢献の推進が図られなければならない」（基本法第2条第7項）とも強調されたのである。文化芸術振興基本法の施行を受け，翌年の2002年に，「文化芸術の振興に関する基本的な方針」[14]（以下第1次方針）が設定され，閣議決定された。方針では，文化芸術振興における国の役割は，文化芸術の頂点の伸長と文化芸術の裾野の拡大を基本とし，文化遺産の保存と活用，文化芸術の国際交流およびそれらを支える文化基盤の整備に定められた。重視すべき方向として，文化芸術に関する教育，国語，文化遺産と財政措置および税制措置に加え，文化発信の項も設けられ，日本文化を，伝統文化から現代文化に至るまで総合的かつ積極的に発信していく必要が強調されたのである。2000年代序盤において，欧州諸国だけでなく，日本でもソフト・パワーをめぐる議論が盛んに行われ，『フォーリンポリシー』誌に掲載された，マッグレイによる「日本のナショナル・クール」（Mcgray, 2002）がポップ・カルチャーをはじめとする文化による魅力が日本のソフト・パワーを強め，経済の再生をもたらすだろうとの主張は日本でも注目されていた。第1次方針では，メディア芸術は広く国民に親しまれ，新たな芸術の創造や芸術全体の活性化を促すとともに，諸外国

---

(14) 「文化芸術の振興に関する基本的な方針」http://www.bunka.go.jp/seisaku/bunka_gyosei/hoshin/（最終アクセス2015年11月1日）

第 5 章　文化政策の側面から見る新たな競争

に対して文化芸術のみならず，日本への理解や関心を高める媒体となっているとの記述があったように，映画，漫画，アニメなどのメディア芸術の重要性が以前より意識されるようになったといえるが，いわゆる国家主導のコンテンツ産業振興に関する記述は見当たらない。

　2002年，文化庁が国際文化交流においてより重要な役割が求められていることを踏まえ，文化庁長官の裁定により，国際文化交流懇談会が立ち上げられ，翌年の2003年に，懇談会報告書「今後の国際文化交流の推進について」が提出された。報告書はまずグローバリゼーションに伴う民族宗教間の紛争や，日本国内の国際化など国内外の変化を踏まえ，国際文化交流を推進する理由を説明した。注目すべきは，「21世紀の国際社会では，軍事力などではなく，自国の生活様式や文化の魅力によって，相手国をひきつけることができる能力――『ソフト・パワー』」――が重要になる」（国際文化交流懇談会，2003：1-2）という説明から分かるように，2000年代序盤において，国際文化交流を含む文化活動が日本のソフト・パワーに貢献しうるという認識は文化庁の政策方針にも影響を及ぼすようになった。同報告書における国際文化交流の課題に関する内容は同時期外務省のものと異なり，主に国内社会の視点から分析され，伝統文化から現代文化まで幅広い分野の文化が国際文化交流の対象になっていることや，博物館，美術館などの施設を設備としてだけでなく，国際交流の拠点として充実させる必要性，そして，地域文化が国際的な認知を得る重要性などの点が挙げられた（国際文化交流懇談会，2003：5-6）。他方，第 3 章「国際文化交流の理念と目的」では，国際文化交流のために日本国内の文化芸術の発展が不可欠であり，交流は日本人が日本文化を再認識する活動であるといった説明の他に，国際交流を含む文化活動が日本にとって国際環境の変化に対応する手段であるという認識も示されたのである。第 3 章第 1 節はまずグローバル化に伴う「文明の衝突」と国境を越える文化的な交流の増加を背景として分析し，国際文化交流は文化の相互理解を増進し，国際平和と自由な世界の実現を目指す活動であると述べ，国際文化交流の実践は国際秩序や安全保障への貢献ともなり，日本の平和理念を世界に広く知らしめるだろうと主張した。そして第 3 章第 2 節

は国際文化交流によって，世界の人々に日本への親しみを持ってもらうことは国際社会における日本と日本人の存在感を高めることにつながると説明し，幅広い国際文化交流こそが日本と日本人に対する偏見や誤解を解消する契機となるだろうと主張したのである（国際文化交流懇談会，2003：9-14）。さらに，国際文化交流の推進方策を構成する基本的方向として，１．市場原理では成り立たない活動への支援をはじめとする資源投入の強化，２．交流拠点や情報通信機能の整備，３．関係省庁との連携，官と民の連携，民間や地方公共団体に対する国の支援の強化，４．教育および関連研究の充実，５．国際文化交流ボランティアの推進が挙げられた。具体化すべき主な施策は従来文化庁が行う活動に通じるもの多いが，とりわけ注目すべき点は，日本文化の魅力の演出を強化する項目では，日本語教育の推進，日本文学の翻訳，普及の推進や文化財の積極的活用といった従来の重点事業に加え，映画やコンピューター・グラフィック，アニメーションも含むメディア芸術の振興と発信が挙げられ，メディア芸術作品の制作，上映などへの支援，マンガ，アニメーションなどの海外発信への支援，優れた製作者の育成を積極的に推進することが強調されたのである（国際文化交流懇談会，2003：15-21）。

　2004年，小泉純一郎首相の要請により，文化外交の推進に関する懇談会が開催され，翌年の2005年に報告書である「『文化交流の平和国家』日本の創造を」が小泉首相に提出された。報告書では，文化交流や文化分野での国際協力を通じて相互理解を深め，地域研究，知的交流を通じての発信が日本外交に幅と奥行きを持たせる上で重要であるという認識の基で議論を展開した。その背景には，文化外交の死活的重要性を認識せず，知的，人的，物的資源を最大限生かせる体制を整備せず，本気で文化外交を展開しなければ，国際社会における日本の存在感が急速に薄まれてしまうだろうという危機意識があった（文化外交の推進に関する懇談会，2004：6）。この報告書では，PDの概念にきわめて近い，文化外交の重要性が強調され，外交戦略に資するように，日本の魅力をアピールし，発信力の強化と相互交流を通じ，諸外国の対日イメージ向上や親日感の醸成という明快な目標が示された。そして，報告書で論じられた文化外交の目

第5章　文化政策の側面から見る新たな競争

的は1.「自国についての理解促進とイメージ向上」，2.「紛争回避のための異なる文化間，文明間の相互理解と信頼の涵養」，3.「全人類に共通の価値や理念の育成に向けての貢献」に設定された（文化外交の推進に関する懇談会，2004：2）。

　2006年，「文化芸術の振興に関する基本的な方針」の見直しに向け，文部科学大臣が文化審議会に対し諮問を行い，翌2007年2月に，「文化芸術の振興に関する基本的な方針（第2次基本方針）」（以下第2次方針）が提出され，閣議決定されたのである。第2次方針はまず国内外諸情勢の変化を踏まえ，第1次方針による文化芸術の振興の意義に加え，文化芸術が持つ人々を引きつける魅力や社会に与える影響力を「文化力」とし，「文化力」が国の力であるとの認識を示した。また，文化芸術が経済活動において新たな需要や高い付加価値を生み出す源泉であり，文化芸術と経済の緊密な関係にあると説明した。そのため，日本は今後いっそう文化芸術を振興することにより，心豊かな国民生活を実現するとともに，活力ある社会を構築して国の魅力を高め，経済力のみならず文化力により世界から評価される国へと発展し，「文化芸術立国」を目指す必要があると強調された（「第2次基本方針」，2007：1-2）。第2次方針における，文化政策を取り巻く諸情勢の変化に関する説明は国内の変化に重点が置かれ，構造改革の進展に伴い，民間と行政の役割分担や地方分権の推進が図られた一方，地方公共団体の財政が厳しさを増しており，地方では過疎化や少子高齢化が進展し，地域社会の衰退などが問題として指摘された。対する民間部門では企業のメセナ活動や多様化する民間アクターによる非営利活動が広がり，民間と行政の協働による新たな取り組みが進められたと評価された。国際的な変化に関する説明では国家間における文化力をめぐる競争に関する言及がなく，グローバリゼーションの進展に伴う文化的アイデンティティーをめぐる緊張や，文化の多様性が脅かされているといった懸念がなされたのである（「第2次基本方針」，2007：3-4）。他方，第2次方針において，文化政策の対外政策としての側面が明確に言及された点はきわめて興味深い変化であった。日本文化の発信および国際文化交流の推進に関する説明では，これらの活動が国のイメージに大きな

影響を与え，そして世界の平和や繁栄にも貢献するという意味で外交的な側面も有するという観点から，関係府省が連携をしていくことが重要であると指摘された。さらに第2次方針は伝統文化だけでなく，現代の文化芸術創造活動を積極的に海外に発信する重要性を強調し，その際には，アニメ，マンガ，音楽などの「ジャパン・クール」と呼ばれる分野も重要な役割を担っていると説明し，メディア芸術などの新しい文化芸術の国際的な拠点を形成することも検討する必要があると述べられたのである（「第2次基本方針」，2007：7；13）。

　2000年代中盤以降，国の力とも理解される「文化力」はしばしば文化庁の各種文書に登場するように，第2次方針の設定をきっかけに，文化の力が日本の文化政策，とりわけ文化による発信と国際文化交流の意義を説明する重要な概念となった。以上の説明も踏まえ，2006年度版『文部科学白書』において，「文化力」がソフト・パワーであるとの説明に鑑みて，文化庁，文部科学省は従来以上に文化政策が持つ外交上の役割に対する評価を拡大し，各種施策によりソフト・パワーの追求を目指すようになったといえるのである。

　2007年12月，文化庁長官の裁定により，日本文化の現状を明らかにするとともに，日本の国際文化交流，協力を通じた文化発信の戦略を総合的に検討するための，文化発信戦略に関する懇談会が発足し，2009年に懇談会による報告書が提出された。報告書では，日本のハイ・カルチャーが高く評価されているだけでなく，「クール・ジャパン」と称される日本のメディア芸術も世界で広く親しまれているが，それらの現象は日本文化全体に対する深い理解に基づくものではないとの問題意識を示した。そして，文化の力が国の力を左右し，社会の活性化や経済振興にも資するとともに，国際社会における今後の国家の有り様を規定するという背景分析を基に，日本も文化を広く世界に発信することにより，自国に対する諸外国の理解を深めることが，世界における地位の確立につながると主張した。そのため，国を挙げて戦略的に文化発信を推進するととも

---

(15) 『文部科学白書』（2006），第9章第5節では，「文化力」に対し，括弧付きで「ソフト・パワー」と説明している。http://www.mext.go.jp/b_menu/hakusho/html/hpab200601/002/009/032.htm（最終アクセス2015年11月1日）

もに，必要な基盤整備を進めることが重要だと強調され，具体的には，文化発信企画のメニュー化やメディア芸術分野における国際的な地位の確立などが提言された（文化発信戦略に関する懇談会，2009）。

2011年2月に，「文化芸術の振興に関する基本的な方針（第3次基本方針）」（以下第3次方針）が閣議決定され，文化政策が持つ対外政策の側面と，文化とソフト・パワーとの関係がよりいっそう強調されるようになったのである。第3次方針は文化芸術振興の基本理念に関する従来の説明に加え，「文化芸術は，創造的な経済活動の源泉であるとともに，人々を惹き付ける魅力や社会への影響力をもつ『ソフトパワー』であり，持続的な経済発展や国際協力の円滑化の基盤ともなることから，我が国の国力を高めるものとして位置付けておかなければならない」と述べ，日本が心豊かな国民生活を実現するとともに，活力ある社会を構築して国力の増進を図るため，文化芸術の振興を国の政策の根幹に据え，新たな「文化芸術立国」を目指すべきであると強調した（「第3次基本方針」，2011：1）。さらに1つ注目すべき点として，第3次方針における文化芸術を取り巻く諸情勢の変化に関する説明では，東アジア地域における変化が言及されたことがある。各国間のいっそうの連帯，協力が求められるなか，文化芸術面での交流の深化も期待されているとの説明がある一方，「周辺国の経済・文化両面における発展が著しく，我が国の国際的な地位の相対的な低下が懸念されつつある」といった説明から分かるように，第3次方針では，国力やソフト・パワーにつながる文化芸術の発信は相互理解や協力だけでなく，相対的な評価により，新たな競争にもつながるとの認識が示されたのである。

21世紀最初の10年を経て，ソフト・パワーやクール・ジャパンのようなコンセプトは日本の対外政策だけでなく，文化政策においても定着したのである。ソフト・パワーの重要性が強調され，文化政策の役割が再評価されるプロセスにおいて，日本の文化政策が持つ対外政策の性格がより鮮明になり，とりわけPDとの関連性がいっそう深まったといえる。しかし，本章の検証から分かるように，ソフト・パワーやクール・ジャパンのようなコンセプトへの受容が日本の文化政策を変えたわけではない。文化行政への見直しがその前からすでに

始まっており，文化政策の役割を再解釈し，拡大させるために，ソフト・パワーやクール・ジャパンのようなコンセプトが注目され，生かされた側面が強い。ポップ・カルチャーをめぐる各中央省庁の「クール・ジャパンブーム」を分析した松井も指摘したように，ソフト・パワー論やクール・ジャパン論がポップ・カルチャーの振興を推進するための「理屈」を提供したのである。そして，その背後にある各省庁間の，役割と予算拡大をめぐる競争も看過できないのである（松井，2010）。

4　ソフト・パワー競争における文化政策の役割

　本章はソフト・パワーをキーワードにして文化政策とPDの関係性を整理し，日中の文化政策が持つ対外政策としての役割が拡大した要因を検証した。両国の文化政策の概念変容を分析することにより，日中の政策エリートたちが直面している国内外環境の課題を明らかにすることが可能になり，両国の文化政策が変容するプロセスにおいて，ソフト・パワーというコンセプトが「発見」され，利用されてきたという結論に至った。日中両国がそれぞれの国内にある問題，課題に対処するために文化政策の役割に対する解釈を拡大してきたが，そのプロセスにおいて，ソフト・パワーが魅力的なコンセプトとして「理屈」を提供したのである。

　文化政策とPDの関係はきわめて深く，文化政策は場合によってPDの一部としての役割を果たし，PDに魅力的な文化商品などの，重要なリソースを提供している。とりわけ2000年代以降，それぞれの視点からソフト・パワーの意義に注目した日中両国はともに文化の力を国力の一部と評価するようになり，相違点も多いとはいえ，両国の文化政策が持つ対外政策としての側面が拡大してきた。しかし，文化政策は常に対外政策の一部として見なされただけでなく，国内政策として，国民統合や経済発展の維持などにも非常に重要な役割を果たしている。

　この傾向は，中国において強いといえる。中国では，文化政策とPDの役割

を融合することで世界に自国の発展と文化的な魅力をアピールすることが重要な戦略的意義を持つようになったが，文化政策の役割拡大が中国の政治体制，国内社会の安定に寄与することも期待されてきたのである。とりわけ改革開放の深化に伴い，中国は国内における文化行政と文化市場に対する調整にも迫られるようになったのである。

　他方，戦後日本では，国民統合や対国内宣伝としての文化政策が強く意識されておらず，むしろ文化行政や経済効果，社会問題への対応といった意識が強かった。文化の力に関する議論も外交上の利益拡大といった観点に基づき展開されたわけではなく，文化芸術の振興や対外文化発信，国際交流の推進を通じて，さらなる経済の活性化や地域振興を実現する意欲が強かったといえよう。

　近年日中両国はともに文化政策の意義に注目しており，PDと同じように，両国の文化政策をめぐる言説にも競争関係を意識したものが目立ってきたが，ソフト・パワーをめぐる競争意識のみが文化政策の役割拡大を促してきたわけではない。本書の分析から分かるように，中国は従来西側諸国の文化的プレゼンスが自国に与える影響を強く意識しており，日本も公共外交と文化政策に注力する中国をライバル視するようになったが，日中の文化政策は決して相手，あるいはその他の外国を戦略的ライバルと設定し，一貫して競争してきたわけではない。両国の文化政策に関する議論は，むしろ国内外の情勢変化，とりわけ国内経済，社会の変容への対応としての側面が強い。しかし結果的に，日中の文化政策は対外政策としての性格を強め，PDと深く連動し，国家のソフト・パワーや国際社会における影響力の競争に資源を提供しており，新たな競争に寄与しているのである。

第 6 章
習近平政権のパブリック・ディプロマシー
──対外宣伝広報の強化と集権化──

　習近平政権下の中国はますます国力を増強し，自信を高め，国際社会における自国の役割と影響力の拡大を求めている。習近平は中国共産党第19回全国代表大会（以下19大と記す）での報告（習近平，2017b）の第 7 章，「文化への自信を固め，社会主義文化の繁栄興隆を推進する」において，文化が国家，民族の魂であり，文化への高度な自信なくして中華民族の偉大なる復興はなしえないと語り，国内外の交流や国際社会に対する発信力を強め，真実の，立体的な中国を世界に見せ，国家の文化的ソフト・パワーを高めなければならないと強調した。習近平による19大報告から分かるように，「中華民族の偉大なる復興」を目標に掲げて，「中国特色のある大国外交」を推進する習近平政権にとって，ソフト・パワー（軟実力）の増強はかつてないほど重要な課題となっている。本章の目的は，この習近平政権下の公共外交の現状と特徴を考察することである。

　先行研究が示すように，中国は2000年代以降PDという欧米発の政策コンセプトを導入し，西側諸国による中国批判に反論しつつ，自らの政策の正当性や文化の魅力をアピールし，自国のソフト・パワーの増強を図ってきた（Melissen, Jan and Sohn, Yul eds., 2015; D'hooghe, 2015; 青山，2014）。2009年に行われた第11回駐外使節会議において，胡錦濤は国家指導者として最初にPDの中国語訳である「公共外交」を使い，対外政策におけるPDの役割について言及した。また，2011年に，すでに述べたように，当時外交部長の楊潔篪が以下

---

[1] 2018年 9 月現在，楊潔篪が国務委員，中共中央政治局委員・中共中央外事工作領導小組弁公室主任（http://www.gov.cn/guoqing/2017-10/25/content_5234433.htm，2018年 9 月 5 日最終アクセス）として外交を統括していることに鑑み，本章は楊による公共外交の定義を中心に議論を展開する。

のように公共外交を定義し、説明した。「公共外交は伝統的外交を継承し、発展させ、一国の政府が主導し、さまざまな発信、交流手段を利用するものである。公共外交は外国の大衆に自国の国情と政策理念を紹介し、自国の大衆に自国の外交方針と外交政策を紹介する。その目的は国内外の大衆による理解、賛同を獲得し、良い国家イメージを確立し、望ましい世論環境を作り出し、国家の利益を擁護、促進することである」（楊、2011：43）。その後、公共外交は外交官僚や有識者による数多くの文書のみならず、中国の国家戦略方針を示す「第12次五カ年計画」や中国共産党第18回全国代表大会での胡錦涛によるスピーチにも現れたのである。

では、習近平政権のPDにはどのような特徴があるだろうか。18大報告で公共外交について言及し、対外政策の一環として、公共外交を「第12次五カ年計画」に盛り込んだ胡錦涛政権に対し、中国のソフト・パワー増強に意欲を燃やす習近平政権は、19大報告をはじめとする数々の報告、スピーチにおいて、公共外交に直接には触れておらず、その代わりに対外宣伝広報、文化の発信、人的・文化交流など、公共外交と深い関連のある活動の重要性を強調してきた。現在公開されている習近平によるスピーチ原稿には、公共外交に関する言及を数回確認することができる。例として、2013年10月に行われた周辺外交工作座談会において、習近平は「周辺諸国に対する広報活動、公共外交、民間外交、人文交流を強化し、我が国と周辺諸国との関係を長期的に発展させるために、社会的、民意による基盤を強固にすべきだ」（習、2014：298）と発言している。外交部門の関係者に対し、今後の対周辺外交の方針を指示するような極めて重要な会議における以上の発言から分かるように、習近平政権は決して前政権より公共外交を軽視しているわけではない。しかし、広義の公共外交とも捉えられるような、対外宣伝広報、文化の発信、人的・文化交流などに関する大量の言説に比して、習近平政権では、公共外交は外交部門が担当する活動の一部として、狭義的に扱われている傾向は否めない。

天児が説明したように、政権発足時に政治基盤が脆弱であった習近平は、自らが信頼できる幹部を抜擢し、権力と権威の自分への集中を進めてきた。習近

平は反腐敗キャンペーンなどの手段を利用し，党や政府の中央だけでなく，地方レベルにも自らと深い関係のある幹部を重用し，「党の核心」という肩書を獲得した（天児，2018：226-247）。以下で詳述するように，権力の集権化を図り，自身の権威と中国の威信を高めたい習近平にとって，国内外に対する思想工作，宣伝広報，文化の発信，そして「話語権（国際社会における言説に対する支配的影響力）[2]」を強化することは必要不可欠である。それを実現するためには，狭義の公共外交を指導，担当する外交機関による活躍が重要であることはいうまでもない。そして，習近平を核心とする党中央に忠誠であり，国内外に対する宣伝広報，思想工作を担当する党の宣伝部門，およびその指導を受ける文化観光部（元文化部）や国営の宣伝広報機関など，広義の「公共外交」に携わるアクターによる役割はより重視され，拡大しつつある。そのような背景の中，狭義の公共外交に対する言及自体は限定的になされているのに対し，広義の「公共外交」を構成する対外宣伝広報，文化の発信，人的・文化交流などに関する言説が急増したと考えられる。つまり，習近平政権下において，公共外交の面でも権威と権力の集中が進んでいることは大きな特徴だといえる。

　他方，ヤーコブソンとノックスが主張したように，中国の対外政策に影響を与えようと競合関係にある関与者が大幅に増加しつつあり，中国社会自体の多元化が急速に進んでいるため，中国の対外政策はもはや共産党の最高指導部のみによって決定されているわけではない（ヤーコブソン／ノックス，2011）。そのような状況に鑑みて，習近平自身の言説や，党の宣伝機関による説明と指示のみに注目し，習近平政権下の公共外交の現状と特徴を評価することは，今後中国のPDの変化に対する理解を妨げることになりかねないのである。集権化が進んでいる，トップダウン型のプロパガンダで「シャープ・パワー[3]」を発揮することを求めているにせよ，多元化した非政府アクターを巻き込んだNew PD[4]によるソフト・パワーの獲得を求めているにせよ，中国の公共外交の現場で，

（2）　高木は，話語権の本質は発言の権利ではなく，言語を通じた権力の運用とその体現であると説明し（高木，2011：4-5），青山は話語権に対し，「発言権を高め，国際世論の形成に影響力を与えるパワー」という説明を付け加えている（青山，2014：17）。

具体的な活動を行っているのは決して習近平や一握りの高級党幹部だけではない。そして，習近平にとって，いかに集権化を図ったとしても，公共外交の担い手である党や政府の幹部，官僚，政府系シンクタンク，企業，知識人やオピニオン・リーダー，国民一人一人もまた説得をしなければならない対象者である。現在中国のPD，公共外交の状況と特徴を理解し，今後変化の方向性を展望するためには，最高指導者である習近平や一部高級党幹部の言説だけでなく，広義の公共外交の担い手である，党，政府の諸機関や，国営企業，シンクタンク，有識者など諸アクターによる言説と活動にも引き続き目を向ける必要がある。

以上の問題意識をもとに，本章は次のように議論を展開する。まず，第 1 節では，近年中国の対外政策や公共外交に関する先行研究を参考にしつつ，習近平政権下の公共外交の現状と特徴を理解するために必要な分析視点を明らかにする。続く第 2 節では，現在中国の最高指導者である習近平自身の，「公共外交」という用語に対する直接な言及や，PDと深い関連のある諸活動に関する彼の言説や指示を分析し，習近平政権が公共外交における宣伝，広報，文化の発信を重視する要因を説明する。そして，第 3 節では，各種公式文書や報告書，担当者によるスピーチ原稿を通じて，公共外交の公的な担い手である，外交部の近年の活動や，その関係者の言説を分析したうえで，公共外交における，党宣伝部系統の役割が拡大している現状とその原因について分析を行う。第 4 節では，本章の分析で得られた知見とインプリケーションをまとめる。

---

(3) アメリカのシンクタンク「全米民主主義基金（National Endowment for Democracy）」は 2017年に公開したレポート"Sharp Power: Rising Authoritarian Influence"（https://www.ned.org/sharp-power-rising-authoritarian-influence-forum-report/，最終アクセス2018年 9 月10日）において，近年の中国政府が資金，情報や文化を利用し，外国の政党，政治家，有識者や市民の頭と心に対する工作を行っていると批判的に分析している。
(4) ヤン・メリソンらはグローバリゼーションの深化と世界規模の市民社会化に対応できる，「New PD」（新たなPD）を提起し，そこでは，長期的な目標設定，双方向の発信と各国の相互理解，財団や交流機関などの民間アクターの協力，社会的，文化的ネットワークの活用も強調されている（Melissen, Jan, ed., 2005）。

第6章　習近平政権のパブリック・ディプロマシー

1　問題の所在と分析視点および分析対象

　2000年代以降，国力増強を背景に，中国におけるPDの理論研究や事例研究が急速に増え，自国の公共外交に関する議論も活発化してきた。公共外交の理論研究と実践に注力し，オリンピックなどの大型国際イベントを開催した中国について，欧米や日本をはじめとする諸外国の研究者もまた積極的に中国の公共外交を対象に研究を進め，蓄積してきた。習近平政権発足後，公共外交に関する先行研究がさらに増えただけでなく，中国の外交全般を対象とする理論研究や事例分析もまた増加し，より重層的に公共外交を理解するための手がかりを提供している。本章はいくつかの代表的な先行研究を参考にしながら，主に以下の2つのポイントに注目して，習近平政権下の公共外交について分析を行うこととする。

1．習近平政権下の公共外交の動機

　習近平政権下の公共外交を考察する際に，まず注目すべきポイントはその動機である。2000年代以降，中国の政策関係者や有識者の間では，国家のソフト・パワーをめぐる議論が非常に活発になってきた。それらの議論において，ソフト・パワーは総合国力の一部として見なされており，さらなる国力，外交上の影響力を増強するための手段でもあるとされている。そして，中国のソフト・パワーを強化するのに公共外交が必要だという認識が近年広まっている（Shambaugh, 2013: 207-268）。胡錦涛政権期終盤に当たる2010年において，中国のGDPは日本のそれを超え，その後習近平政権下の中国はますます大国意識と自己主張を強めている。そのようななか，公共外交の動機を明らかにすることで，現政権の対外戦略に関する理解を深め，今後の中国がどのように自らのパワーを行使し，望ましい周辺環境と国際秩序を構築するかをより正確に予測することが可能となるのである。

　加茂らが指摘したように，大国意識を強めた中国の対外行動には，「一帯一

路」イニシアティブをはじめとする経済協力のスキームを通じて，運命共同体意識をつくりあげる「包摂」と，自国の利益を他国に「強制」するという２つの相反する概念が内包されている（加茂編，2017：2-4）。一方，青山が分析したように，近年の中国は「リアリズム的な発想を強く持ち，軍事力を強化し海洋政策で強硬な姿勢を示しているが，他方において経済統合や多国間協力にも前向きであり，既存の国際秩序への関与を強化しつつもその改革を積極的に押し進めて」おり，増大する経済力をテコに超大国への転身を図ろうとしている中国にとって，経済力を政治力に転化させることが大きな政策課題となっている（青山，2016：128-129）。

　これらの説明から分かるように，近年の中国における国力の増強が，ダイレクトに他国に対する強制力，あるいは国際社会における政治力に転化されたわけではない。他国に対し，自国の利益や主張を強制する場合は，自らの言動や主張の正当性を示すことで相手の立場を弱め，周辺地域の関係国と国際社会からの支持を得ることがきわめて重要である。そして，自国の強制力の増強とそれの行使に対する諸外国の抵抗と警戒を緩和するために，よりソフトなアプローチと協調的な姿勢で諸外国の信頼を勝ち取る必要がある。いずれにせよ，リアリズムの視点からすれば，増大するパワーを基に広義の「公共外交」を強化し，ソフト・パワーの増強とハード・パワーの効果的な行使を図ることは習近平政権にとってきわめて合理的な選択だといえる。しかし，はたして公共外交はそのようなリアリスティックで合理的な情勢判断のみによって推進され，効果的に中国のソフト・パワーを強化してきたのだろうか。この質問に答えるためには，パワー関係の変化に対する合理的な判断以外の要素にも注目する必要がある。

　青山は以下の３つの側面を挙げて，公共外交を説明している。まず防御的PDは，天安門事件以降の西側諸国による中国批判や，その後の「中国脅威論」への反論として取り組まれてきたものであり，中国を説明することで傷ついたイメージを改善することが目的である。そして，積極的PDは2000年代後半以降目立つようになっており，中国は外国の批判に対する反論だけでなく，自分

の言葉で物語を語ることによって，自国の戦略，政策の妥当性を発信し，望ましいイメージの形成を図っている。その具体的な活動内容として，メディアの海外進出，文化産業の育成，華僑PDの強化やシンクタンクの育成と活用が紹介されている。最後に攻撃的PDは，批判される立場から他国の言動を批判する立場に転じ，宣伝広報などの方法で中国の権益を擁護するものである（青山，2014）。

第3章で明らかにしたように，2000年代後半の中国では，北京オリンピックや上海万博などの大型国際イベントが開催され，ソフト・パワーや公共外交に関する議論が活発化してきた。上記の青山の説明と合わせると，中国は2000年代後半以降，積極的な公共外交を通じて増大する国力のソフト・パワーへの転換を図っており，西側諸国に反論するという受け身の姿勢から，積極的に自国の政策の正当性や文化の魅力を発信し，必要に応じて他国を批判，攻撃する姿勢に転じたと理解できるのである。

こうした理解を裏付けるように，大国意識を強める習近平政権下では，このような傾向がより強くなっている。江藤によれば，習近平政権が2013年の中共第18期三中全会において，「話語権体系建設」の目標を打ち出すことにより，中国の「話語権」に関する議論が大きな転換点を迎えたという。「話語権体系」には西側諸国への明白な対抗意識が含まれており，その話語権体系建設の目的は中国が独自性を主張したい領域で構築した理論を国際社会に浸透させることであり，マルクス主義や社会主義イデオロギーの称揚も議論の一部になっていると江藤が指摘している（江藤，2017：42-44）。

しかし，発信に注力をすれば自国の主張が他国に受け入れられるとは限らず，野心的な目標を設定しても，増大した国力，とりわけ経済力を意のままに行使し，その目標を達成できるとも限らない。2014年に発表された，BBCによる国際世論調査の結果[5]によると，中国の影響力に対する評価は国と地域によって大きいな違いがあり，南米やアフリカ諸国が比較的に好意的に中国の影響力を

（5） https://globescan.com/negative-views-of-russia-on-the-rise-global-survey/#backgrounder-region-by-region-results（最終アクセス2018年9月23日）

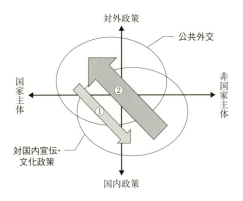

図6-1 パブリック・ディプロマシーと文化政策の関係

評価しているのに対し，アメリカ，カナダ，フランス，ドイツ，日本や韓国などの民主主義諸国では，中国の影響力に対するネガティブな評価が主流である。中国の周辺に位置し，チャイナ・インパクトを強く受けているアジア諸国でも，中国の影響力に対する評価が経済的要因，国際関係的な要因や文化社会的な要因に影響されており，期待と警戒，親近感と反感が絡み合い，複雑になっている（園田・グッドマン編，2018）。習近平政権が積極的な公共外交や「話語権体系建設」に対して意欲的だとはいえ，理想と現実の間のギャップは依然大きいと評価せざるを得ない。

さらに，江藤が述べるように，習近平政権による「話語権」の議論は国際社会における権力，あるいは中国のソフト・パワーに関わるものだけでなく，国内のイデオロギー統制策のなかでも用いられている。大国としての自信を持つようになった中国はアメリカを中心とする西側諸国主導の「普遍的価値」に対抗するために，「中国の特色」を強調する「話語権体系建設」を目指しているが，「話語」のイデオロギー色が濃くなれば国際的に受け入れられにくくなり，「話語体系」のソフト・パワーとしての有効性が減退するだろうと江藤は分析する（江藤，2017：43-45）。第3章で分析したように，習近平政権以前の公共外交においても，政治体制の限界をカバーするために「中国の特色」が強調され，また中国は諸外国のPDの理論と実践経験を戦略的かつ選択的に学習してきた。

そして、第4章でみたように、中国は従来、西側諸国の文化的コンテンツや、それを媒体とする西側イデオロギーの中国社会への浸透を警戒しており、対抗策を模索してきた。文化市場を含む改革開放の深化や、国内外交流の急増した結果、近年の中国、とりわけ習近平政権にとって、対外宣伝の役割を担う公共外交がより重要になってきた。しかしそれと同時に、国内社会に対する思想工作、宣伝広報の強化や文化産業の育成を通じて、自国民に中国のソフト・パワーを実感させ、社会主義イデオロギーの正統性を維持することも喫緊の課題となっている。

これまでの分析をまとめると、図6-1のように説明することができる。まず、対外政策としての公共外交と、国内政策である対国内宣伝、文化政策が重なる部分が存在し、国内における思想工作を重視する習近平政権にとって、両者の重なる部分が拡大している。そして、狭義の公共外交が果たしている、対国内宣伝広報の役割（矢印①）より、対国内宣伝、文化政策が持つ、対外宣伝広報としての役割（矢印②）が強く期待されており、それに関する習近平政権中枢による言及が急増しているのである。したがって、習近平政権の公共外交の動機を理解するためには、増加する言説（矢印②）の源流である対国内宣伝、文化政策に対する分析が効果的あるといえる。

2．習近平政権下の公共外交を担う諸アクター

習近平政権下の公共外交を考察する際に注目すべき第2のポイントは、それを担い、携わる諸アクターの役割と力関係である。すでに触れたように、習近平政権の内政外交における最大の特徴は、権力と権威の中央集権化である。そのような中央集権化を促す要因として、最高指導者である習近平のイデオロギーと政治思想が存在するだけでなく、「改革」を深化させるために効率的な一元的指導体制とリーダーシップが必要だとされているコンセンサスの存在も看過することができない。小嶋によれば、習近平政権は発足以来、国家の「富強」を目標に掲げ、「中華民族の偉大なる復興（中国の夢）」というスローガンの下にナショナリズムを喚起することで、共産党一党支配の正当性を目指して

きた。そして，党，政府内においては，自身がトップを務める改革の統括指揮組織を新設し，既存の組織や地方政府に対しても指導によるコントロールを強化しており，社会ないし世論に対する抑圧を強めている。さらに，党と政府の許容範囲内において政府の公共サービスを補うような，社会的アクターの活動に対する「管理」を強化しながら，同時に「育成」しようとしているという（小嶋，2014）。

小嶋の分析から分かるように，習近平への権利と権威の集権化というプロセスにおいて，習近平自身や党中央による効率的な指導と管理も重要であるが，それ以上に，指導と管理を担当する政府諸機関や，それを受ける側である社会アクター，さらには国民が集権化を受け入れることが，「改革」を深化させるための前提条件となっているのである。したがって，現政権下の公共外交の特徴だけでなく，今後の発展の趨勢を理解するためにも，公共外交の担い手である政府諸機関，シンクタンクや企業などのアクターにも着目する必要があるだろう。本章はとりわけ，それらのアクターが集権化を図る指導者の号令に対し，どのように自らの役割を解釈しており，互いの協力関係を模索しているかという問題意識の下に分析を行いたい。

公共外交という概念には「外交」の2文字が付いているが，その活動は決して中国の外交部の専権事項ではない。ヤーコブソンとノックスは中国の対外政策を決定する諸アクターの関係と，近年対外政策の形成に影響を及ぼすアクターの多様化について次のように述べている。「中国共産党の最高機関である党中央政治局は謎に包まれながらも，最終決定権を保持している一方，最高指導部の決定に影響を与えようと競合関係にある関与者が大幅に増加しつつある。その他のさまざまな党組織，政府機関，人民解放軍諸部門が対外政策における思考と行動様式を形成している。例えば中国政府の官僚機構の間で外交部は現在外交政策の範囲内で関与者の一人に過ぎず，必ずしも最も重要なものではない。またこれらの官僚機構内の関与者の多くは中国の国益について異なった認識を持ち，それぞれの互いに競合する内政上の計画や国際的活動の結果として相互に敵対的な動機さえも抱いている。（中略）かくて中国の政策決定過程に

第6章　習近平政権のパブリック・ディプロマシー

おいては合意の形成が中軸的意味を持ってくるが，その結果の一つとして，既存の権威の周辺の利害関係団体は，場合によってはトップの意見さえも動かし，政策に影響を与えることができることもある」（ヤーコブソン／ノックス，2011：2-4）。ヤーコブソンらは，中国の対外政策の形成に関与している，あるいは影響を与えようとするすべてのアクターは，共産党の政治的権威に従属しており，独立した関与者が存在しないとしつつ，対外政策の最終決定権を持つ党指導部に対し，党内の諸組織，政府機関，軍や地方政府，大学などの研究機関，国有企業，メディア，そして市民に至るまで，多様なチャンネルを通じて対外政策の形成に影響を与えていると説明している。中国の対外政策の形成については，アクターやチャンネルの多様化により，最高指導者や党中央指導部からの権力の分散が実際どれほど進んでいるのかさらなる議論を重ねる必要があるが，中国の公共外交に詳しい，青山とドーヘによる先行研究からも，公共外交に携わるアクターの多様化や権限の分散が窺える。

　青山は2009年に発行された調査報告書において，公共外交の担い手とそれぞれの担当業務を詳細に紹介し，公共外交の実施体制について次のように分析，記述している。中国外交では，最高政策決定者ないし集団が国家の対外戦略の基本方針の最終決定権を持っているのに対し，その基本方針に沿ったルーティン政策などの具体的な政策は各省庁や地方政府によって制定されている。こうしたメカニズムのもとでは，具体的な政策には各省庁や地方の特色が反映されており，分権化により各省庁や地方の権限が増加しているため，中央政府の政策形成能力が問われている（青山，2009：12-13）。青山によれば，公共外交を統括する党の機関は，中央宣伝，思想工作指導小組，中央対外宣伝工作指導小組であるが，これらの機関が公共外交の具体的な活動を常時統括，調整しているわけではなく，政策決定のアクターというよりはむしろ協議強調の場であるという。公共外交の主な担い手である国務院新聞弁公室（中共中央対外宣伝弁公室と同一組織とされる），外交部，文化部（現文化観光部），教育部や国家中国語国際普及，拡大指導小組（海外の孔子学院を指導），海外向けメディアや各地方政府は，「統一した対外広報」というスローガンの下で，党中央指導部による方

針に従い，独自に政策を解釈し，具体的な活動を行っている（青山，2009：9-13）。

ドーへは2015年に刊行された著書において，政府アクターと非政府アクターを分けて，中国の公共外交システムを構成するアクターの主な役割と特徴を分析した。ドーへは公共外交を担い手の急増と多様化に注目し，以下のように説明している。公共外交を管理，指導する党と政府の部門，機関が中央レベルにおいて水平的に拡大しているだけでなく，各省，市の地方政府まで垂直的に拡大している。他方，中国の非政府アクターは政府の管理，監督から独立しているわけではないが，党や政府とのつながりを維持しながら自らの役割拡大を図っており，今日の中国政府にとって，それらの政府アクター，非政府アクターの役割を調整することは緊急かつ挑戦的な課題となっているとドーへは指摘する（D'hooghe, 2015: 132-133）。ドーへは重要な政府アクターとして，国務院新聞弁公室，外交部，文化部，教育部，国家新聞出版ラジオテレビ総局（国家新聞出版広電総局，現在国家ラジオテレビ総局・国家広電総局）などの中央政府機関に加え，人民解放軍と国防部，指導者たち（そしてファースト・レディー），共産党機関，人民協商会議や地方政府を挙げて分析を行い，他方非政府アクターとして，人民外交機関，知識人と研究機関，ボランティアと著名人，企業や華人・華僑を挙げている（D'hooghe, 2015: 134-163）。ドーへは，公共外交を担う政府アクターが自らのスキルを上げており，非政府アクターの拡大も公共外交に新たなダイナミズムをもたらしていると評価しつつ，政府アクターの数が未だに非政府アクターより多く，政府アクターによる活動の内容も真の対話より，メッセージの発信とイメージの投射に偏っており，中国政府は未だに十分に非政府アクターとの協同関係を築けていないとも指摘している（D'hooghe, 2015: 181-183）。

一方，近年中国の対外政策決定プロセスにおけるアクターの多元化，多様化，そして権力の分散を強調した研究に対し，山口による，中国の国内政治が対外政策に与える影響を分析した研究も極めて興味深い知見を提供している。山口は中国の政策決定システムにおける制度化と多元化を認めつつ，中国の政策決

定を完全に分散化した，利益集団の寄り合いのようなものとして捉えるのは誤りだと鋭く指摘する。山口によれば，近年，中国の政策決定における政策調整の問題が大きくなったとはいえ，重大問題や戦略方針に関する最高指導者や中央政治局常務委員の権限と役割は依然として大きい。政策決定におけるトップダウンとボトムアップの間のギャップを埋めるために，党，政，軍の各機関を横断する調整，諮問機関である領導小組や，国家安全委員会のような非公式な制度や組織が作られ，政策調整の効率化が図られているという（山口，2017：96-98）。さらに山口は習近平政権下の中国国内政治に対する分析を行い，習近平は中央集権化，とりわけ最高指導者である自身への権力集中を効果的に進めており，その結果，最高指導者とその側近の政策決定における重要性が向上し，政策決定において指導者の認識が重要になっていると述べた。加えて，山口は習近平政権の対外政策における制度改革と部門間協力の進展にも注目し，対外政策の執行における各部門，機関がバラバラに行動するような実態が減少し，より統合的かつ協調的な執行がなされていると分析した。部門間の縦割りという問題は簡単に解消されないとはいえ，習近平政権の取り組みは一定の効果を出していると山口がいう（山口，2017：98-113）。

　習近平政権下の中国外交では，はたして権力がさらに分散しているのか，それとも効果的に集中されたかを評価するには，さらなる研究を重ねる必要があるだろう。だが，以上の先行研究による分析から分かるように，中国の対外政策が形成，実施されるプロセスがより複雑になり，それに影響を与えうるアクターも確実に増加してきたといえる。そのような変化に対し，習近平政権は党中央指導部と最高指導者への権威と権力の集中を進めており，政策執行の効率化を図っている。習近平政権下の公共外交にもそのような傾向がある。これまで紹介した先行研究と本書の視点をまとめると，図6-2のようになる。近年，公共外交を担う政府アクターが増加し，党や政府の諸機関の権限と役割が拡大するなか，権威と権力の集中を図ろうとする習近平政権にとって，各政府アクターに対する統制を強化し，諸機関の役割統合的に調整し，効果的に対外発信（矢印②）を行うことはきわめて重要な課題となっている。また，国内において

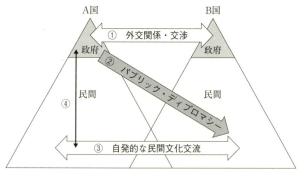

図 6-2　パブリック・ディプロマシーの内容と担い手

も思想工作を強化し，世論からの支持を高めようとする習近平政権にとって，自発的な民間文化交流（矢印③）の担い手である，非政府アクターの増加と役割の拡大に対応することも必要である。その対応（矢印④）には，政府による指導と管理の強化と，非政府アクターの政府主導の公共外交への巻き込みという2つの側面があると考えられる。

　前出の先行研究において，山口は安全保障分野の事例を取り上げ，制度改革と部門間協力に関する習近平政権の取り組みが一定の効果をもたらしたと分析している（山口, 2017）。対外政策，とりわけ安全保障分野の重大な場面において，最高指導者である習近平と党中央は決定的な指導力を発揮しており，対外政策の決定，執行プロセスにおける多様化したアクターに対する指導部の統制もある程度進んだと考えられる。

　しかし，本書前半部分ですでに論じたように，対外政策としてのPDは，安全保障政策などとは異なる独自の特徴を帯びているため，本章は以下の点に留意しつつ，分析を行うとする。まず，公共外交の担い手の多く，とりわけ非政府アクターは単に政権中枢からの指示命令に従い，国内外に対し，宣伝広報をする専門的な下請け機関ではない。研究機関や企業，知識人やオピニオン・リーダーのようなアクターが現在政権中枢によるスローガンに協力的な姿勢を示しているとしても，政権の求心力，あるいは圧力の変化次第では，長期にわ

たって政権の宣伝広報と歩調を合わせて交流活動を展開するとは限らない。そして，党や外交部の宣伝広報機関など，プロフェッショナルな機関が最高指導者や党中央に対し忠誠心を維持できると仮定しても，非政府アクターの協力をなくして，それらの政府機関が諸外国の民間アクターとの双方向の交流において，十分な役割を果たせるとは考えにくい。最高指導者と党中央が公共外交の担い手である諸アクターに対する指導と一元的な管理を強化すれば，公共外交の発信の信憑性が低下し，交流活動の自律性と意図が諸外国に疑われることになりやすいのである。さらに，現在台頭する中国が経済力の増強を梃子にして，トップダウンで公共外交と対国内宣伝，広報を展開しているが，中国経済が長期的に停滞する場合，公共外交が対外的な説得力と魅力を失うだけでなく，国内においてもそのコストに対する批判を受けることになりかねない。次節からはこれらの点に留意しつつ，最高指導者である習近平による言説に対する分析を行った上で，公共外交の担い手であるいくつかの政府アクターと非政府アクターを対象に分析を展開する。

2　最高指導者習近平にとっての公共外交と対外宣伝広報

　政策文書や情報の公開が限られているなか，現在中国の最高指導者である習近平が，公共外交のような政策コンセプトについてどのように考えているかを知ることはきわめて困難である。しかし，権力と権威の集中が進むプロセスにおいて，党の核心である指導者の各種会議での指示，報告，各種イベントでの演説，祝辞や発言は宣伝，広報の材料として使用され，公開されているため，公開情報だけでも多くの手がかりを得られる。

　たとえば，『習近平　国政運営を語る（習近平談治国理政）[6]』シリーズでは，習近平による各種発言の全文あるいは一部が十数個のテーマでまとめられており，

（6）　本書の引用と分析は，日本語版である『習近平　国政運営を語る』の翻訳を参考にしているが，中国語原著である『習近平談治国理政』の内容を確認したうえで著者自身により翻訳されているため，内容が日本語版『習近平　国政運営を語る』と異なる場合もある。なお，誤読，誤訳はあくまでも著者自身の責任である。

英語，日本語，ロシア語，フランス語，ドイツ語やアラビア語などの外国語に翻訳され，出版されている(7)。また，中共中央文献研究室が編集した『習近平社会主義文化建設に関する論述の抜粋』もいくつかのテーマに関連する習近平の発言を集め，党や政府の関係者や一般読者に対して宣伝広報を行っている。これらの書物に所収された演説，報告や発言の多くは人民日報や新華社など国営メディアのニュースサイトで公開されている。そこでは演説，報告や発言が行われた会議やイベントの情報だけでなく，参加者の所属や肩書きなどの情報も部分的に公開されている。習近平がいつ，どこで，だれに対して発言を行ったかを踏まえることも，分析においては非常に重要である。

1．狭義の公共外交と外交政策方針における対外宣伝広報

『習近平　国政運営を語る』の「出版にあたって」での説明によれば，第 1 巻（習近平，2014）は「国務院新聞弁公室，中共中央文献研究室，中国外文出版発行事業局」により編集され，2012年11月から2014年 6 月までの習近平による著作がまとめられており，その目的は「国際社会の関心に応え，中国の発展理念，発展路線と政策に対する国際社会の認識と理解を深めるため」となっている。そして，第 2 巻（習，2017a）は「中共中央宣伝部（国務院新聞弁公室），中共中央文献研究室，中国外文出版発行事業局」により編集され，その目的が「新時代中国特色のある社会主義思想（以下，習近平思想と記す）が発展してきたコンテキストと内容を伝え，国内外の読者が思想の本質と豊富なインプリケーションに対する理解と習得をサポートするため」となっており，2014年 8 月から2017年 9 月までの習近平による著作がまとめられている。以上から分かるように，『習近平　国政運営を語る』第 1 巻が対外宣伝広報の一環として，諸外国の中国への理解を深めるために出版されたのに対し，第 2 巻は国内外の読者を対象に，ターゲットの範囲を広げつつ，より積極的に習思想を宣伝しようとしている姿勢が窺える。習思想は2017年に中国共産党の党規約にも記され，今後

（7）　http://www.scio.gov.cn/m/31773/31774/31778/Document/1382863/1382863.htm（最終アクセス2018年10月15日）

の中国共産党の行動指針として大々的に宣伝されているが，趙宏偉によれば，習思想の内容はまだ発展途上にあり，思想というよりは政策論，政策体系である。最高指導者の名前を冠した習思想は最高指導者である習近平の権力に権威を付与する措置でもあると趙が指摘する（趙宏偉，2018: 13-14）。そのため，政権発足以来，公共外交を含む対国内外宣伝広報と思想工作の役割が絡み合って，ますます最高指導者である習近平に重要視されるようになってきたのである。

前述したように，政権発足以来，習近平は最高指導者として，狭義の公共外交について数回発言をしている。まず注目すべきは，2013年10月に行われた周辺外交工作座談会での発言である。この会議では，当時常務委員である７人を含む中共中央政治局委員，中央書記処書記，国務委員，中央外事工作領導小組メンバーなど中国の対外政策形成において中心的な役割を果たす関係者たちが出席し，今後５〜10年スパンの周辺外交の戦略目標や基本方針などを確定したという[8]。

習近平は会議において，周辺外交の重要性を強調し，周辺地域の安定，経済協力の深化やウィン・ウィン関係の推進を主な目標として設定したうえで，「周辺諸国への宣伝広報，公共外交，民間外交，人的・文化交流を強化し，我が国と周辺諸国の関係を長期的発展させるための社会と民意の基盤を固めなければならない」と述べた。そして，「全方位に人的・文化交流を推進し，観光，科学・教育や地方レベルの友好交流を深め」，「我が国の対国内外政策と方針をうまく海外に紹介し，中国の物語をうまく語り，中国の声をうまく発信し，中国の夢と諸外国人民のよい生活への願いを結び付け，運命共同体意識を周辺諸国に根付かせなければならない」と述べ，対周辺諸国宣伝広報，公共外交，民間外交，人的・文化交流の一部内容と目的について説明を加えた（習，2014：296-299）。なお，この会議での発言では，周辺外交に携わる諸機関，組織の間の協調が必要であり，各アクターが自らの強みを活かしつつ，協力して効率よく対周辺外交を行わなければならないとの記述があったが，党中央による統制

---

[8] http://www.xinhuanet.com/politics/2013-10/25/c_117878897.htm（最終アクセス2018年10月15日）

の強化に関する言及は確認されなかった。

今一つの例は，2014年5月に行われた中国国際友好大会暨中国人民対外友好協会成立60周年記念行事での習近平の発言である[9]。習近平は中国の「二つの百年」目標，すなわち1．2020年（中国共産党創設100周年）に全面的に小康社会を達成し，2．21世紀中盤（中華人民共和国建国100周年）において，富強で，民主的であり，調和した社会主義近代化国家を建設し，中華民族の偉大なる復興の実現「中国の夢」を披露し，中国の夢と世界各国の夢を結び付け，ともに理想を実現しようと呼びかけた。習近平はさらに「中国脅威論」を否定し，中国が発展して強国になった後も，引き続き平和的発展の道を歩み，国際社会において積極的な役割を果たしていくと強調し，文明間の交流と学び合いが，人類文明が進歩し世界が平和的に発展するための原動力であると説明した。演説の後半において，習近平は中国人民友好協会の活動を評価し，「協会が今後も努力を重ね，民間外交，都市外交，公共外交を推進し，引き続き中国民間対外友好事業のために貢献することを希望する」と述べ，公共外交の内容について次のように述べた。「公共外交を重視すべきであり，国際NGO活動に積極的に参加し，中国の声をうまく伝え，中国の物語をうまく語り，世界に対して，本当の中国を正しく，立体的に，包括的に見せなければならない」。

習近平が就任後，さまざまな演説において，政権の政策方針や中国の夢などのスローガンを説明しつつ，文明間の交流の重要性を語り，自らが直接対国内外広報を行うことは決して珍しくなかった。しかし，友好協会のような，半官半民の「民間団体」[10]とされる組織の活動を公共外交の枠内で捉え，はっきりと言表したことは非常に珍しい。上記の発言では，公共外交の定義や，関連する概念との違いが明確に示されたわけではないが，公共外交は政府アクターのみによるものではなく，純粋な民間交流でもない，という習近平の認識が示され

（9）「習近平：在中国国際友好大会暨中国人民対外友好協会成立60周年記念活動上的講話」
http://www.cpaffc.org.cn/content/details25-65920.html（最終アクセス2018年10月15日）
（10）姚遙によれば，中国人民対外友好協会を含む中国の「人民団体」は，中国特色のある社会組織であり，西側諸国の非政府組織とは異なる。これらの団体は事実上半官半民の社会団体であり，中国の対外宣伝活動とは深い関係を持つ（姚遙，2014：44-45）。

第6章　習近平政権のパブリック・ディプロマシー

ているといえる。

『習近平　国政運営を語る』に所収された習近平による演説原稿，とりわけ外交関係の演説の多くでは，人的・文化交流，民間交流の重要性が語られており，文明間の交流と学び合いの重要性が強調されている。第1巻12章「新型大国関係の推進」，13章「周辺諸国との外交関係」，14章「発展途上国との団結と協力の強化」では，習近平がロシア，アメリカ，ヨーロッパ，「一帯一路」関係国やアフリカ，南米や中東地域国で行った演説の内容が紹介されており，それらの演説において，習近平が一貫して中国の夢や平和発展の方針を説明し，協力と対話を通じて中国と諸外国のウィン・ウィン関係を構築する可能性を強調しながら，人類文明の発展のために，国家，民族，文明間の対話を行うよう呼びかけている。習近平がしばしば国家，民族，文明間の違いを意識しながら，「和して同せず（和而不同）」の重要性を強調し，互いの違いを尊重しながら学び合うべきだと述べているが，人的・文化交流は常にその重要な手段として挙げられている。

では，「二つの百年」目標を実現するために，文明間の交流において，中国は何を求めており，何を伝えようとしているだろうか。習近平が党や政府の幹部を対象に行った演説では，より具体的な内容が含まれている。2013年12月に行われた，中共中央政治局第12回集団学習会において，習近平が「二つの百年」と中国の夢を実現するために，中国はソフト・パワーを強化しなければならないと述べた。具体的には，まず現代中国の価値観，すなわち中国の先進的文化の方向を代表している，中国特色のある社会主義価値観を発信することが挙げられた。習近平はこの場において，実践が中国の社会主義道路，理論体系と制度の成功を証明していると自信を示して，中国のイデオロギーをうまく解釈し，さまざまな対外発信と国際交流を通じて広げる意欲を示した。そして，中華文化の独特な魅力を魅せること，中国のよいイメージを作ることや国際社会における話語権の強化することの重要性が強調されたのである（習，2014：160-162）。

2014年11月に行われた中央外事工作会議での習近平による演説では，中国の

イデオロギーに対する自信と，それを対外的に発信する意欲がさらに強く現れた。習近平は，中国が中華民族の偉大なる復興を実現するための重視な時期に突入し，中国が世界に深く依存し，国際情勢に深く関わっているのに対し，世界もまた我が国に依存し，我が国に与える影響も深まりつつあると情勢に対する認識を述べ，中国独自の大国外交が必要だと強調した。習近平はこれからの中国外交は今までの実践の経験を基に，理念を充実，発展させ，中国共産党による指導と中国特色のある社会主義を堅持し，中国の発展の道，社会制度，文化，伝統と価値観を堅持しなければならないと述べたうえで，全国人民が中国特色のある社会主義道路や理論，制度に対する自信を強化し，中国の夢に対する世界各国の理解と支持を勝ち取るようにと指示をした。演説の後半において習近平は，新しい時期の外交活動を推進するためには，外交活動に携わる各分野，部門と地方に対する党の一元的，統一的な指導を強化し，戦略的な資源投入を行う必要があることを改めて強調した（習，2017b：441-444）。

　2017年10月に行われた中共19大以降，習近平への権力と権威の集中が一段と進むなか，習近平による国際情勢に対する認識と，対外宣伝の内容にもますます自信が表れてきた。2017年12月に行われた駐外使節工作会議[11]では，習近平は海外駐在使節をはじめとする外交関係者に対し，中国特色のある社会主義はすでに新たな時代に入っており，新たな時代の外交活動の展開に際しては，党の19大精神に対する理解を深め，国際情勢の大局と時代の流れを正しく理解すべきだと強調した。世界が百年規模の大変革を迎えており，新興国や発展途上国が急速に発展するなか，世界の多極化が加速し，国際社会の構造が均衡の取れたものになりつつある趨勢は不可逆的であるとの認識が示され，共産党の指導のもとで，中華民族が立ち上がり，豊かになり，強くなり，かつてない輝かしい未来を迎えていると習近平はいう。中国特色のある社会主義道路を堅持すれば，中国は必ず発展を続けて繁栄し，必ず世界の舞台の中心に立ち，人類のためにさらなる貢献しうるとの発言から分かるように，現在の中国はもはや守り

---

(11)　2017年度駐外使節工作会議における習近平によるスピーチ　https://www.fmprc.gov.cn/web/zyxw/t1522656.shtml（最終アクセス2018年10月15日）

の姿勢から外国による批判に反論する立場になく，自信を持ち，自らの政治体制の正統性や政策の妥当性を堂々とアピールするべきだという認識が示されている。そして，その正統性と妥当性の源泉は，中国人民を代表する中国共産党による指導に求められているのである。習近平は改めて外交における大権は党中央にあり，党中央が外交活動を統括し，一元的に指導するという前提を示し，外交活動の関係者に対し，国家に奉仕する熱意と共に，党に対する忠誠心を強く要求した。

そして，このスピーチにおける注目すべきもう1つの点は，習近平が対外宣伝広報について言及し，中国の物語，中国人民の物語だけでなく，中国共産党の物語をうまく語り，中国と外国の相互理解と友情を促さなければならないと述べた点である。従来中国や中華文化，中国人民の枠で語られてきた対外宣伝広報に共産党の要素が加わったといえよう。

2．宣伝，思想，文化活動と対外宣伝広報

中国の対外宣伝広報，あるいは広報外交は決して外交部の専権事項ではないことはすでに述べたとおりである。習近平政権の対外宣伝広報を理解するためには，習近平が「宣伝，思想，文化工作」の文脈で語った対外宣伝広報をも分析の射程に入れる必要がある。中国語の「工作」には，業務や活動といったニュートラルな意味も含まれているが，政治的な目標を達成するための働きかけという意味も含まれている。本書は，国内外に対する中国共産党の政治的な働きかけも意識しながら，「宣伝，思想，文化工作」を宣伝，思想，文化活動として訳すことにする。胡錦涛政権期までの広報外交や対国内外宣伝広報，文化政策についての基本的な分析は第3章と第5章で行ったが，ここでは改めて2003年と2008年に行われた胡錦涛演説にあった対外宣伝広報の部分を取り上げたうえで，習近平による言説について分析する。

2003年12月に行われた，全国宣伝思想工作会議[12]では，当時最高指導者である

---

(12) 「全国宣伝思想工作会議挙行　胡錦涛発表重要講話」http://www.china.com.cn/chinese/2003/Dec/456236.htm（最終アクセス2018年10月15日）

胡錦涛は対外宣伝広報を宣伝思想活動の重点項目の1つとして挙げ，今後中国にとって望ましい国際世論を形成するために，中国の国際的な地位にふさわしい対外宣伝の能力を段階的に手に入れる意欲を示した。さらに，胡錦涛は文化事業と文化産業の発展をさせることを宣伝，文化部門の主要任務の1つとして挙げ，先進的な文化を発展させることの社会的な効果，利益を重視しつつ，社会的な効果，利益と経済効果，利益と融合させるべきだと述べたのである。2008年に行われた全国宣伝思想工作会議では(13)，胡錦涛は文化によるソフト・パワーにも言及し，社会主義文化の発展と繁栄を政権の重大な使命として位置づけた。そして，胡錦涛は今後の宣伝，思想，文化活動の方針として，社会主義の旗幟を鮮明にし，経済発展を中心とする大局意識を持ち，人民に奉仕し，改革とイノベーションを行うことを強調した。加えて，文化体制の改革を深化させ，文化が発展するための活力を強めるべきだと述べ，対外宣伝についても，中国の国家イメージの向上について言及した。胡錦涛の発言では，社会主義イデオロギーをめぐる宣伝広報はあくまでも国内世論を対象としており，文化体制の改革においては市場メカニズムを重視する姿勢が現れており，対外宣伝広報に対する意欲が示されたものの，中国のイメージ向上以外に，具体的に何を伝えるかに関しては詳細に説明されていない。

　では，現在最高指導者である習近平は「宣伝，思想，文化工作」の文脈でどのように対外宣伝広報を語っているだろうか。習近平は2013年8月に行われた全国宣伝思想工作会議において，宣伝，思想，文化活動におけるマルクス主義イデオロギーの重要性を改めて強調し，対国内外宣伝広報の目的や内容について論を展開していた（習，2017b：153-157）。習近平はまず，経済建設が党の活動の中心であり，現代中国のすべての問題を解決するための根本的要素であるが，イデオロギーに関わる活動もまた党にとって極めて重要なものであり，物質の文明と共に精神の文明を建設し，国家の物質面のパワーだけでなく，精神面のパワーをも強めなければならないと述べた。そして，習近平は会議に参加

---

(13)　「胡錦涛：做好宣伝思想工作，為建設小康社会提供思想文化保証」http://cpc.people.com.cn/GB/64093/64094/6808294.html（最終アクセス2018年10月15日）

した党や政府の幹部に対し，党の理論，路線，方針や政策，中央による指導や情勢に対する分析判断を的確に宣伝し，思想や活動を党中央と高度に一致させ，断固として中央の権威を守らなければならないと要求したのである。

さらに，習近平は，全面的に対外開放が深化している背景において，宣伝，思想活動の重要な任務は，「人々」が客観的に現代中国を認識，理解し，外の世界を見るように促すことであり，中国の特色を宣伝するためには次の内容を伝えるべきだと述べた。1．諸国や民族には歴史，伝統，文化国情の違いがあり，発展の道路には必然的に自らの特色があること。2．中華民族の優れた伝統文化は中国にとって最も深みのあるソフト・パワーであり，中華文化は中華民族の魂であり，民族の発展の糧となっている。3．中国の特色ある社会主義は，中華文化を基に中国人民の意志と願いを反映しており，中国の発展と時代の流れにふさわしいものであり，深い歴史的根源と広範な現実的基礎を持っている。ここで習近平がいう「人々」の対象と範囲が不明だが，演説後半の内容やその後の習近平による言説からすれば，「人々」は中国国民のみを指しているわけではないことが分かる。

世界の発展や世界情勢の変化について，そして世界各国に現れたあらたな思想，観点や知識について，有益なものを参考にするためには我々が宣伝，報道すべきだと習近平はいう。他方，習近平が対外宣伝活動にさらに注力し，対外宣伝の方法を革新し，中国と諸外国が理解し合えるような新たな概念，カテゴリーと表現を作り出し，うまく中国の物語と中国の声を広げなければならないとも強調したのである。

2016年2月19日，習近平は主要国営メディアである，人民日報社，新華社と中央テレビ局に出向いて，調査研究（「調研」と記されているが，内容と時間から判断して，「視察」に近い）を行ったうえで，自らが党の報道世論工作座談会を主宰した。(14) 習近平は座談会において，次のように述べた。報道や世論に対する

---

(14)「習近平在党的新聞輿論工作座談会上強調　堅持正確方向創新方法手段　提高新聞輿論伝播力引導力」http://news.12371.cn/2016/02/19/ARTI1455884864721881.shtml（最終アクセス2018年10月15日）

党の取り組みは，党のイデオロギーと今後の路線，方針，理論と政策に係わるだけでなく，全国各民族人民の団結力と求心力，党と国家の前途命運に係わる極めて重要なものであり，党性の原則と党による指導を堅持しなければならない。そして，党による報道や世論に対する取り組みは，党の意志を体現し，党の主張を反映し，党中央の権威と党の団結を擁護すべく，党を愛し，党を守り，党のために，思想や行動において党中央と高度な一致を堅持しなければならない。さらに習近平は，報道や世論に対する取り組みは党性と人民を統一させるべく，党の理論，方針と政策を，人民の自発的な行動につなげ，人民の精神的なパワーを強めなければならないと強調した。そして注目すべきポイントとして，習近平は参加者，関係者に対し，国際社会に対する発信力と話語権を強化し，中国の物語をうまく宣伝しつつ，戦略的な資源配置を行い，グローバルレベルの強い影響力を持つ，代表的なメディアを作らなければならないと指示したのである。

　2016年5月，習近平は自らが主宰する哲学・社会科学工作座談会において，哲学・社会科学工作の重要性と，哲学・社会科学研究におけるマルクス主義の指導的地位を強調し，哲学・社会科学に関連する活動に対する党の指導を強化，改善しなければならないと強調した。(15)習近平は哲学・社会科学研究の役割を以下のように述べた。1．多様化する思想とイデオロギーがぶつかり合う中，マルクス主義の主導的な地位を固め，社会主義核心価値観を浸透させ，全国人民を団結させるためには哲学・社会科学が必要である。2．中国の経済発展が新状態に突入し，世界経済も深刻な変容に迎える中，新たな発展の理念を実現させ，経済発展モデルを転換させ，発展の質と効率を高め，人民の生活を向上させるためには哲学・社会科学が必要である。3．改革の深化に伴い，より深い矛盾と問題が現れており，リスクと挑戦が増えているなか，国家のガバナンス能力を向上させるためには哲学・社会科学が必要である。4．世界レベルにおいて，多様な思想と文化が融合し，摩擦するなかで，社会主義文化強国を建設

---

(15)「習近平主持招開哲学社会科学工作座談会」http://www.xinhuanet.com//politics/2016-05/17/c_1118882832.htm（最終アクセス2018年10月15日）

し，文化によるソフト・パワーを強め，国際社会における中国の話語権を強化するためには哲学・社会科学が必要である。5．党がさまざまなリスクと試練に直面しているなか，党の指導力やガバナンス能力を向上させ，腐敗を防止し，リスクへの対応力を高め，党が引き続き中国特色のある社会主義の核心であるためには，哲学・社会科学が必要である。

習近平はさらに参加者，関係者に対し，マルクス主義と中国の社会主義建設における実践経験，中国の優れた伝統文化，諸外国の研究成果を主な資源として，知識，理論と方法の創造を行い，国内の諸問題と中国特色のある社会主義の今後の発展を見据えながら，人類発展の未来に係わる重大な問題をも探究し，優れた中華伝統文化の継承と発信を呼びかけた。習近平はこの座談会において，マルクス主義イデオロギーや党による指導力の強化だけでなく，中華文化に対する自信を高めること，そして伝統文化を現代の情勢に合わせて継承，解釈，創造し，普遍性のあるものとして世界に発信するべきだと強調した点は注目に値する。諸外国の批判や疑問に対し，中国を説明することだけはもはや不十分であり，自国と世界が直面している重大な問題に対しては，中国の伝統文化やイデオロギーを基に，中国の立場，中国の智慧，中国の価値理念と中国の主張，提案を示すことが必要だという習近平の認識が現れているのである。世界に対しては，「美食の中国」だけでなく，「学術研究の中国」，「理論の中国」，「哲学・社会科学の中国」，「発展している中国」，「開放の中国」や「人類文明に貢献する中国」を見せるべきだと習近平は言う。

2016年11月に行われた，中国文学芸術界聯合会第十回全国代表大会・中国作家協会第九回全国代表大会における演説では，習近平はさらに文化への自信をはっきりと述べた。中華民族の偉大なる復興を実現するには，1．中国特色のある社会主義道路に対する自信，2．理論に対する自信，3．制度に対する自信，4．文化に対する自信という，いわゆる「4つの自信」が重要であることを示したのである。

3．自信の裏にある指導者の危機意識

　習近平が以前の指導者より強い中国をリードしているからこそ，自信を持って国内外に対して中国そして共産党の宣伝広報を行っているとも考えられるのは前述したとおりの仮説である。しかし，以下の記述や言説に目を向ければ，大国となった中国を運営する，指導者の自信の裏に強い危機意識もあることが分かる。

　2015年12月，中央政治局常務委員全員が参加する，全国党校工作会議において，習近平はマルクス主義を堅持するように指示する際に次のように述べた。国内外の各種敵対勢力が常に，我々にマルクス主義に対する信奉心を捨てさせ，社会主義，共産主義に対する信念を捨てさせようと企てている。しかし，我々の中の一部の者，党内の一部の同志が西側による「普遍的価値」に隠されているこの仕掛けを十分に認識しておらず，一部の者が西側の理論と話語体系を金科玉条と見なして，気づかないうちに西側資本主義の提灯持ちになっている。そして，習近平はイラク，シリアとリビアの情勢を例に挙げながら，冷戦後西側価値観に振り回されている一部の国が混乱に陥っていると述べ，西側資本主義価値体系，評価基準で中国の発展を評価，批判，攻撃することが危険だと強調したのである。そして，習近平は会議の参加者に対し，以下のように注意している。一部の党校関係者が授業で西側資本主義価値観を宣伝し，党と国家の政策方針を傲慢に評価，批判し，愚痴をこぼしており，なかには党校の肩書きで得体の知れないイベントに参加している者もいる。一般市民が彼らの発言を正統性のある意見として間違えて捉えかねず，悪意のある者が彼らの発言を利用し，党の内部にすら声の違いがあると煽り立てている。このような行為や言論はあってはならない（習，2016：5-7）。

　習近平はさらに国際社会における話語権の重要性について，次のように危機意識を示している。「立ち遅れば虐げられることになり（落後就要挨打），貧しければ飢餓を耐えざるを得ない（貧窮就要挨餓），声を出せなければ罵声を浴びることになる（失語就要挨罵）。わが党が長い間人民をリードし，この３つの問題に取り組んできている。何世代の努力により，前の二つ問題は基本的に解決

第6章 習近平政権のパブリック・ディプロマシー

されたが,『罵られる』問題は未だに根本的に解決されていない。国際話語権を勝ち取ることは我々がきちんと解決しなければならない重大な問題である」(習, 2016：10)。この発言から分かるように,習近平は中国のハード・パワーの増強に対しては自信を持っているものの,大国にふさわしいソフト・パワー,とりわけ西側資本主義社会の「普遍的価値」にバランシングできるような価値観と話語権が必要だと認識している。党,政府の幹部や研究者が西側の価値観に共鳴し,共産主義イデオロギーと共産党による統治の正当性に対する信念と自信を喪失することを,最高指導者である習近平が強く危惧,警戒しているのである。

前出した『習近平 国政運営を語る』は海外の読者をも対象としており,所収した原稿の多くは要点のみがまとめられている。指導者の危機意識や問題意識をニュートラルなものにするために,編集の工夫が随所に施されている。それと比較すると,中共中央文献研究室編の,『習近平関于社会主義文化建設論述摘編』では,部分的ではあるが,習近平が党や政府の幹部に語った内容をより詳細に引用している。そこからは指導者の危機意識をダイレクトに読み取ることができるのである。

例として,2013年の全国宣伝思想工作会議において習近平は以下のように述べている。「我々は経済成長のための活動に集中するのと同時に,一刻たりともイデオロギーに関わる取り組みを緩めてはならない。この分野では,我々には深刻な教訓がある。政権の瓦解は往々にして思想から始まるのであり,政治の混乱,政権の更迭は一夜にして起こるものだが,思想はもっと長い過程を経て変化するものである。思想の防御線が突破されれば,他の防御線も守れなくなる。我々は必ずイデオロギーに関わる活動に対する指導権,管理権,話語権を固く掌握しなければならず,いかなる時も軽んじてはならない。そうでなければ,挽回できないような,歴史的な過ちを犯すことになる」(中共中央文献研究室編, 2017：21)。この発言との前後関係は不明だが,習近平はさらに西側の「普遍的価値」を宣伝する敵対勢力を批判し,彼らが本気で「普遍的価値」について語っているのではなく,我々の陣地,人心を奪い,最終的には中国共産

党の指導と中国の社会主義制度を覆すのが目的だと，宣伝，思想，文化工作に携わる党と政府の幹部に語ったのである（中共中央文献研究室編，2017：27）。そして，習近平は自らが代表する新たな世代の共産党の責任について，以下のように述べている。「中国共産党が戦争に勝てるかどうかは，新中国の成立が証明したのであり，中国共産党が経済発展を実現できるかどうかは改革開放の深化が証明している。しかし，国内外環境が日々複雑化するなか，中国共産党が指導を堅持し，中国特色のある社会主義を堅持できるかどうかは，これからの共産党が答えなければならない。イデオロギーをめぐる活動や宣伝，思想活動はこの大きな背景の基において認識しなければならない。全党の同志たち，とりわけ各階級の党幹部は中央の指示に従い，きちんとイデオロギーをめぐる活動を行わなければならない」（中共中央文献研究室編，2017：31-32）。

　これらの発言や記述から分かるように，習近平は西側諸国による中国に対する批判のみならず，党内，政府内の幹部や国内の有識者が西側の価値観と論調に共鳴している現状に対して危機意識を持っているのである。先人たちの努力により，中国が立ち上がり，豊かになったが，未だに西側諸国に対抗できるような社会主義中国らしい価値観を確立できておらず，精神面の自信を持っていない。そのため，共産党が統治の実績を出しているにもかかわらず，未だに国内外の敵対勢力に批判されており，政権の正当性を失うリスクを抱えている。以上の資料からはこのような習近平の危機意識を汲み取ることも出来るだろう。

　では，このような危機意識，問題意識と，対外宣伝広報はどのような関係にあるのだろうか。2014年10月に，「最近の仕事における若干の注意点（当前工作中需要注意的几個問題）」というタイトルで部分的に公開されている原稿の，習近平による以下の発言に注目したい。「『嘘は千回繰り返せば真実になる』。各種敵対勢力がこのロジックを利用しようとしている。彼らが我が党，我が国を，まったく正しいところ，よいところのないかのように貶めており，人々を彼らの魔笛で踊りだすように惑わしている。敵対勢力は，我々が順調に中華民族の偉大なる復興を実現することを決して認めないだろう。だからこそ我々が全党に対して，新たな歴史的な特徴のある，偉大なる闘争に備えるべく，厳粛に注

意している。この闘争はハード・パワーの闘争だけでなく、ソフト・パワーの競争も含めているのである」。そして、習近平が国際世論に対して、以下のように語っている。「客観的にいうと、国際世論の構造は未だに西側が強く、我が弱い（西強我弱）。しかし、この構造は変えられない、逆転させられないものではない。問題はどのように取り組むかである」（中共中央文献研究室編、2017：208）。

さらに、習近平は何を宣伝すべきかについては以下のように述べている。「我々は、全国人民が党と政府が人民のために何をしたのか、これから何をしようとしているのかを知らせる必要があり、世界に対して、中国人民が人類文明の進歩にどのような貢献をしたのか、これからどのように貢献するかについても知らせなければならない。（中略）我々が積極的に声を出して、知ってほしいことを伝えて、正しい声で主導権を握らなければならない。悪意のある者たちが広げている政治的なデマや怪しい言論に対して、我々党員、幹部は惑わされてはならない、黙ってはいけない。こういった言論に対しては即時反論、反駁しなければならないし、正しい言論でそれを圧倒しなければならない。これは韜光養晦、あるいは争わないということとはまったく別問題である」（中共中央文献研究室編、2017：209）。

対外宣伝の主体について、習近平はまず自らの努力を紹介している。習近平は外遊先の会談、交流と演説において、必ず中国の発展の道路と歴史の根源について、中国の夢の背景の内容について、中国の平和発展の理念と主張について発信している。そして、多くの国の主流メディアで署名記事を公開している。これらの努力はまさに思想と世論に対する取り組みであり、国外における思想、政治的な働きかけであるという。そして習近平は、中国の物語を語る場合、中央の同志だけでなく、各級の幹部が宣伝し、宣伝部門だけでなく、メディアや現場の各部門、機関、各戦線各分野の関係者が宣伝しなければならないと説明したうえで、各方面の多様なアクターを動員し、各種資源を整合的に利用し、対外と対外の宣伝広報活動を一体的に発展させるように指示したのである（中共中央文献研究室編、2017：210-211）。

3　公共外交と対外宣伝広報の担い手

　前述したように，中国のPDの担い手，そしてそれに携わる政府アクターと非政府アクターが急増している。公共外交という用語を使い，自らの役割と活動を説明するかどうかはアクターによって異なるが，ほとんどのアクターが最高指導者をはじめとする党中央の指示や方針を意識しながら，自らの役割に対する解釈と活動内容を調整しつつ，広い意味での公共外交を担っている。ただし，これらのアクターの間では，PDに対する理解にはさまざまな違いがある。党や政府の現役幹部が最高指導者や党中央の言説に敏感で，忠実であるのに対し，その周辺にいる元幹部，研究者などの有識者は必ずしも常に最高指導者や党中央の立場と声を代弁しているとは限らない。しかし，権威と権力の集中化が進むなか，そして，自国の制度や文化に対する自信と，西側諸国の価値観や判断基準に対する警戒が指導者により強調されているなか，ほとんどのアクターはある程度党中央の公式見解に歩調を合わせているのである。
　以下では，まず「公共外交」という用語を用いる諸アクターを分析したうえで，公共外交という用語を直接使わない，対外宣伝広報や人的・文化交流といった広い意味でのPDに含まれる活動を行うアクターの役割を検証する。

1．外交部責任者が見る公共外交

　第3章で述べたとおり，中国では，対外宣伝広報活動の実践が長い歴史を持つが，公共外交という概念は2000年代後半以降輸入され，2010年代にかけて定着した概念である。公共外交という用語が中国で市民権を得たプロセスにおいては，多くの外交部門関係者や，外国との交流経験を持つ有識者による努力が極めて重要な役割を果たしてきた。近年，最高指導者をはじめとする党中央は，イデオロギー工作や思想工作の観点から，中央の方針をダイレクトに反映する宣伝広報活動をより重視しているため，外交活動に関する言説における公共外交の存在感が相対的に弱まっている傾向にある。

第6章　習近平政権のパブリック・ディプロマシー

　とはいえ，2018年現在，最高指導者である習近平による公共外交に関する言及が数回確認できるだけでなく，公共外交を冠する政府アクターや準政府アクターが引き続き活動をしている状況に鑑みると，市民社会など西側諸国の価値観が根底にあるこの概念自体が否定されたわけではないことが分かる。安易な未来予想は禁物であるが，外交活動や研究の現場ではすでに組織が構築されており，研究と実践の経験も実績としてアピールされている以上，特別な理由がない限り，近い将来において，公共外交という概念が否定されるとは考えにくい。しかし，以下で論じるように，政権中枢が示した方針が公共外交の担い手に新たな課題をもたらしたとはいえるだろう。

　中国の対外政策における重要な方針や決定は，党中央外事工作領導小組によるものであり，その組長を務めている党総書記である習近平や，その他の政治局常務委員が対外政策に決定的な影響を与えていることはいうまでもない。ただし，党中央外事工作領導小組の事務局である，弁公室の主任を務めている楊潔篪中央政治局委員も対外政策に一定の影響力を持つと考えられる。楊潔篪は胡錦濤政権の外交部長として，たびたび公共外交の重要性を強調している。2011年では，党機関誌『求是』で公共外交の概念を詳細に紹介し，今後の中国外交における公共外交の役割を論じたのは前述したとおりである。楊潔篪が2013年に国務委員，中央外事弁公室主任として『求是』に寄稿した文章において，直接公共外交に言及こそしなかったが，中国の夢という新たな外交理念を海外に宣伝する重要性を説明し，外交活動に対する党中央の指導を保障するために，中央と地方，政府と民間，外交活動に係わる各部門が大局意識を持ち，協調メカニズムを構築すべきだと述べたのである（楊，2013）。

　2016年には，楊潔篪は2回『求是』に寄稿し，それぞれの文書において，対外宣伝と政策広報と共に公共外交について言及した。中国が国際社会に対し，さまざまな方法で，中国の夢が持つ世界レベルの意義と深いインプリケーション，「五味一体」や「四つの全面」など国政運営に関連する方針を宣伝し，中国特色のある社会主義道路などに対する自信，平和発展を堅持する決意，新型国際関係や人類運命共同体を構築する意欲を示し，国際的話語権を強めなけれ

ばならないと強調する（楊, 2016a；2016b）。楊潔篪の言説から分かるように, 公共外交という用語が引き続き使用されているものの, 公共外交で伝えるべきメッセージが, ますます最高指導者である習近平によるスローガンに近いものになってきたのである。

　2017年の寄稿（楊, 2017）では, 楊潔篪が習近平を党中央の核心と表現し, 習近平外交思想は党中央の国政運営の新理念, 新思想, 新戦略が外交活動における体現であり, 中国外交思想と対外戦略を豊かにし, 発展させたと称賛した。中国と世界の関係が変化し, 中華民族が偉大なる復興のために重要な時期に突入した現在において, 習近平総書記がマルクス主義の立場と観点から, 中国特色のある大国外交を科学的に説明したと述べ, 前節で説明した習近平による言説を引用しながら, 現政権の外交活動の成果をまとめたのである。楊潔篪によれば, 中国共産党による指導こそが中国特色のある社会主義の本質的な特徴であるだけでなく, 最大の強みでもあり, 中国が国内外情勢の複雑な変化に対応できることを根本的に保障している。そして, 習近平を核心とする党中央が外交活動の大局を統括し, 中央外事工作領導小組の役割を強化し, トップから外交活動を戦略的に設計し, 外交活動を管理するルールを改善し, 各部門方面の協調協力をリードしていると, 楊潔篪は述べている。これらの説明から分かるように, 中国の外交分野においては, 習近平を核心とする党中央への権威と権力集中が進んでおり, 党中央による一元的な指導を保障し, 戦略や政策を効率的に実施するための各種制度変更が行われているようである。

　この文章の後半において, 楊潔篪は今後の政策宣伝広報（宣示）と公共外交の内容について, 以下の3点を挙げて説明した。1．「四つの自信」を持ち, 国政運営の経験について積極的に交流を行い, 中国特色のある社会主義理論と方策について深く説明していくこと。2．中国が平和発展の道路を堅持し, 人類運命共同体を構築しようとする意欲をもっていることを宣伝し, 国際社会におけるホット・イシューを解決するための新たな理念, 提案とプランを提供し, 責任のある大国のイメージを見せること。3．多様な文明間の対話や社会, 人的・文化交流を促し, 中国の夢と世界各国人民の夢を融合させること。こう

第6章　習近平政権のパブリック・ディプロマシー

いった内容が習近平による指示に基づき，作られたものであることはいうまでもないが，方法としては，対外政策宣伝広報だけでなく，習近平がさほど語っていない，公共外交が挙げられている点は注目すべきであろう。

たびたび対外宣伝広報とともに公共外交に言及している楊潔篪に対し，楊潔篪の後任として，習近平政権の外交部長を務めている王毅はめったに対外宣伝広報や広報外交について発言をしていない。中韓公共外交フォーラムのような，公共外交を冠するイベントへの祝賀メッセージでは，王毅は外交部長として，人的・文化交流の重要性を強調している(16)が，自らの署名で党機関誌に寄稿する場合は公共外交という用語を直接使用していない。王毅外交部長がなぜ公共外交という用語を積極的に使用してないかは不明だが，外交部門の責任者たちもまた同じように公共外交の意義と役割を重要なものとして捉えておらず，少なくとも慣習としてはこの概念を利用していないことが分かる。

傅瑩外交副部長（2010年当時）の説明から分かるように，2009年に，当時最高指導者である胡錦涛が第11回駐外使節会議において公共外交の重要性を強調したことを受け，外交部は部内において公共外交弁公室を設け，部外の諸アクターと協調するメカニズムの構築に取り組み，在外公館もより積極的に公共外交を行うようになったという(17)。魏欣公共外交弁公室主任（2010年当時）によれば，2010年に公共外交処が公共外交弁公室に昇格した際，人員が11,2名から16,7名まで増加し，仕事の量も倍増したのであり，外交部内では公共外交の重要性に対する各レベルの責任者の認識が強まっていた(18)。2018年現在，公共外交弁公室の人員数は不明だが，中国外交部ホームページによる説明では，公共外交と政策広報はともに新聞司の所掌事務となっており，弁公室主任は新聞司司長である陸慷が兼任している(19)。なお，元新聞司司長であり，スポークスマンを

---

(16)「王毅部長至第三届中韓公共外交論壇的賀信」https://www.mfa.gov.cn/mfa_chn//ziliao_611306/zyjh_611308/t1316288.shtml（最終アクセス2018年10月15日）

(17)「為什么公共外交那么重要——傅瑩副部長在北京外国語大学公共外交研究中心成立大会上致辞」https://www.mfa.gov.cn/chn//pds/wjb/zzjg/xws/xgxw/t753419.htm（最終アクセス2018年10月15日）

(18)「外交部公共外交処昇格弁公室　凸顕中国外交方向」http://www.china.com.cn/policy/txt/2010-05/31/content_20150008.htm（最終アクセス2018年10月15日）

務めていた秦剛は2018年に外交副部長に昇進した。⁽²⁰⁾

　2013年，秦剛は新聞司司長として中国新聞網のライブインタビューを受ける際に，新聞司の活動を中国外交の目，耳，口と喩え，以下のようにその役割を説明していた。新聞司は世界情勢の変化や重要なイシューを注視しながら，中国と関係のある，中国が必要とする情報集め，耳を傾けると同時に，世界に中国政府の声を出している。そして，秦剛は，公共外交の目的は中国と外交の相互理解を促進することであると説明し，国際社会における「中国責任論」，「中国脅威論」と「中国崩壊論」に反論するだけでなく，中国の現状，実力や国内外環境の変化を十分に理解していない国内世論をも活動の対象として挙げたのである。

　さらに，秦剛は外交部が公共外交における努力を次のようにまとめて紹介した。1．指導者の海外訪問や重要な国際会議場への出席に合わせて，宣伝，広報，交流の活動を行うこと。2．党大会など国内の重要会議に合わせて，中国の政策とその理念をめぐる宣伝，広報を行うこと。3．メディアとの関係を深め，スポークスマンによる記者会見を週2回から週5回まで増やしたこと。4．外交部のウェブサイトやSNSを通じた情報発信を強化し，外交部の一般公開日の実施や各種公開フォーラムの企画を行うことで一般市民との距離を縮めていること。5．公共外交を担う組織の効率化を進め，他省庁（部委），各地方との情報共有，協力関係を強化していること。6．世界各国に駐在する外交官が積極的に情報発信し，在外公館が伝統文化に関連する交流イベントの開催注力していること⁽²¹⁾。

---

(19)　中国外交部ホームページ「新聞司」https://www.fmprc.gov.cn/web/wjb_673085/zzjg_673183/xws_674681/；「外交スポークスマン紹介」https://www.fmprc.gov.cn/web/fyrbt_673021/（最終アクセス2018年10月15日）

(20)　中国外交部ホームページ　https://www.fmprc.gov.cn/web/wjb_673085/zygy_673101/qg_689541/（最終アクセス2018年10月15日）

(21)　「外交部聞司司長秦剛談公共外交」https://www.fmprc.gov.cn/web/wjb_673085/zzjg_673183/xws_674681/xgxw_674683/t1015836.shtml（最終アクセス2018年10月15日）

第 6 章　習近平政権のパブリック・ディプロマシー

2．公共外交の担い手，活動とそれに係わるアクター

　秦剛が紹介した，外交部による公共外交には，プレス対応，政策広報など外交部関係者が直接行う活動もあれば，他省庁，各地方，大学やシンクタンクなどを含む協力型の活動もある。その対象は外国メディアや有識者，一般市民だけでなく，中国のメディアや世論も含めている。注目すべき活動として，近年外交部が主催，共催している多様なフォーラムがある。例として，2010年に初めて開催され，通算17回行われている「藍庁論壇」では，現役外交官だけでなく，元外交官や他省庁，地方政府や企業の関係者，各大学専門家も参加し，国内外に対し発信をしつつ，情報共有を行っている。外交部ホームページによると，「藍庁論壇」は外交部構内の藍庁（ブルー・ホール）で行われているフォーラムであり，外交活動に携わる各政府省庁，国内外の有識者が交流する場である[22]。フォーラムの主催が各学術，研究機関と地方政府によるものだと紹介されているが，外交部長，副部長をはじめとする外交部責任者が一帯一路や米中関係などタイムリーなテーマについて，キーノートスピーチを行っている。

　「藍庁論壇」以外にも，近年外交部が多様なフォーラムを主催，あるいは共催しており，その概要は『中国外交』で紹介されている。『中国外交』2013年版では，2012年 7 月に行われた第 7 回「藍庁論壇」，「新たな情勢下の中国アフリカ協力」は外交部公共外交弁公室と中国国際問題研究所による共同主催であるのに対し，12月に行われた第 8 回「藍庁論壇」，「新たな情勢下の中国外交」は外交部公共外交弁公室主催だと紹介されている。これらの説明から分かるように，少なくとも2012年までの「藍庁論壇」の開催は，外交部公共外交弁公室のイニシアティブによるものであったが，同年12月に中国公共外交協会が設立されて以降，『中国外交』でのフォーラム開催に関しては，公共外交弁公室より，中国公共外交協会のイニシアティブがより強調されるようになった。近年数と種類が増加する各種フォーラムにおける公共外交弁公室の役割については，

---

(22)　外交部ホームページでは，「藍庁論壇」の主旨や各回の内容が紹介されている。https://www.fmprc.gov.cn/web/ziliao_674904/zt_674979/dnzt_674981/qtzt/ltlt_675065/（最終アクセス2018年10月15日）

公開情報のみでは評価しづらい。しかし，中国公共外交協会のような準政府アクターや，研究機関，企業のような非政府アクターによるイニシアティブが強まっている背景には，公共外交における政府色を薄める意図が存在すると考えられる。

中国公共外交協会は2012年12月に設立された非営利社団法人である。そのメンバーである公共外交分野の専門家，著名な有識者，関係組織と企業が自発的に協会に参加している。協会の活動目的は，「専門的な知見を提供し，社会的資源や民間のネットワークを協調しつつ，国際交流を行うことで中国の公共外交事業を推進し，中国人民と世界各国人民の相互理解と友好関係を促し，世界に向け，中国の文明的，民主的，開放的で進歩的な中国イメージを広げ，以て中国の平和発展に望ましい国際環境の構築に貢献すること」である。同協会の活動内容は，1．公共外交の理論研究の実践を行い，情報や専門的な知見を提供すること。2．講座，インタビュー，研究会や展示会などの公共外交の活動を行い，国内外のメディア，青年，学者や民間団体による交流活動を主催し，社会公益活動を行うこと。3．海外の公共外交協会，大学，研究機関などと交流，協力事業を行うこと。4．公共外交に携わる人材を創出するための訓練を提供すること，とされている。[23]

中国公共外交協会は非営利社団法人の身分を持っているが，決して純粋な非政府アクターではない。初代協会会長に選ばれたのは元外交部長の李肇星（2012年当時，人民代表大会外事委員会主任委員）であり[24]，2018年現在，副会長を務めている3人は全員大使経験者の元外交官である[25]。2012年12月の協会設立記念行事では，楊潔篪外交部長（当時）が出席し，協会が各種非政府アクターの役割を十分に活かし，中共第18回党大会の方針にしたがって中国の公共外交に貢

---

(23) 中国公共外交協会ホームページ「協会紹介」http://www.chinapda.org.cn/chn/xhgk/xhjj/（最終アクセス2018年10月15日）
(24) 「中国公共外交協会在京成立」http://www.chinapda.org.cn/chn/xhdt/t1009294.htm（最終アクセス2018年10月15日）
(25) 中国公共外交協会ホームページ「副会長紹介」http://www.chinapda.org.cn/chn/xhgk/fhz/（最終アクセス2018年10月15日）

献することを希望すると発言したのである。そして，李肇星協会会長は，協会が各種社会的資源を動員，協調，組織することで中国の公共外交に貢献し，国家のソフト・パワーを強化するのに尽力したいと意欲を示したのである。[26]

　これらの情報から分かるように，中国公共外交協会は，外交部ときわめて深い関係を持っている。外交部の現役外交官の代わりに，影響力を持つ元外交官や有識者が，協会のような準政府アクターにおいて，中国の公共外交を推進する役割を果たしているのである。協会のほかに，2008年に設立された外交政策諮問委員会と，2010年8月に設立された外交部公共外交諮問委員会も元外交官や外交政策に影響力を持つ研究者，有識者が公共外交活動を行う場となっている。外交政策諮問委員会のホームページには王毅外交部長署名のメッセージが公開されており，王毅はメッセージにおいて，諮問委員会の活動を公共外交として位置づけ，高く評価している。[27]最近では，公共外交諮問委員会代表団が省レベルの地方政府を訪問し，地方の大学を訪れ，地方政府の文化外交や対外文化発信をサポートしている事例も公開情報で確認できている。[28]

　中国公共外交協会のメンバーシップを持つ組織には，孔子学院総部のような準政府アクターのほかに，中国人民外交学会や中華全国帰国華僑連合会のような民間団体，中国国際問題研究院や中国社会科学院のような政府系シンクタンク，北京外国語大学のような大学，政府系メディアや海外進出をしている企業，そして地方の公共外交協会と，チャハル学会のような民間シンクタンクが含まれている。[29]前述したように，現在の中国の政治体制からして，政府の影響力から完全に自律した民間交流団体が存在しない。党や政府との距離が異なる多様な準政府アクター，非政府アクターが公共外交協会のイニシアティブの下で，

---

(26)　「中国公共外交協会在京成立　李肇星当選首任会長」http://www.chinanews.com/gn/2012/12-31/4451284.shtml（最終アクセス2018年10月15日）
(27)　外交政策諮問委員会ホームページ「領導寄語」http://fpag.fmprc.gov.cn/chn/ywzhc/（最終アクセス2018年10月15日）
(28)　「交部公共外交咨詢委員会代表団来豫調研」http://www.hnfo.gov.cn/index.php?m=content&c=index&a=show&catid=167&id=9892（最終アクセス2018年10月15日）
(29)　中国公共外交協会ホームページ「会員紹介」http://www.chinapda.org.cn/chn/xhgk/pthy/（最終アクセス2018年10月15日）

政府や互いとの協力関係を構築し，自らの活動を増やし，存在感を強めているのである。

例として，2016年に北京外国語大学で開催された，公共外交をテーマとする「北京フォーラム」(30)では，全国から40以上の政府機関，大学，シンクタンクや民間団体からの代表が集まり，公共外交をめぐる学術交流を行った。そこでは，北京外国語大学，人民大学や海南大学などいくつかの大学の間で公共外交学術共同体を構築すると宣言された。フォーラムは北京外国語大学公共外交研究センターが主催者したものであり，外交部公共外交弁公室が共催・後援となっている。本書第3章ですでに論じたように，公共外交に携わる有識者の多くは，いわゆる公共外交の「中国特色」を否定していない。「北京フォーラム」が代表するように，中国の非政府アクターはただ受け身の姿勢で政府に動員され，公共外交に携わっているだけでなく，政府アクターを巻き込み，「中国特色のある公共外交」の研究と実践における自らの役割を模索している一面もある。

2017年度版『中国外交』では，2016年4月に行われた「日中韓公共外交フォーラム・日中韓協力国際フォーラム」，6月に行われた「2016中米公共外交フォーラム」，11月に行われた「第四回中韓公共外交フォーラム」が紹介されており（中国外交2017年度版：321-324），増加する各種フォーラムは中国の公共外交にとって，ますます重要なプラットフォームになっていることが分かる。これらのフォーラムにおいて，外交部の高級幹部が出席し，国内外のメディア，政府関係者や有識者に対して政策の宣伝広報を行っているだけでなく，公共外交に携わる中国の交流団体，研究機関，企業や有識者も諸外国のカウンター・パートナーと直接交流のネットワーク持ち，情報発信を行っている。2016年外交部で数回開催された，地方をテーマとする宣伝，交流イベント（中国外交2017年度版：321-324）もまた興味深い動きである。外交部は地方の発展と対外開放をテーマに宣伝広報のイベントを設けており，寧夏回族自治区，広西省，陝西省や貴州省が外交部の協力で，諸外国の駐在使節，メディアやビジネス界

---

(30) 「公共外交『北京論壇』（2016）在北京外国語大学挙行」https://pit.ifeng.com/a/20160412/48432689_0.shtml（最終アクセス2018年10月15日）

の関係者に対するアピールの機会を得ているのである。

　ここまで説明してきたように，2010年以降外交部は公共外交に注力しており，多様なフォーラムをプラットフォームとして，元外交官を含む有識者を動員し，公共外交協会のような準政府アクターを構築しつつ，非政府アクターを巻き込んで活動を拡大してきたのである。そして，大学やシンクタンク，地方，企業や有識者もまた外交部と協調しながら，公共外交に携わるアクターとして自らの役割の拡大を模索している。しかし，前述した権力と権威の党中央への集中を背景に，公共外交に携わる諸アクターの自律性が強まったとは評価しづらい。2017年5月に行われた，公共外交協会主催の「全国公共外交セミナー」(31)では，李肇星協会会長が，公共外交の本質は外交であり，中央の対外政策と方針に従わなければならないと発言し，公共外交の核心は国家の利益を擁護することであり，それに携わる者はいかなる時も国家を第一にして活動をしなければならないと述べたのである。秦剛は外交部関係者として発言し，新時代の「中国特色ある大国公共外交」の推進を呼びかけたのである。習近平政権下において，外交部が引き続き公共外交という概念の下で活動の内容と，公共外交に携わる準非政府アクターとの協力関係を強化してきた。しかし，最高指導者による指示と方針に歩調を合わせるために，自らの対外宣伝広報の姿勢や内容を調整するのみならず，公共外交に携わる諸アクターに対しても，対外発信と交流をする際の声とメッセージの調整を求めざるを得ないのである。

3．宣伝，思想，文化部門の影響力拡大

　公共外交という用語を用いて中国のPDを担い，活動に携わるアクターに対し，一部の党や政府機関は直接公共外交という用語を使わず，広い意味でのPD活動を行っている。青山の調査報告書によると，国務院新聞弁公室（中共中央対外宣伝弁公室），文化部（現在文化観光部），教育部や海外向けメディアはその方針をとっている（青山，2009）。中央直属機構である中共中央対外宣伝弁公

---

(31)「国公共外交協会挙弁全国公共外交研討会曁第二届全国公共外交高級研修班」http://www.chinapda.org.cn/chn/tpxw/t1465141.htm（最終アクセス2018年10月15日）

室も含むこれらのアクターは，党中央宣伝部ときわめて深い関係を持っている。党中央宣伝部系統の組織は非常に複雑であり，多様な活動を行っているため，詳細な分析は別稿に譲りたいが，ここでは対外宣伝広報における，宣伝部系統組織の影響と役割の拡大について分析を行うとする。

　党中央宣伝部は，党中央の指示を受け，全国における宣伝，思想，文化の発展に関する指導方針，政策，法令の作成を行っており，イデオロギーをめぐるさまざまな活動を担当している。国内外に対する宣伝広報を直接担うほかにも，メディア，文化，教育研究などの機関に対して，程度の異なる影響力を与えている。中国共産党新聞のホームページにおける中央宣伝部の紹介によれば，中央宣伝部は全国におけるイデオロギーの理論研究，学習と宣伝活動を担当し，党員だけでなく，広く社会世論に対する指導，中央メディアに対する指導と協調を役割としていることが分かる。そして，中央宣伝部は党中央組織部と協同して，文化部，新聞出版署，中国社会科学院，ラジオ映画テレビ総局（広播電影電視総局）や新華社などの新聞，メディアの幹部人事管理しており，地方党委員会宣伝部長の任免についても提言を行うという[32]。

　2018年現在，中国共産党と国家機構の改革，再編が進んでおり，対外宣伝広報に携わる党の機関の組織と役割が拡大し，それに対する，最高指導者を核心とする党中央の指導力強化も図られているのである。さらなる改革を推進するためには，党中央への権力と権威の集中が必要であり，その実現には忠誠心が強く，能力と権限のある宣伝，思想，文化組織が不可欠である。以下で述べる，党と国家機構の改革，再編が徹底的に実施されるかどうか，期待されている効果が現れるかどうかは今後の研究を待たねばならない。しかし，習近平政権はスローガンや理念のみによって自らの権威を高めているのではなく，党や政府機関の権限の調整，組織の統廃合，重要な人事ポストに対するコントロールといった，伝統的で現実的な手法を利用していることは明らかである。

　2018年3月に全文公開された「党と国家機関の改革案」[33]（深化党和国家機構改

---

(32)　中共中央宣伝部の主な役割　http://cpc.people.com.cn/GB/64114/75332/5230610.html（最終アクセス2018年10月15日）

革方案，以下改革案と記す）では，本章第3節で説明した，習近平による政治思想と危機意識が，具体的な組織の統廃合と役割の調整に現れている。習近平同志を核心とする党中央による集中的な指導と権威を堅持することが文書の背景説明とまとめにおいて2回強調されており，第1章の「党中央機構改革」冒頭において，「中国共産党による指導は中国特色のある社会主義の最も本質的な特徴である。党政軍民学，東西南北中，党はいかなるアクターと活動に対する指導を行う」と明確に改革のスタンスを示している。なお，この改革案はすでに，2018年2月に行われた中国共産党第19回中央委員会第3回全体会議において採択された。改革案において，党の宣伝，思想，文化に対する指導の強化につながる項目を以下のようにまとめることができる。

第1に，中央宣伝部が新聞，出版と映画に対する直接的な管理を行う権限を得た。元国務院直属機関である，国家新聞出版ラジオテレビ総局（国家新聞出版広電総局）が担っていた，新聞，出版を管理する権限は中央宣伝部に吸収され，中央宣伝部が対外的に国家新聞出版署・国家版権局の看板が掛けられることとなった。その目的は党による世論工作に対する集中的で統一した指導を強化するためだと説明されている（改革案第十一項）。さらに，「映画が宣伝思想と文化娯楽分野における特殊で重要な役割をよりよく果たす」ために，映画制作，発行，放映に対する指導や，映画関連の国際交流，大型イベントに対する指導といった役割も中央宣伝部に吸収され，中央宣伝部に国家映画局の看板も追加されたのである（改革案第十二項）。組織再編後，国務院直属機関として残った国家ラジオテレビ総局（国家広播電視総局）の設置主旨は，党による報道，世論活動に対する集中的で統一した指導，重要な宣伝陣地に対する管理を強化し，イデオロギー工作に対する指導権を固め，党の喉と舌としてのラジオ，テレビ報道の効果を充分に発揮するためだとされている（改革案第三十五項）。

なお，国家ラジオテレビ総局は相変わらず中央宣伝部による指導を受けるこ

---

(33) 「中共中央印発『深化党和国家機構改革方案』」http://www.gov.cn/zhengce/2018-03/21/content_5276191.htm#1（最終アクセス2018年10月15日）
(34) 「中共中央関于深化党和国家機構改革的決定」http://www.gov.cn/xinwen/2018-03/04/content_5270704.htm（最終アクセス2018年10月15日）

とになっており，現局長である聶辰席は第中央宣伝部副部長の肩書きも持っている。さらに，中央テレビ局（中央電視台），中国国際ラジオ局（中国国際広播電台）などの国営メディアは中央ラジオ，テレビ総台に統合され，対外的には「中国の声」と称されるようになっている（改革案第三十六項）。総台の責任者である慎海雄も現在，中央宣伝部副部長の肩書きを持っている。

　第2に，党中央によるインターネット，サイバースペースに対する指導が強化され，中央宣伝部役割が拡大した。改革案では，党中央による，党と国家事業に関わる重要な活動に対する集中的で統一した指導を強化し，政策の決定，実施における各機関の役割を協調するために，中央全面深化改革，中央サイバーセキュリティと情報化（サイバースペース管理），中央財経と中央外事工作という4つの領導小組を委員会に昇格させた（改革案第四項）。そして，中央サイバーセキュリティと情報化委員会の事務機構である，中央サイバーセキュリティと情報化弁公室（サイバースペース管理局）もまた，国務院機関である工業情報化部から，インターネットとサイバーセキュリティ管理センターに対する管理の役割を吸収した。中央サイバーセキュリティと情報化弁公室は2011年に設立された組織であるが，興味深いのは，この弁公室は党中央宣伝部と国務院新聞弁公室（中央対外宣伝弁公室）ときわめて深い関係を持っている点である。中央サイバーセキュリティと情報化弁公室は新設された組織ではなく，国務院新聞弁公室に新たな看板を追加すること発足したのであり，現在弁公室主任を務める庄栄文もまた中央宣伝部副部長の肩書きを有している。なお，現在国務院新聞弁公室主任である徐麟は2015年5月から2016年6月まで中央サイバーセキュリティと情報化弁公室の副主任，2016年6月から2018年7月まで同弁公室

---

(35) 国家ラジオテレビ総局ホームページにおける局長紹介　http://www.nrta.gov.cn/col/col169/index.html（最終アクセス2018年10月15日）
(36) 中央テレビ局ホームページにおける紹介　http://www.cctv.cn/gerenjianjie/（最終アクセス2018年10月15日）
(37) 「国家互聯網信息弁公室設立」http://www.scio.gov.cn/zhzc/8/5/Document/1335496/1335496.htm（最終アクセス2018年10月15日）
(38) 中央サイバーセキュリティと情報化弁公室ホームページによる紹介　http://www.cac.gov.cn/bgs_zrw1.htm（最終アクセス2018年10月15日）

主任を務めていた。2つの弁公室の関係に関してはまだ不透明部分が多いが，中央宣伝部と国務院新聞弁公室による，インターネットを利用した対外宣伝広報活動がさらに強化されるであろう。

　第3に，文化部と国家観光局（国家旅遊局）が合併し，文化観光部として発足したことで，対外文化交流活動や中華文化の海外進出がさらに強化されることとなった。文化観光部の主旨について，改革案では次のように説明されている。「人民のよりよい生活への新たな期待に応えるため，豊富な精神面の糧を提供しなければならない。文化への自信を強め，示し，中国特色のある社会主義文化発展への道を堅持し，文化事業，文化産業の発展と観光資源の開発とが協調することで，国家の文化的ソフト・パワーと中華文化の影響力を強める」（改革案第二十七項）。本書第5章で述べたように，文化行政を担当し，文化産業の発展を推し進めてきた文化部の役割は近年拡大してきたが，もともと文化部は宣伝，思想，文化部門の組織として，中央宣伝部によるマクロレベルの指導を受けてきた。現在文化部長である雒樹剛は2000年から2014年まで宣伝部副部長を務めており，彼の前任者である蔡武元文化部長（2008-2014年）はもまた中央宣伝部副部長の肩書きを持ち，国務院新聞弁公室主任としてのキャリアを有していた。今後文化観光部の役割拡大は党中央による対外宣伝広報，文化交流の方針を反映するであろう。

　以上の3点以外にも，中央統一戦線部が，華僑に関連する活動を担当していた国務院僑務を吸収した点（改革案第十五項）や，党のイデオロギー，理論研究を担当する中央党校（国家行政学院）の役割拡大（改革案第七項），そして中央党史・文献研究院の新設（改革案第八項）もまた，党による対国内外宣伝広報の強化につながると考えられる。他方，最高指導者と党中央は無条件に党宣伝部

---

(39) 国務院新聞弁公室弁公室ホームページによる紹介　http://www.scio.gov.cn/xwbjs/index.htm （最終アクセス2018年10月15日）
(40) 文化部ホームページによる紹介　https://www.mct.gov.cn/gywhb/bld/201803/t20180320_831596.htm （最終アクセス2018年10月15日）
(41) 共産党員網による紹介　http://www.12371.cn/2013/03/24/ARTI1364074954858716.shtml （最終アクセス2018年10月15日）

門を信頼しているわけではない。習近平政権は党組織の役割と権限の調整を図りながら，党の各部門に対する監視と管理も同時に強化している。

　2015年3月に，党の監察機関である中央紀律検査委員会が，党中央弁公庁，中央組織部，中央宣伝部を含む党と政府機関に，規律検査グループを駐在させ，党組織の汚職腐敗や紀律違反に対する調査を強化した[42]。1年間の間，規律検査グループは13回立件調査を行い，10名の局級幹部に対する党紀処分を建議しただけでなく，意見交換，情報収集と警告の意味も兼ねて，中央宣伝部の関係者との「面談」を数百回行ったという[43]。これらの活動は，一部の幹部を処分することによって，多くの幹部や関係者に対する見せしめを行っているともいえる。

　そして，注目すべきなのは，監察と調査で問題視されたのは中央宣伝部における汚職腐敗問題だけではなかった点である。2016年6月に行われた，中央第一巡視グループが行った報告では，党中央による方針に対する中央宣伝部の執行における問題点が厳しく批判されたのである。報告によれば，党中央による指示に対し，一部の幹部の政治的意識が弱く，マルクス主義研究を発展させるための活動や，イデオロギー関連の活動などには不十分な部分があるという[44]。さらに2018年には，元中央宣伝部副部長，中央サイバーセキュリティと情報化弁公室主任を務めていた魯煒が紀律違反で処分されたが，その理由には金銭関係の汚職だけでなく，中央を欺き，中央による指示を選択的に執行し，特権を乱用したことや，派閥を作ったことも含まれていたのである[45]。

　以上に述べてきたように，習近平政権下では，権威と権力の集中を確実にするために，党の宣伝，思想，教育部門の役割がきわめて重要視されている。習近平を核心とする党中央は，党と政府機関の組織改革を行うことで，党の宣伝，

---

(42)　中共中央規律検査委員会ホームページ「進駐中弁国弁等単位，7家紀検組都査出哪些問題」http://www.ccdi.gov.cn/yaowen/201605/t20160517_141783.html（最終アクセス2018年10月15日）
(43)　「中央紀委駐中宣部紀検組 1 年査処10名局級官員」http://fanfu.people.com.cn/n1/2016/0423/c64371-28298797.html（最終アクセス2018年10月15日）
(44)　「中央第一巡視組向中央宣伝部反餽専項巡視情況」http://www.ccdi.gov.cn/special/zyxszt/djlxs_zyxs/fkqk_18jzydjl_zyxs/201606/t20160613_80397.html（最終アクセス2018年10月15日）
(45)　「中央宣伝部原副部長，中央網信弁原主任魯煒　厳重違紀被開除党籍和公職」http://www.ccdi.gov.cn/yaowen/201802/t20180213_164227.html（最終アクセス2018年10月15日）

思想，教育部門の役割と権限を拡大させつつ，党中央による国内外に対する宣伝広報，思想工作への指導を強化している。そして，それと同時に，党紀律検査委員会による監視，監督を通じて，中央宣伝部などの党直属機関に対する指導力を強化しつつ，党直属機関による，最高指導者と党中央への忠誠心の増強を求めているのである。

4　新時代の中国特色ある大国公共外交──新たな規範提示の虚実

　本章は，習近平政権下における中国のPDの特徴と動機を分析してきた。具体的には，まず，最高指導者である習近平が「公共外交」という用語を使用した状況と，「公共外交」という言葉を使わずに語った広い意味での対外宣伝，広報に関する言説を比較分析したのである。次に，「公共外交」を自らの役割として捉えて，引き続きそのコンセプトの下に活動を行っている，外交部門の責任者による言説と活動の特徴について分析を行った。さらに，従来「公共外交」というコンセプトを使わずに，国内外に対する宣伝広報，思想活動を行ってきた党の宣伝部門についても基本的な分析を行い，習近平政権下における，最高指導者と党中央への権力と権威の集中と，党の宣伝，思想，教育部門の役割と権限の拡大の間の因果関係を明らかにした。本章による分析で得られた知見を以下のようにまとめることができる。

　第1に，最高指導者である習近平は「公共外交」という西側諸国の価値観を基礎とするコンセプトより，中国特色のある，対外宣伝，広報，と交流といった用語を意図的に多用している。習近平の言説から分かるように，彼は決して公共外交というコンセプト，あるいはそれに携わるアクターの活動を否定していない。しかし，習近平はきわめて限定的に公共外交の内容と意義を捉えており，党による指導を前提条件とする，「非政府アクター」による活動を含めた対外宣伝，交流を推奨していると理解することができる。そのような公共外交に対し，習近平がますます重視しているのは，マルクス主義をはじめとする社会主義イデオロギー，中国の伝統文化と価値観，中国共産党による統治の正当

性や実績，そして，中華民族の偉大なる復興の必要性を国内外の世論に浸透させるための，伝統的な宣伝広報と，人的・文化交流である。第3章で明らかにしたように，胡錦涛政権期には，中国のPDが帯びていた党や政府色が，公共外交の「中国特色」として説明されてきた。胡錦涛政権期の「中国特色のある公共外交」に対し，習近平政権下の宣伝広報，人的・文化交流では，中国特色は，堂々たる大国である中国が自信を持って国際社会に語り，広げるべき成果へと変化し，脱皮したのである。このロジックからすれば，西側諸国の価値観を受け入れたうえで，党と政府色を排除した公共外交でソフト・パワーを獲得する必要はもはやなくなり，中国の発展を実現した，中国共産党による統治こそが中国のソフト・パワーの最も重要な源泉である。この点を国内外の世論に共鳴させるためには，党によるさらなる戦略的な指導と，党の指導に忠誠である，宣伝，広報，人的・文化交流の担い手が必要だとされているのであると主張できる。

　第2に，習近平政権の中国特色に対する自信と，それに基づく宣伝広報の強化の裏には，相変わらず西側諸国の価値観への強い警戒心と，党や政府の忠誠心低下に対する強い危機意識がある。自国の経済成長とパワーの増強を背景に，習近平政権が中国のソフト・パワーを増強することで，米国をはじめとする西側諸国にバランシングしようとする意図がはっきりと現れている。とりわけ一帯一路のような看板政策に関連する，宣伝広報，人的・文化交流の重要性は，さまざまな場において習近平自身によって強調されている。しかし，習近平による，海外世論への語り掛けと，党や政府の宣伝，思想，文化部門関係者に対する指示の間には，決定的な違いが存在する。習近平の各種工作会議での言説から分かるように，最高指導者は自信だけでなく，きわめて強い警戒心を持って，国内外に対する宣伝，思想，文化活動における党中央の絶対的な指導権を強調し，関係者の忠誠心を要求しているのである。

　第3に，外交部関係者は引き続き「公共外交」を自らの役割として捉え，準政府アクターや非政府アクターを巻き込みつつ活動を展開しているが，徐々に指導者による主張と指示に同調する姿勢が強まっている。そして，党中央への

権威と権力の集権化が進む中,「公共外交」のコンセプトで活動をする外交部門とその周辺のアクターたちに対し,伝統的な宣伝広報,思想工作を担う,党組織の役割と権限が拡大している。今後,中国の宣伝広報,人的・文化交流の方法と手段がより重視され,多様化すると考えられるが,その活動により伝えられるメッセージに含まれる党や国家の要素はいっそう強まるであろう。

　中国の大国化が進むなか,国内における諸アクターの関係変化,そして指導者のリーダーシップや戦略の転換によって,習近平政権下では,公共外交というコンセプトの存在感が相対的に低下した。今後,PDの中国版である公共外交がどのように変化するかはまだ不透明であり,指導者の方針次第では,公共外交の活動空間がさらに制限されてしまう可能性も強い。一方,党や政府の諸機関もそうであるが,対外政策や文化政策,公共外交や文化交流を現場で支えているアクターたちもまた,許される範囲内において,自らの役割をより増幅することを求めていくだろう。

終　章

国際政治におけるパブリック・ディプロマシー

　本書は，これまでの各章での分析を通じて，PDを国際政治，あるいは対外政策研究における重要な概念として，その役割と限界を検証してきた。そして，日本と中国というアジアの2つの大国が，どのようにPDの役割を認識し，自国のPDを構築，調整してきたを説明したうえで，国際関係の理論的分析視点から，両国のPDの概念変容を促した要因を明らかにした。終章では，前章までの分析を踏まえ，本書で得られる知見を簡潔にまとめることとする。

　PDは冷戦期において提起された概念だが，外交現場におけるPDの実践は長い歴史をもっている。21世紀初頭に起こった同時多発テロ事件を契機に，ナイにより提起されたソフト・パワーに関する議論は世界規模まで拡大していったのである。そうした背景のなか，PDが発信と交流を通じて，情報と文化を一国のソフト・パワーの資源として活用できるため，ふたたび注目を浴びることとなった。日中を含む各国政府は，国内外の文化交流を促進するとともに，情報発信と自国文化の輸出に力を注力している。グローバル化が深化し続ける今日，PDは国家にとって極めて重要な戦略的な外交手段である。しかし，本書が分析したように，PDは実施国の外交環境に対し，望ましい影響を与えることができる反面，その結果はまた実施国と対象国の関係，価値観や経済利益の共有といった諸要素に影響されている。仮に短期的に特定の外交目標が達成されたとしても，中長期的な視点からPDの効果を評価すれば，予期しなかったような，外交環境にとってのマイナスな影響が現れる場合もある。

　一方で，グローバリゼーションの深化と世界規模の市民社会化に対応できる「New PD」（新たなPD）を模索する研究が数多く行われるようになった。そこでは，長期的な目標設定，双方向の発信と各国の相互理解，研究機関や財団な

どの民間アクターの協力，社会的，文化的ネットワークの活用も強調されている。これら研究では，PDの協力的な側面が注目され，PDによるグローバル規模の市民社会化や各国の相互理解への貢献が高く評価されており，非政府アクターの役割が強調されている。これらの研究が強調しているように，今日のPDでは，情報や文化発信における双方向性，国際交流における非政府アクターの参加，そしてPD活動の政治からの自律性が，PDの効果を左右している。しかし，本書における日中両国のPDに対する事例研究からも分かるように，両国のPDはこれらの理念や規範のみに影響され，構築されてきたわけではない。

　まず，両国のPDをめぐる理論構築，概念の変容，そして実施の特徴の背後には，その国特有の歴史的，政治的な背景が存在する。近年盛んに行われているPDやソフト・パワーをめぐるグローバル規模の議論により，政府が自国の国益のために，外国の大衆に対し情報と文化を通じた発信を行い，非政府アクターも関わる相互交流を推進するというPDに対する基本的な理解が，ほぼ日中両国の政策関係者や有識者の間で共有されるようになった。しかし，日中両国はそれぞれの置かれた外交環境，政治体制やその他の国内の要因により，PDに対する解釈と期待に相違点が存在する。また，時代によっても両国のPDの重要性，役割やあるべき姿に対する認識が変化してきた。これらの相違点と時代による変化は両国のPDの理念に対する理解が不十分だったからというわけではなく，あるいは理念や規範の内面化のみによって生じたわけでもない。

　冷戦終結後，自国の台頭に伴って国内外環境が急激に変化する中国にとって，公共外交という概念の導入や，文化政策の推進は，西側諸国のソフト・パワーと文化的プレゼンスに対するバランシングであり，自国の政治体制と国内社会の安定を維持し，経済のさらなる発展を促進するため対応策であった。21世紀に入り，著しく成長する中国は日米欧諸国の「文化の浸透」や中国批判に対抗し，自国の台頭に望ましい国内外環境を構築するために，精力的にPDの理論研究と実践を行ってきた。そのため，PDにおける非国家アクターの自律性や市場メカニズムの重要性が理解されるようになったとはいえ，公共外交の戦略

終　章　国際政治におけるパブリック・ディプロマシー

性の強調とそれを担保するための政府の指導力が絶えず強調されてきた。

　一方，戦後の復興を実現し，アジア諸国の中ではいち早くPDに取り組んできた日本は，冷戦時代からPDにおける政府色，政治色を薄める努力をしてきた。経済大国でありながら軍事力の動員が制限されてきた日本にとっての国際文化交流，そして後の広報文化外交は，主に同じ西側陣営の諸国や周辺諸国との摩擦を緩和し，協調あるいは国際貢献をするための手段であった。そのため，その戦略性は自らの意図により薄められ，PDにおける双方向性，自律性がより重視，強調されてきたのである。しかし，2000年代以降，日本はPDにおける戦略性を「再発見」し，財政的な問題を抱えながらも，ソフト・パワーを発揮する手段として，広報文化外交に注力している。

　そして，両国のPDの概念変容は決して自国の特徴のみで説明できるわけではなく，互いを含む他者との相互作用の中で起こっており，協調や協力だけでなく，競争意識にも影響され，絶えず変化しているのである。本書による検証が示すように，PDが対外政策であり，ソフト・パワーというパワーを追求している以上，日中のPDは当然国際秩序の変化，パワーバランスの論理に影響されている。一方，自国と他者のパワー関係に対する認識は常に変化しているため，両国のPDという概念に対する解釈だけでなく，PDの戦略とPDにおける他者の位置づけも変化している。

　中国の公共外交において，日本は西側諸国のなかに位置づけられ，ライバル，あるいはバランシングすべき対象の1つとして見なされてきたが，場合によっては見習うべき手本でもあった。対する日本の広報文化外交では，中国はプレゼンス向上のために重要な対象地域とされ，両国間の対立と摩擦によりその重要性がさらに強まり，同時にライバルとして見なされることになったのである。さらに注目すべき点として，それぞれ台頭の時期においてPDを強化してきた日中にとって，超大国であるアメリカだけでなく，互いの周辺にあるアジア諸国も両国にとってきわめて重要な他者であった。中国にとってアメリカはライバルであり，日本にとってアメリカは協調すべき同盟国であるが，日中両国は共に米国のPDにより影響を受け，米国の経験を学習してきただけでなく，米

国や周辺諸国の大衆は異なる政策目標を持つ日中両国にとって味方に付けたい対象であるともいえる。

さらに，多くの対外政策と同じように，PDは常に日中両国の国内要因に影響されており，本来国内政策としての性格が強い文化政策はさらにそうである。PDは単なる対外政策ではなく，自国国内の政治，経済，社会に生じているさまざまな変化や種々の問題への対応策である側面も軽視できない。国内の政治，社会問題は中国の公共外交の効果を左右しており，日本の広報文化外交も予算難などの問題に悩まされている。他方，両国による文化力が国力である議論が示すように，日中両国はそれぞれの国内問題に対応するため，PDやソフト・パワー，そして対外文化政策に新たな意義を見出している。第6章の分析から分かるように，中国の場合，政権が国内における権威と権力の集中を図るプロセスにおいて，すでに定着したPDという概念が限定的に使われるようになっている。この事例が示したように，PD概念は導入される段階だけでなく，定着したあとも国内政治の影響を受け，選択的に使われて，再評価が行われる可能性がある。

最後に，地域研究の手法に国際政治理論の分析視点を加えることにより，日本と中国という多くの相違点を持つ2つの事例を，共通の分析枠組みを通じて比較することができるのである。公共外交と広報文化外交をそれぞれ独立した特殊事例ではなく，互いに影響し合う，比較可能な事例として扱った本書の分析枠組みは，対外政策としてのPDの理論研究や日中以外の諸国を対象とするPDの事例研究にも貢献できるであろう。

参考文献

日本語文献

A50日米戦後史編集委員会編(2001)『日本とアメリカ――パートナーシップの50年』ジャパンタイムズ。

青山瑠妙(2007a)『現代中国の外交』慶應義塾大学出版会。

青山瑠妙(2007b)「中国のパブリック・ディプロマシー――マイナスイメージ払拭から国家ブランド創出へ」川島真編『中国の外交――自己認識と課題』山川出版社，35-54頁。

青山瑠妙(2009)『中国のパブリック・ディプロマシー』国際交流基金。

青山瑠妙(2010)「日本の中国観の変遷と日中関係」王緝思・カーティス・ジェラルド，国分良成編『日米中トライアングル――3カ国協調への道』岩波書店，233-256頁。

青山瑠妙(2014)「防御的，積極的，そして攻撃的パブリック・ディプロマシー――中国における3つの要素」『国際問題』第635号，15-25頁。

青山瑠妙(2016)「台頭を目指す中国の対外戦略」『国際政治』第183号，116-130頁。

浅野亮(2008)「中国の対外政策――「中国の台頭」，中国イメージ，安全保障」『海外事情』2008年2月号，16-34頁。

浅野亮(2010)「中国の対外戦略」畠山圭一編著『中国とアメリカと国際安全保障――問われる日本の戦略』，131-150頁。

浅野亮(2011)「中国の対外政策方針の変化――その決定メカニズムとプロセス」『国際問題』第602号，36-47頁。

アシザワ，キンバリー・グールド(2008)「アメリカのフィランソロピーは日本にどう向き合ったのか」山本正編著『戦後日米関係とフィランソロピー――民間財団が果たした役割1945～1975年』ミネルヴァ書房，75-107頁。

阿部純一(1997)「第6章 アメリカの東アジア戦略のなかの中国」井尻秀憲編著『中台危機の構造――台湾海峡クライシスの意味するもの』勁草書房，187-207頁。

天児慧・浅野亮編著(2008)『世界政治叢書8 中国・台湾』ミネルヴァ書房。

天児慧(2018)『中国政治の社会体制』岩波書店。

家近亮子・松田康博・段瑞聡編(2012)『岐路に立つ日中関係——過去との対話・未来への模索[改訂版]』晃洋書房。

池田謙一・唐沢穣・工藤恵理子・村本由紀子(2010)『社会心理学』有斐閣。

井尻秀憲編著(1997)『中台危機の構造——台湾海峡クライシスの意味するもの』勁草書房。

伊藤剛(2012)「胡錦濤政権と新思考外交の挫折——二〇〇三—〇五年」高原明生・服部龍二編『日中関係史　1972-2012　Ⅰ政治』東京大学出版会，417-441頁。

井出敬二(2007)「日本の対中パブリック・ディプロマシー」金子将史・北野充編『パブリック・ディプロマシー——「世論の時代」の外交戦略』PHP研究所，231-270頁。

伊藤剛(2006)「『特殊』論と『普通の国』論の狭間——『権力』・『パワー』概念から見た現代中国の政治外交」『国際政治』第145号，141-154頁。

伊藤剛(2010)「中国の経済戦略」畠山圭一編著『中国とアメリカと国際安全保障——問われる日本の戦略』晃洋書房，168-181頁。

伊藤陽一(1984)「第7章　国際情報交流」斎藤真・杉山恭・馬場伸也・平野健一郎編『国際関係における文化交流』日本国際問題研究所，171-204頁。

伊藤裕夫・藤井慎太郎編(2012)『芸術と環境——劇場制度・国際交流・文化政策』論創社。

井上正也(2015)「アジア冷戦の分水嶺——一九六〇年代」宮城大蔵編『戦後日本のアジア外交』ミネルヴァ書房，111-141頁。

今井健一編(2002)『中国の公企業民営化——経済改革の最終課題』アジア経済研究所。

入江昭(1998)『権力政治を超えて——文化国際主義と世界秩序』岩波書店。

岩渕功一(2004)『超える文化，交錯する境界——トランス・アジアを翔るメディア文化』山川出版社。

岩渕功一(2011)『対話としてのテレビ文化——日・韓・中を架橋する』ミネルヴァ書房。

江口博保・吉田曉路・浅野亮編(2012)『肥大化する中国軍——増大する軍事費から見た戦力整備』晃洋書房。

江藤名保子(2017)「習近平政権の世論対策に内在するジレンマ」『中国の国内情勢と対外政策』国際問題研究所，37-46頁。

大石裕・山本信人(2008)『イメージの中の日本——ソフト・パワー再考』慶應義塾大学出版会。

大芝亮編(2013)『日本の外交　第5巻　対外政策課題編』岩波書店。

岡眞理子(2012)「国際交流基金と文化外交」伊藤裕夫・藤井慎太郎編『芸術と環境——

劇場制度・国際交流・文化政策』論創社，194-213頁。
岡田直之(2001)『世論の政治社会学』東京大学出版会。
小熊旭・川島真(2012)「第2章 「大平学校」とは何か(一九八〇年)——日中知的交流事業の紆余曲折」園田茂人編『日中関係史 1972-2012 Ⅲ社会・文化』東京大学出版会，53-80頁。
霞山会(1993)『日中関係基本資料集 1970年—1992年』財団法人霞山会。
加瀬みき(2008)「価値観と実利の間で揺れる欧米の対中観」『中央公論』2008年8月号，54-61頁。
金子将史(2007)「日本のパブリック・ディプロマシー」金子将史・北野充編『パブリック・ディプロマシー——「世論の時代」の外交戦略』PHP研究所，183-230頁。
金子将史(2014)「転換期を迎える日本のパブリック・ディプロマシー」『国際問題』第635号，38-48頁。
金子将史・北野充編(2007)『パブリック・ディプロマシー——「世論の時代」の外交戦略』PHP研究所。
金子将史・北野充編(2014)『パブリック・ディプロマシー戦略——イメージを競う国家間ゲームにいかに勝利するか』PHP研究所。
加茂具樹(2012)「小泉内閣とナショナリズムの高揚——二〇〇一—〇二年」高原明生・服部龍二編『日中関係史 1972-2012 Ⅰ政治』東京大学出版会，371-415頁。
加茂具樹編(2017)『中国対外行動の源泉』慶応義塾大学出版会。
カルダー，ケント・E(2008)『日米同盟の静かなる危機』(渡辺将人訳)ウェッジ。
川崎賢一(2006)『トランスフォーマティブ・カルチャー——新しいグローバルな文化システムの可能性』勁草書房。
川島真編(2007)『異文化理解講座6 中国の外交 自己認識と課題』山川出版社。
川島真(2014)「中国における国際政治研究の展開——『中国モデルという課題』」『国際政治』第175号，100-114頁。
貴志俊彦・土屋由香編(2009)『文化冷戦の時代——アメリカとアジア』国際書院。
北野充(2014)「パブリック・ディプロマシーの時代」『国際問題』第635号，1-4頁。
キンダー，ドナルド・R(2004)『世論の政治心理学——政治領域における意見と行動』(加藤秀治郎・加藤祐子訳)世界思想社。
工藤安代(2008)『パブリックアート政策——芸術の公共性とアメリカ文化政策の変遷』勁草書房。
楠綾子(2015)「国際交流基金の設立——日米関係の危機と日本外交の意識変容」福永文

夫編『第二の「戦後」の形成過程——1970年代日本の政治的・外交的再編』，89-118頁。

栗山尚一(1990)「激動の90年代と日本外交の新展開——新しい国際秩序構築への積極的貢献のために」『外交フォーラム』1990年5月号，12-21頁。

クレーン，ダイアナ(2009)「グローバル時代における文化政策問題と論争」佐々木雅幸・川崎賢一・河島伸子編『グローバル化する文化政策』勁草書房，77-86頁。

国際交流基金15年史編纂委員会(1990)『国際交流基金15年のあゆみ』国際交流基金。

国際交流基金(2003)「主要先進諸国における国際交流機関調査報告書」国際交流基金。

国際交流基金(2010)「国際文化交流の評価手法研究報告書——国際交流基金のドイツでの事業を対象とした調査研究」国際交流基金。

国際交流基金30年史編纂室編(2006)『国際交流基金30年のあゆみ』国際交流基金。

国際交流研究会(2003)「新たな時代の外交と国際交流の新たな役割——世界世論形成への日本の本格的参画を目指して」国際交流基金。

国分良成(2008)「日中関係と国内政治の相互連関——近年の関係改善をめぐって」『法学研究』81巻6号，1-21頁。

国分良成編(2013)『日本の外交第4巻　対外政策　地域編』岩波書店。

小嶋華津子(2014)「習近平政権と中国の政治権力構造」『フィナンシャル・レビュー』119号，38-53頁。

近藤誠一(2005)「日本の文化外交戦略——文化外交の最前線で考えたこと」『外交フォーラム』2005年12月号，22-27頁。

後藤和子(2001)『文化政策——法・経済・マネジメント』有斐閣。

斎藤真・杉山恭・馬場伸也・平野健一郎編(1984)『国際関係における文化交流』日本国際問題研究所。

斎藤嘉臣(2013)『文化浸透の冷戦史——イギリスのプロパガンダと演劇性』勁草書房。

佐々木雅幸・川崎賢一・河島伸子編著(2009)『グローバル化する文化政策』勁草書房。

佐藤卓己(2008)『輿論と世論——日本的民意の系譜学』新潮社。

佐藤卓己・渡辺靖・柴内康文(2012)『ソフト・パワーのメディア文化政策——国際発信力を求めて』新曜社。

渋谷司(1995)「李登輝訪米の波紋」『海外事情』平成7年9月号，94-115頁。

信田智人(2006)『冷戦後の日本外交——安全保障の国内政治過程』ミネルヴァ書房。

芝崎厚士(2013)「対外文化政策思想の展開——戦前・戦後・冷戦後」酒井哲哉編『日本の外交第3巻　外交思想』岩波書店，125-150頁。

杉山恭(1984)「わが国における文化交流の現状」斎藤眞・杉山恭・馬場伸也・平野健一郎編『国際関係における文化交流』日本国際問題研究所, 25-60頁。

スノー, ナンシー(2004)『情報戦争――9.11以降のアメリカにおけるプロパガンダ』(福間良明訳)岩波書店。

スロスビー, デイヴィッド(2014)『文化政策の経済学』(後藤和子・坂本崇監修, 原著2010年発行)ミネルヴァ書房。

戦後日本国際文化交流研究会(2005)「第1章 戦後日本の国際文化交流」平野健一郎監修『戦後日本の国際文化交流』勁草書房, 3-32頁。

総務庁行政監察局編(1991)『国際文化交流の現状と課題――総務庁の行政監察結果から』大蔵省印刷局。

総務庁行政監査局編(1996)『文化行政の現状と課題――21世紀に向けた芸術文化の振興と文化財の保護』大蔵省印刷局。

園田茂人(2011)「世論調査にみる日中相互イメージ」『外交』第10号, 50-53頁。

園田茂人(2012)「序章 日中相互認識の四〇年――文化イベントにみる相互イメージの不定型化」園田茂人編『日中関係史 1972-2012 Ⅲ社会・文化』東京大学出版会, 3-19頁。

園田茂人, グッドマン, デヴィッド・S・G編(2018)『チャイナ・インパクト――近隣からみた「台頭」と「脅威」』東京大学出版会。

高木誠一郎(2011)「中国外交の新局面:国際『話語権』の追求」『青山国際政経論集』第85号, 3-19頁。

高木誠一郎(2014)「米中関係と日本――冷戦後から現在まで」『国際問題』No.628, 5-14頁。

高原明生・服部龍二編(2012)『日中関係史 1972-2012 Ⅰ政治』東京大学出版会。

竹中平蔵(1999)『ソフト・パワー――21世紀・日本の見取り図』PHP研究所。

辰巳由紀・中山俊宏(2008)「米国の対外政策とシンクタンクの役割と機能」『国際問題』No.575, 1-13頁。

田中明彦(1991)『日中関係1945-1990』東京大学出版会。

田中明彦(2000)『ワード・ポリティクス――グローバリゼーションの中の日本外交』筑摩書房。

田中明彦・田所昌幸(2008)「新自由主義の時代――1980年代」五百旗頭真編『日米関係史』有斐閣, 261-287頁。

田中明彦(2010)「日本外交におけるアジア太平洋」(渡邉昭夫編『アジア太平洋と新し

い地域主義の展開』千倉書房), 357-378頁。

玉置充子(2010)「中国の対外中国語教育——「漢弁」と孔子学院」『海外事情』平成22年3月号, 122-138頁。

チャルディーニ, ロバート・B(2007)『影響力の武器——なぜ人は動かされるのか』(社会行動研究会訳)誠信書房。

趙宏偉(2018)「『習近平新時代中国特色社会主義思想』の検証」『国際問題』第673号, 6-14頁。

土屋由香(2009)『親米日本の構築——アメリカの対日情報・教育政策と日本占領』明石書店。

テイラー, D・M／モグハッダム, F・M(2010)『集団間関係の社会心理学——北米と欧州における理論の系譜と展開』(野波寛・岡本卓也・小杉考司訳)晃洋書房。

ドロー, ルイ(1965)『国際文化交流』(三保元訳)白水社。

ナイ, ジョセフ・S(1990)『不滅の大国アメリカ』読売新聞社。

ナイ, ジョセフ・S(2002)『アメリカへの警告——21世紀国際政治のパワー・ゲーム』日本経済新聞社。

ナイ, ジョセフ・S(2004)『ソフト・パワー——21世紀国際政治を制する見えざる力』(山岡洋一訳, 原著2004年発行)日本経済新聞出版社。

ナイ, ジョセフ・S(2011)『スマート・パワー21世紀を支配する新しい力』(山岡洋一, 藤島京子訳, 原著2011年発行)日本経済新聞出版社。

内閣官房内閣審議室分室・内閣総理大臣補佐官室編 (1980)『大平総理の政策研究会報告書-1　文化の時代』大蔵省印刷局。

中居良文(2011)「中国の公共外交(Public Diplomacy)：批判的検討」『中国外交の問題領域別分析研究会』日本国際問題研究所, 14-27頁。

中野亜里(2009)「東南アジア地域統合とベトナム——内外の民主化圧力と中国への接近」『国際政治』第158号, 104-119頁。

ニコルソン, H(1968)『外交』東京大学出版会。

根木昭(2001)『日本の文化政策——「文化政策学」の構築に向けて』勁草書房。

根木昭・枝川明敬・垣内恵美子・大和滋 (1996)『文化政策概論』晃洋書店。

波多野澄雄編(2013)『日本の外交　第2巻　外交史　戦後編』岩波書店。

ハルパー, ステファン(2011)『北京コンセンサス——中国流が世界を動かす？』(園田茂人・加茂具樹訳, 原著2010年発行)岩波書店。

平松茂雄(2005)『台湾問題——中国と米国の軍事的確執』勁草書房。

参考文献

坂野正高(1971)『現代外交の分析——情報・政策決定・外交交渉』東京大学出版会.
寺田貴(2012)「日本とアジア地域主義の50年——その指導力と3つの規範変遷」梅森直人・平川幸子・三牧聖子編『歴史の中のアジア地域統合』勁草書房, 11-42頁.
平野健一郎編(1999)『国際文化交流の政治経済学』勁草書房.
平野健一郎(2000)『国際文化論』東京大学出版会.
平野健一郎監修(2005)『戦後日本の国際文化交流』勁草書房.
平野健一郎(2008)「国際関係を文化で見る——アジアの場合を中心に」『早稲田政治經濟學雜誌』第370号, 2-17頁.
フェスティンガー, レオン(1965)『認知的不協和の理論・社会心理学序説』(末永俊郎監訳)誠信書房.
深串徹(2016)「『中国の特色ある新型シンクタンク』の建設と中国の対外政策」『中国の国内情勢と対外政策』国際問題研究所, 179-200頁.
フリードバーグ, アーロン・L(2013)『支配への競争——米中対立の構図とアジアの将来』(佐橋亮監訳, 原著2011年発行)日本評論社.
フェルドマン, オフェル(2006)『政治心理学』ミネルヴァ書房.
福島安紀子(2012)『紛争と文化外交——平和構築を支える文化の力』慶應大学出版会.
福田赳夫(1987)「立志の齡を祝して」『国際交流』1987年第44号, 2-3頁.
布施哲(2009)「米国外交政策決定過程における台湾ロビー——李登輝訪米ビザ問題を中心に」『海外事情』2009年1月号, 88-101頁.
フランケル, J(1970)『外交における政策決定』東京大学出版会.
ブラウン, R(1993)『グループ・プロセス集団内行動と集団間行動』(黒川正流・橋口捷久・坂田桐子訳)北大路書房.
ブラウン, R(1999)『偏見の社会心理学』(橋口捷久・黒川正流訳, 原著1995年発行)北大路書房.
プラトカニス, A／アロンソン, E(1998)『プロパガンダ——広告・政治宣伝のからくりを見抜く』(社会行動研究会訳)誠信書房.
文化庁編(1988)『我が国の文化と文化行政』ぎょうせい.
文化庁監修(1999)『新しい文化立国の創造をめざして——文化庁30年史』ぎょうせい.
文化庁監修(2009)『文化芸術立国の実現を目指して——文化庁40年史』ぎょうせい.
星山隆(2008)「日本外交とパブリック・ディプロマシー——ソフト・パワーの活用と対外発信の強化に向けて」IIPS Policy paper 334j June 2008, 世界平和研究所.
堀内勇作・ゴールドスミス, ベンジャミン・E・猪口孝(2005)「『国際世論』の理論モデ

ルと実証方法——米国主導のアフガニスタン戦争を誰が支持したか」『レヴァイアサン』第36号,62-81頁。

松井剛(2010)「ブームとしての『クール・ジャパン』——ポップカルチャーをめぐる中央官庁の政策競争」『一橋ビジネスレビュー』2010/WIN,86-105頁。

松田武(2008)『戦後日本におけるアメリカのソフト・パワー——半永久的依存の起源』岩波書店。

松田武(2009)「戦後日米関係とアメリカの文化外交」『国際問題』No.578,22-39頁。

松田康博(2010)「改善の『機会』は存在したか?——中台対立の構造変化」若林正文編『ポスト民主化期の台湾政治——陳水扁政権の8年』アジア経済研究所,231-266頁。

松村正義(2002)『新版 国際交流史——近現代日本の広報文化外交と民間交流』地人館。

松本明日香(2017)「米中関係におけるパブリック・ディプロマシー」『米中関係と米中をめぐる国際関係』国際問題研究所,119-131頁。

マルテル,フレデリック(2009)『超大国アメリカの文化力——仏文化外交官による全米踏査レポート』(根本長兵衛・林はる芽監訳)岩波書店。

マルテル,フレデリック(2012)『メインストリーム——文化とメディアの世界戦争』(林はる芽訳,原著2010年発行)岩波書店。

ミアシャイマー,ジョン・J/ウォルト,スティーヴン・M(2007)『イスラエル・ロビーとアメリカの外交政策(Ⅰ・Ⅱ)』(副島隆彦訳)講談社。

三上貴教(2007)「パブリック・ディプロマシー——研究の射程」『修道法学』29巻2号,246-225頁。

ミッチェル,J・M(1990)『文化の国際関係』(田中俊郎訳)三嶺書房。

宮地大蔵(2013)「アジアの変容と日本外交」波多野澄雄編『日本の外交 第2巻 外交史 戦後編』岩波書店,145-168頁。

牟倫海(2016)『戦後日本の対外文化政策——1952年から72年における再編成の模索』早稲田大学出版部。

門司健次郎(2009)「オールジャパンで売り込む『日本』」『外交フォーラム』2009年7月号,34-39頁。

ヤーコブソン,リンダ/ノックス,ディーン(2011)『中国の新しい外交政策——誰がどのように決定しているのか』(岡部達味監修,辻康吾訳,原著2010年発行)岩波書店。

山口信治(2017)「習近平政権の国内政治と対外政策」『中国の国内情勢と対外政策』国際問題研究所,87-117頁。

山本正編著(2008)『国際政治・日本外交叢書⑤ 戦後日米関係とフィランソロピー——

民間財団が果たした役割，1945〜1975』ミネルヴァ書房。

横江公美(2008)『アメリカのシンクタンク——第五の権力の実相』ミネルヴァ書房。

吉本光宏(2008)「再考，文化政策-拡大する役割と求められるパラダイムシフト——支援・保護される芸術文化からアートを起点としたイノベーションへ」『ニッセイ基礎研所報』2008年第51号。

リップマン，W(1987)『世論(上・下)』(掛川トミ子訳)岩波書店。

レオナール，イヴ編(2001)『文化と社会——現在フランスの文化政策と文化経済』(植木浩監訳，八木雅子訳)丸善出版事業部。

若林正丈編(2010)『ポスト民主化期の台湾政治——陳水扁政権の8年』アジア経済研究所。

若松邦弘(2004)『調査報告書——イギリスにおけるパブリック・ディプロマシー』独立行政法人国際交流基金。

渡辺愛子(2005)『英国文化事情調査——大型日本文化紹介事業「Japan2001」の成果と今後の日英交流に関する提言』国際交流基金 http://www.jpf.go.jp/j/about/new/0505/img/england_all.pdf（最終アクセス2011年1月12日）

和田純(2002)「パブリック・ディプロマシーの幕開け——いよいよ求められる『総合力の外交』」『外交フォーラム』2002年6月号，38-43頁。

和田純(2004)「東アジアにおける日本の国際文化交流と文化外交——戦後日本の政府機関の活動と課題」添谷芳秀・田所昌幸編『日本の東アジア構想』慶應大学出版会，59-109頁。

和田純(2008)「アメリカのフィランソロピーは日本に何を残したのか」山本正編著『戦後日米関係とフィランソロピー——民間財団が果たした役割 1945-1975年』ミネルヴァ書房，108-154頁。

渡辺靖(2008)『アメリカン・センター——アメリカの国際文化戦略』岩波書店。

渡辺靖(2011)『文化と外交——パブリック・ディプロマシーの時代』中央公論新社。

日本語資料

海外交流審議会(2007)「日本の発信力強化のための5つの提言」http://www.mofa.go.jp/mofaj/annai/shingikai/koryu/pdfs/h18_teigen.pdf（最終アクセス2012年6月25日）

海外交流審議会(2008)答申「我が国の発信力強化のための施策と体制——「日本」の理解者とファンを増やすために」http://www.mofa.go.jp/mofaj/annai/shingikai/kor-

yu/pdfs/toshin_ts.pdf（最終アクセス2012年6月25日）
外務省(2012a)「広報文化外交の制度的あり方に関する有識者懇談会について」http://www.mofa.go.jp/mofaj/gaiko/culture/kondankai1201/index.html（最終アクセス2012年6月25日）
外務省(2012b)「日中交流支援事業」http://www.mofa.go.jp/mofaj/area/china/jc_boshu.html（最終アクセス2012年9月14日）
広報文化外交の制度的あり方に関する有識者懇談会(2012)「3.11後の広報文化外交」http://www.mofa.go.jp/mofaj/gaiko/culture/kondankai1201/pdfs/saisyu_hokokusho2.pdf（最終アクセス2012年8月25日）
外務省『外交青書(わが外交の近況)』各年度版。
国際文化交流に関する懇談会(1994)「新しい時代の国際文化交流」『国際交流』1994年第64号，84-90頁。
国際交流研究会(2003)「新たな時代の外交と国際交流の新たな役割——世界世論形成への日本の本格的参加を目指して」http://www.jpf.go.jp/j/about/survey/kkk/all.pdf（最終アクセス2012年2月22日）
国際交流基金文化交流研究委員会(2010)「21世紀，新しい文化交流を」http://www.jpf.go.jp/j/about/survey/bkk/pdf/2010.pdf（最終アクセス2012年11月22日）
国際文化交流懇談会（2003）「今後の国際文化交流の推進について」
国際文化交流推進会議(1989a)「国際文化交流に関する懇談会報告」
国際文化交流推進会議(1989b)「国際文化交流行動計画」
文化外交の推進に関する懇談会(2004)「『文化交流の平和国家』日本の創造を」http://www.kantei.go.jp/jp/singi/bunka/kettei/050711houkoku.pdf（最終アクセス2012年2月22日）
文化政策推進会議（1995）「新しい文化立国をめざして——文化振興のための当面の重点施策について」『月刊文化財』第384号，37-45頁。
文化庁（1998）「文化振興マスタープラン——文化立国の実現に向けて」文化庁監修（1999）『新しい文化立国の創造をめざして——文化庁30年史』ぎょうせい，450-468頁。
文化の時代研究グループ（1980）「文化の時代研究グループ報告書」内閣官房内閣審議室分室・内閣総理大臣補佐官室編（1980）『大平総理の政策研究会報告書——1　文化の時代』大蔵省印刷局。
文化発信戦略に関する懇談会（2009）「日本文化への理解と関心を高めるための文化発

信の取り組みについて」。

文部科学省（文部省）『文部科学白書（我が国の文教施策）』各年度版。

文部科学省「文化芸術の振興に関する基本的な方針」（第1次～第4次基本方針）。

英語文献

Brienza, Casey (2013), "Did Manga Conquer America? Implications for the Cultural Policy of 'Cool Japan'", *International Journal of Cultural Policy*, Vol.20, No.4, pp. 383-398.

Christensen, Thomas J. (2011), "The Advantages of an Assertive China: Responding to Beijing's Abrasive Diplomacy", *Foreign Affairs*, Vol.90, No.2, pp. 54-67.

Cowan, Geoffrey, and Amelia, Arsenault (2008), "Moving from Monologue to Dialogue to Collaboration: The Three Layers of Public Diplomacy", *The Annals of the American Academy of Political and Social Science*, Vol.616, No.1, pp. 10-30.

Crane, Diana (2002), "Culture and Globalization: Theoretical Models and Emerging Trends", Crane, Diana, Kawashima, Nobuko, and Kawasaki, Ken'ichi, eds., *Global Culture: Media, Arts, Policy, and Globalization*, New York: Routledge, pp. 1-25.

Cull, Nicholas J. (2008), *The Cold War and the United States Information Agency: American Propaganda and Public Diplomacy. 1945-1989*, New York: Cambridge University Press.

Cull, Nicholas J. (2009), "How We Got Here", in Seib, Philip, ed., *Toward a New Public Diplomacy: Redirecting U.S. Foreign Policy*, New York: Palgrave Macmillan, pp. 23-47.

De kloet, Jeroen, Chong, Gladys, Pak, Lei, and Landsberger, Stefan (2011), "National Image Management Begins at Home: Imagining the New Olympic Citizen", in Wang, Jian, ed,. *Soft Power in China: Public Diplomacy through Communication*, New York: Palgrave Macmillan, pp. 117-133.

D'hooghe, Ingrid (2005), "Public Diplomacy in the People's Republic of China", in Melissen, Jan, ed., *The New Public Diplomacy: Soft Power in International Relations*, New York: Palgrave Macmillan, pp. 88-105.

D'hooghe, Ingrid (2007), *The Rise of China's Public Diplomacy*, Hague: Clingendael.

D'hooghe, Ingrid (2011a), "The Limits of China's Soft Power in Europe: Beijing's

Public Diplomacy Puzzle", in Lee, Sook Jong, and Melissen, Jan, eds., *Public Diplomacy and Soft Power in East Asia*, New York: Palgrave Macmillan, pp. 163-190.

D'hooghe, Ingrid (2011b), "The Expansion of China's Public Diplomacy System", in Wang, Jian, ed., *Soft Power in China: Public Diplomacy through Communication*, New York: Palgrave Macmillan, pp. 19-36.

D'hooghe, Ingrid (2015), *China's Public Diplomacy*, Leiden: Brill Nijhoff.

Economy, Elizabeth C. and Segal, Adam (2008), "China's Olympic Nightmare: What the Games Mean for Beijing's Future", *Foreign Affairs*, Vol.87, No.4, pp. 47-56.

Economy, Elizabeth C. (2010), "The Game Changer Coping with China's Foreign Policy Revolution", *Foreign Affairs*, Vol.89, No.6, pp. 142-152.

Fisher, Ali (2013), *Collaborative Public Diplomacy: How Transnational Network Influenced American Studies in Europe*, NY: Palgrave Macmillan.

Fisher, Ronald J., and Kelmen, Herbert C. (2011), "Perception in Conflict", in Bar-Tal, Daniel, ed., *Intergroup Conflicts and Their Resolution: A Social Psychological Perspective*, New York: Psychology Press, pp. 61-82.

Foot, Rosemary, and Walter, Andrew (2012), "Global Norms and Major State Behaviour: The Cases of China and the United States", *European Journal of International Relations*, Vol.19, No.2, pp. 329-352.

Fujita, Fumiko (2007), "U.S. Cultural Diplomacy toward Japan during the Cold War", 『アメリカ太平洋研究』, Vol.7, pp. 62-76.

Fung, Anthony Y. H., and Erni Nguyet John (2013), "Cultural Clusters and Cultural Industries in China", *Inter-Asia Cultural Studies*, Vol.14, No.4, pp. 644-656.

Gilboa, Eytan (2008), "Searching for a Theory of Public Diplomacy", *The Annals of the American Academy of Political and Social Science*, Vol.616, No.1, pp. 55-77.

Gill, Bates, and Huang, Yanzhong (2006), "Sources and Limits of Chinese 'Soft Power'", *Survival: Global Politics and Strategy*, Vol.48, No.2, pp. 17-36.

Gregory, Bruce (2008), "Public Diplomacy: Sunrise of an Academic Field", *The Annals of the American Academy of Political and Social Science*, Vol.616, No.1 pp. 274-290.

Hartig, Falk (2012), "Confucius Institutes and the Rise of China", *Journal of Chinese Political Science*, Vol.17, No.1, pp. 53-76.

Hayden, Craig (2012), *The Rhetoric of Soft Power Public Diplomacy in Global Contexts*, Maryland: Lexington Books.

Heng, Yee-Kuang (2010), "Mirror, Mirror on the Wall, Who Is the Softest of Them All? Evaluating Japanese and Chinese Strategies in the 'Soft' Power Competition Era", *International relations of the Asia-Pacific*, Vol.10, No.2, pp. 275-304.

Hesmondhalgh, David, and Pratt, Andy C. (2006), "Cultural Industries and Cultural Policy", *International Journal of Cultural Policy*, Vol.11, No.1, pp. 1-13.

Holyk, Gregory G. (2011), "Paper Tiger? Chinese Soft Power in East Asia", *Political Science Quarterly*, Vol.126, No.2, pp. 223-254.

Katzenstein, Peter J. ed. (2012), *Sinicization and the Rise of China: Civilizational Processes beyond East and West*, New York: Routledge.

Kawashima, Nobuko (2012), "Corporate Support for the Arts in Japan: Beyond Emulation of the Western Models", *International Journal of Cultural Policy*, Vol.18, No.3, pp. 295-307.

Keane, Michael, and Zhao, Elaine Jing (2014), "The Reform of the Cultural System: Culture, Creativity and Innovation in China", in Lee, Hye Kyung, and Lim, Lorraine, eds., *Cultural Policies in East Asia: Dynamics between the State, Arts and Creative Industries*, New York: Palgrave Macmillan, pp. 155-173.

Kurlantzick, Joshua (2007), *Charm offensive: How China's Soft Power Is Transforming the World*, New York: Yale University.

Lam, Peng Er (2007), "Japan's Quest for 'Soft Power': Attraction and Limitation", *East Asia*, Vol.24, No.4, pp. 349-363.

Lee, Hye Kyung, and Lim, Lorraine eds. (2014), *Cultural Policies in East Asia: Dynamics between the State, Arts and Creative Industries*, New York: Palgrave Macmillan.

Lee, Sook Jong, and Jan, Melissen eds. (2011), *Public Diplomacy and Soft Power in East Asia*, New York: Palgrave Macmillan.

Leonard, Mark, Stead, Catherine, and Smewing, Conrad (2002), *Public Diplomacy*, London: Foreign Policy Centre.

L'Etang, Jacquie (2009), "Public Relations and Diplomacy in a Globalized World: An Issue of Public Communication", *American Behavioral Scientist*, No.53, No.4, pp.

607-626.

Levy, S. Jack (1994), "Learning and Foreign Policy: Sweeping a Conceptual Minefield", *International Organization*, Vol.48, No.2, pp. 279-312.

Li, Mingjiang ed. (2011), *Soft Power: China's Emerging Strategy in International Politics*, Maryland: Lexington Books.

Lobell, Steven E., Ripsman, Norrin M., and Taliaferro, Jeffrey W. eds. (2009), *Neoclassical Realism, the State, and Foreign Policy*, Cambridge: Cambridge University Press.

Manners, Ian (2002), "Normative Power Europe: A Contradiction in Terms?", *Journal of Common Market Studies*, Vol.40, No.2, pp. 235-258.

McGray, Douglas (2002), "Japan's Gross National Cool", *Foreign Policy*, No.130, pp. 44-54.

Melissen, Jan, ed. (2005), *The New Public Diplomacy Soft Power in International Relations*, New York: Palgrave Macmillan.

Melissen, Jan and Sohn, Yul eds. (2015), *Understanding Public Diplomacy in East Asia: middle powers in a troubled region*, New York: Palgrave Macmillan.

Mor, Ben D. (2006), "Public Diplomacy in Grand Strategy", *Foreign policy Analysis*, Vol.2, No.2, pp. 157-176.

Newhouse, John (2009), "Diplomacy, Inc.: The Influence of Lobbies on U.S. Foreign Policy", *Foreign Affairs*, Vol.88, No.3, pp.73-92.

Nye, Joseph S. (2008), "Public diplomacy and soft power", *The Annals of the American Academy of Political and Social Science*, No.616, No.1, pp. 94-109.

Nye, Joseph S. (2010), "The Future of American Power Dominance and Decline in Perspective", *Foreign Affairs*, Vol.89, No.6, pp. 2-12.

Nye, Joseph S. (2011) *The Future of Power*, New York: Public Affairs.

Ordeix-Rigo, Enric, and Duarte, Joao (2009), "From Public Diplomacy to Corporate Diplomacy: Increasing Corporation's Legitimacy and Influence", *American Behavioral Scientist*, No.53, No.4, pp. 549-564.

Otmazgin, Nissim (2011), "A Tail that Wags the Dog? Cultural Industry and Cultural Policy in Japan and South Korea", *Journal of Comparative Policy Analysis: Research and Practice*, Vol.13, No.3, pp. 307-325.

Otmazgin, Nissim Kadosh (2014), "Geopolitics and Soft Power: Japan's Cultural

Policy and Cultural Diplomacy in Asia", *Asia-Pacific Review*, Vol.19, No.1, pp. 37-61.

Otmazgin, Nissim and Ben-Ari, Eyal (2012), *Popular Culture and the State in East and Southeast Asia*, New York: Routledge.

Pamment, James (2013), *New Public Diplomacy in the 21st Century: A Comparative Study of Policy and Practice*, Oxon: Routledge.

Paradise, James F. (2009), "China and International Harmony: The Role of Confucius Institutes in Bolstering Beijing's Soft Power", *Asian Survey*, Vol.49, No.4, pp. 647-669.

Paul, T. V. (2005), "Soft Balancing in the Age of U.S. Primacy", *International Security*, Vol.30, No.1, pp. 46-71.

Payne, J. Gregory (2009a), "Trends in Global Public Relations and Grassroots Diplomacy", *American Behavioral Scientist*, No.53, pp. 487-492.

Payne, J. Gregory (2009b), "Reflections on Public diplomacy: People-to-people Communication", *American Behavioral Scientist*, No.53, pp. 579-606.

Rawnsley, Gary D. (2009), "China Talks Back: Public Diplomacy and Soft Power for the Chinese Century", in Snow, Nancy, and Taylor, Philip M. eds., *Routledge Handbook of Public Diplomacy*, New York: Routledge, pp. 282-291.

Rawnsley, Gary D. (2012), "Approaches to Soft Power and Public Diplomacy in China and Taiwan", *Journal of International Communication*, Vol.18, No.2, pp. 121-135.

Reykowski, Janusz, and Cistak Aleksandra (2011), "Socio-Psychological Barriers to Conflict Resolution", in Bar-Tal, Daniel, ed., *Intergroup Conflicts and Their Resolution: A Social Psychological Perspective*, New York: Psychology Press, pp. 241-266.

Rose, Gideon (1998), "Neoclassical Realism and Theories of Foreign Policy", *World Politics*, Vol.51, No.1, pp. 144-172.

Ross, Robert S., Feng, Zhu, eds. (2008), *China's Ascent: Power, Security, and the Future of International Politics*, New York: Cornell University.

Ross, Robert S and Bekkevold, Jo Inge, eds. (2016), *China in the era of Xi Jinping: domestic and foreign policy challenges*, Washington, DC: Georgetown University Press.

Ross, Robert, S. (2013), "The Domestic Sources of China's "Assertive Diplomacy," 2009-2010: Nationalism and Chinese Foreign Policy" in Foot, Rosemary, ed., *China across the Divide: The Domestic and Global in Politics and Society*, New York: Oxford University Press, pp. 72-96.

Ross, Robert S and Bekkevold, Jo Inge, eds. (2016), *China in the ear of Xi Jinping: domestic and foreign policy challenges*, Washington, DC: Georgetown University Press.

Seib, Philip, ed. (2009), *Toward a New Public Diplomacy Redirecting U.S. Foreign Policy*, New York: Palgrave Macmillan.

Shambaugh, David (2013), *China Goes Global: Partial Power*, New York: Oxford University Press.

Sheafer, Tamir, and Shenhav, Shaul R. (2009), "Mediated Public Diplomacy in a New Era of warfare", *The Communication Reciew*, Vol.12, NO.3, pp. 272-283.

Snow, Nancy, Taylor, M. Philip eds. (2009), *Routledge Handbook of Public Diplomacy*, New Yourk and London: Routledge.

Su, Wendy (2010), "To Be or Not To Be? — China's Cultural Policy and Counter hegemony Strategy Toward Global Hollywood from 1994 to 2000", *Journal of International and Intercultural Communication*, Vol.3, No.1, pp. 38-58.

Su, Wendy (2014), "From Culture for the People to Culture for Profit: the PRC's Journey toward a Cultural Industries Approach", *International Journal of Cultural Policy*, Vol.21, No.5, pp. 513-528.

Sun, Jing (2013), *Japan and China as Charm Rivals: Soft Power in Regional Diplomacy*, University of Michigan Press.

Tong, Q.S., and Hung, Ruth Y.Y. (2012), "Cultural policy between the state and the market: regulation, creativity and contradiction", *International Journal of Cultural Policy*, Vol.18, No.3, pp. 265-278.

Van Ham, Peter (2010), *Social Power in International Politics*, Oxford: Routledge.

Van Ham, Peter (2011), "China's Rise and Europe's Fall: Time to Start Worrying", *European View*, Vol.10, No.1, pp. 107-114.

Vyas, Utpal (2011), *Soft Power in Japan-China Relations: State, Sub-state and Non-state Relations*, New York: Routledge.

Waller, J. Michael, ed. (2007), *The Public Diplomacy Reader*, Washington DC:

Institute of World Politics Press.

Wang, Jian, ed. (2011), *Soft Power in China: Public Diplomacy through Communication*, New York: Palgrave Macmillan.

Wang, Yiwei (2008), "Public Diplomacy and the Rise of Chinese Soft Power", *The Annals of the American Academy of Plitical and Social Science*, No. 616, pp. 257-273.

Watanabe, Yasushi, and McConnell, David, L. eds. (2008), *Soft Power Superpower: Cultural and National Assets of Japan and the United States*, New York: M.E.Sharpe.

Wehrenfennig, Daniel (2008), "Conflict Management and Communicative Action: Second-Track Diplomacy from a Habermasian Perspective", *Communication Theory*, No.18, pp. 356-375.

Yahuda, Michael (2014), *Sino-Japanese Relations after the Cold War: Two Tigers Sharing a Mountain*, Oxford: Routledge.

Yun, Seong-Hun, and Toth, Elizabeth L. (2009), "Future Sociological Public Diplomacy and the Role of Public Relations: Evolution of Public Diplomacy", *American Behavioral Scientist*, No.53, pp. 493-503.

中国語文献

卜正珉(2009)『公衆外交——軟性国力、理論与策略』、允晨文化実業。

蔡武(2009)「新中国60年対外文化工作発展歴程」『求是』第15期、28-30頁。

蔡武(2014)『文化熱点面対面』、人民出版社。

曹澤林(2006)『国家文化安全論』、軍事科学出版社。

丁関根(1995)「努力作好新形勢下的宣伝思想工作」『求是』、1995年第22期、2-7頁。

丁関根(1996)「学習党的十四届六中全会精神的幾点体会」『求是』、1996年第22期、2-11頁。

丁学良(2014)『中国的軟実力和周辺国家』、東方出版社。

傅才武(2014)『中国公共文化政策実験基地観察報告』、社会科学文献出版社。

高飛(2005)「公共外交的界定、形成条件及其作用」『外交評論』第6期、105-112頁。

高偉濃(2010)「中国東盟関係発展的民間体制与公共外交——以中国東盟友好協会為基礎」『東南亜縦横』第11期、21-27頁。

関世傑(2000)「国際文化交流与外交」『国際政治研究』第3期、106-136頁。

広電総局(2001)「国家広播電影電視総局関于広播影視"走出去工程"的実施細則」。
郭寿旺(2006)『華府智庫対美国台海両岸政策制定之影響――対李登輝総統九五年訪美案例之研究』, 秀威資訊科技。
国務院(1996)「国務院関于進一歩完善文化経済政策的若干規定」, 国発(1996)37号。
韓方明(2011)「培養国民成熟心態是公共外交的重要責任」『公共外交季刊』夏季。
韓方明, 趙可金, 柯銀斌編(2011)『公共外交概論』, 北京大学出版社。
何蘭(2010)「強化公共外交, 減少輿論雑音」『現代国際関係』第11期, 21-23頁。
黄星原(2011)「積極探索中国公共外交新思路」『現代伝播』第8期, 49-51頁。
黄友義(2011)「出国人員的国家形象意識亟待提高」『公共外交季刊』夏季。
胡恵林, 陳昕編(2012)『中国文化産業評論』, 上海人民出版社。
胡錦涛(2007)「高挙中国特色社会主義偉大旗幟, 為奪取全面建設小康社会新勝利而奮闘――在中国共産党第十七次全国代表大会上的報告」『求是』, 2007年第21期, 3-22頁。
胡錦涛(2011)「堅定不移走中国特色社会主義文化発展道路, 努力建設社会主義文化強国」『求是』第1期, 3-7頁。
胡錦涛(2012)「堅定不移沿着中国特色社会主義道路前進 為全面建成小康社会而奮闘――在中国共産党第十八次全国代表大会上的報告」。
江沢民(1997)「高挙鄧小平理論偉大旗幟, 把建設有中国特色社会主義事業全面推向二十一世紀――江沢民在中国共産党第十五次全国代表大会上的報告」。
江沢民(2002)「全面建設小康社会, 開創中国特色社会主義事業新局面――在中国共産党第十六次全国代表大会上的報告」『求是』, 2002年第22期, 3-19頁。
李永輝(2008)「伝統智慧与奥運会后的中国外交」『現代国際関係』第9期, 25-27頁。
黎星(2010)「従哥本哈根気候大会看中国輿論伝播之不足」『公共外交季刊』春季。
李肇星(2007)「2006年国際形勢和中国外交工作」『求是』, 2007年第1期, 9-10頁。
李智(2004)「論文化外交対国家国際威望樹立的作用」『学術探索』, 2004年第10期, 90-94頁。
梁岩(2010)『中国文化外宣研究』, 中国伝媒大学出版社。
劉華秋(2004)「独立自主的和平外交政策具有強大的生命力――2004年的国際和我国的対外工作」『求是』第1期, 58-61頁。
孟暁駟(2006)「和諧世界理念与外交大局中的文化交流――近年来我国対外文化工作的回顧和思考」『求是』第20期, 58-60頁。
欧陽堅(2009a)「推動文化体制改革向縦深発展」『求是』第8期, 18-21頁。
欧陽堅(2009b)「開啓文化産業発展新紀元」『求是』第24期, 13-16頁。

欧陽堅(2011)『文化産業政策与文化産業発展研究』，中国経済出版社．
裘援平(2010)「中国的和平発展与公共外交」『国際問題研究』第6期，1-3頁．
祁述裕(2011)『中国文化産業発展前沿——"十二五"展望』，社会科学出版社．
銭其琛(1995)「始終不渝地奉行独立自主的和平外交政策」『求是』，1995年第12期，2-6頁．
曲星(2010)「公共外交的経典含義与中国特色」『国際問題研究』第6期，4-9頁．
沈海涛，李永強(2011)「中国対日公共外交探析」『政治歴史研究』第3期，67-71頁．
時殷弘(2013)「中国周辺行為中曾有的"勝利主義"：動能和決策複雑性」『現代国際関係』第10期，3-5頁．
宋黎磊，王義桅(2011)「中国対欧公共外交，目標進展与挑戦」『現代国際関係』第8期，44-51頁．
孫家生(1998)「改革，発展，繁栄：新時期文化事業的主旋律」『求是』，1998年第24期，34-38頁．
唐家璇(2004)「不断提高応対国際局勢和処理国際事物的能力」『求是』第23期，3-6頁．
唐小松，王義桅(2003a)「從"進攻"到"防禦"——美国公共外交戦略的角色変遷」『美国研究』第3期，74-86頁．
唐小松，王義桅(2003b)「公共外交対国際関係理論的衝撃，一種分析框架」『欧州研究』第4期，62-72頁．
唐小松(2006)「中国公共外交的発展及其体系構建」『現代国際関係』第2期，42-46頁．
唐小松(2007)「論中国公共外交的両条戦線」『現代国際関係』第8期，42-46頁．
唐小松(2010)「從世博会看中国防禦性公共外交」『公共外交季刊』夏季．
檀有志(2012)「公共外交中的中国形象建構——以中国国家形象宣伝片為例」『現代国際関係』第3期．
王緝思(2011)「中国的国際定位問題与"韜光養晦，有所作為"的戦略思想」(曲星編『後危機時期国際格局演変与中国的和平発展環境』，時事出版社)．
王憲鵬(2010)「新形勢下中国公共外交的四大策略」『公共外交季刊』夏季．
王毅(2007)「始終不渝走和平発展道路」『求是』2007年第23期，61-63頁．
魏新龍(2002)「文化外交：実現国家国際戦略目標的重要手段」『理論与改革』，2002年第2期，89-90頁．
文化部(1991)「国務院批転文化部関于文化事業若干経済政策意見報告的通知」
文化部(1997)「文化部渉外文化芸術表演及展覧管理規定」(文化部令第11号)
呉邦国(1996)「統一認識，堅定信心，加快国有企業改革和発展」『求是』，1996年第22期，

12-18頁。

習近平(2014)『習近平談治国理政』外文出版社。
習近平(2016)「在全国党校工作会議上的講話」『求是』2016年第9期，3-13頁。
習近平(2017a)『習近平談治国理政　第二巻』外文出版社。
習近平(2017b)「決勝全面建成小康社会　奪取新時代中国特色社会主義偉大勝利——在中国共産党第十九次全国代表大会上的報告」。
厳昭柱(2005)「先進文化，構建社会主義和諧社会的精神支柱」『求是』第8期，47-50頁。
楊発喜(2006)「中国堅定不移地走和平発展道路——訪中央外弁主任戴秉国」『求是』第1期，57-59頁。
楊積堂編(2014)『中国文化産業発展政策与法規参考』，法律出版社。
楊潔篪(2008a)「2007年国際形勢和中国外交工作」『求是』2008年第1期，53-55頁。
楊潔篪(2008b)「改革開放以来的中国外交」『求是』2008年第18期，33-36頁。
楊潔篪(2010)「大変革，大調整，大発展——2009年的国際形勢和中国外交」『求是』2010年第1期，57-59頁。
楊潔篪(2011)「努力開拓中国特色公共外交新局面」『求是』2011年第4期，43-46頁。
楊潔篪(2013)「新形勢下中国外交理論和実践創新」『求是』2013年第16期，7-10頁。
楊潔篪(2016a)「堅持外交理論与実践創新　不断開創中国外交新局面」『求是』2016年第3期，3-6頁。
楊潔篪(2016b)「不断把人類和平与発展的崇高事業推向前進」『求是』2016年第18期，3-6頁。
楊潔篪(2017)「深入学習貫徹習近平総書記外交思想　不断譜写中国特色大国外交新篇章」『求是』2017年第14期，3-6頁。
姚遙(2014)「新中国対外宣伝史——建構現代中国的国際話語権」清華大学出版社。
芸衡(2009)『文化主権与国家文化軟実力』，社会科学文献出版社。
于磊(2009)『国家形象及其対国家間行為的影響』，知識産権利出版社。
兪新天(2010)「構建中国公共外交理論的思考」『国際問題研究』第6期，10-17頁。
張清敏(2006)「全球化環境下的中国文化外交」『外交評論』，2006年第2期，36-43頁。
張薇薇(2009)「拓展有中国特色的公共外交」『国際問題研究』第4期，12-16頁。
趙可金(2010)「把握全球化時代公共外交的規律」『公共外交季刊』夏季。
趙可金(2011)『軟戦時代的中美公共外交』時事出版社。
趙啓正(2005)「向世界説明中国——趙啓正演講談話録』，新世界出版社。
趙啓正(2010)「中国登上公共外交世界舞台」『公共外交季刊』春季。

趙少華(2012)「把握規律，科学発展，加快推動中華文化走向世界——十六大以来中国対外文化交流的実践与思考」『求是』第16期，51-53頁。

中共中央(1996)「中共中央関于加強社会主義精神文明建設若干重要問題的決議」『求是』，1996年第21期，5-16頁。

中共中央(2010)「中共中央関于制定国民経済和社会発展第十二個五年規劃的建議」。

中共中央(2011)「中共中央関于深化文化体制改革推動社会主義文化大発展大繁栄若干重大問題的決定」。

中共中央文献研究室編(2017)『習近平関于社会主義文化建設論述摘編』中央文献出版社。

中華人民共和国外交部政策規划司編『中国外交』各年度版，政界知識出版社。

鐘軒(1995)「做好宣伝思想工作需要注意把握的幾個問題」『求是』，1995年第8期，2-8頁。

あとがき

　本書は2015年11月に，同志社大学大学院法学研究科に提出した学位（博士・政治学）請求論文「日本と中国のパブリック・ディプロマシー——概念変容に伴う新たな競争」に加筆・修正をおこなったものである。本書各章の内容は，以下の個別論文から構成されている。

　第1章，第2章：張雪斌（2012）「対外政策におけるパブリック・ディプロマシーの役割とその限界」，『同志社法学』第352号，47-117頁。
　第3章：張雪斌（2015）「台頭する中国のパブリック・ディプロマシー（公共外交）——概念の変容を促す要因」，『アジア研究』61巻第3号，18-37頁。
　第4章：張雪斌（2016）「日本のパブリック・ディプロマシー——広報文化外交の概念変容」，『同志社法学』第384号，215-259頁。
　第5章：張雪斌（2017）「新たな競争に寄与する文化政策——日中の文化政策を事例に」『同志社法学』第389号，23-68頁。
　第6章：書き下ろし

　筆者が，政府による広報や対外発信そして文化交流に興味を持ち始めたのは，同志社大学社会学部に入学した2005年頃からであったと記憶している。ちょうどその頃，中国は，諸外国との貿易拡大によって，急速な経済成長を続けていた。経済発展を続ける中国と日本の間で経済的・人的・文化的交流が増加していく一方で，日中両国の関係は，歴史認識問題や領土領海問題などの激化によって，悪化の一途をたどっていた。筆者は，しばしば中国からの留学生代表として，日中関係に関する見解や意見を求められた。そうした経験を通じて，情報や文化をめぐる交流の重要性を痛感していったのである。

2008年，中国初のオリンピック開催に関する報道が過熱するなか，筆者ははじめてパブリック・ディプロマシーという概念に出会った。政府のイニシアティブで情報や文化の発信を増やし，国際交流を促進することを論じるパブリック・ディプロマシーの重要性に共感し，そして少なからず期待の念も感じていた。しかし，北京五輪の聖火リレーの現場で起こった摩擦と混乱を目の当たりにし，パブリック・ディプロマシーの持つ限界や課題を痛感したのであった。

　翌2009年に，同志社大学大学院法学研究科に入学して以来，筆者は一貫してパブリック・ディプロマシーについて学び，国際政治と情報・文化・国際交流との関係について研究を続けてきた。本書の着想から刊行に至った10年近くの歳月を振り返ると，実に多くの方々からご指導やご支援をいただいてきたと改めて感じている。ここで，本書の完成にあたり，お世話になった方々にお礼を申し上げたい。

　恩師である浅野亮先生には，どんなお礼の言葉を述べても感謝の気持ちを表し尽くせないであろう。軍事・安全保障の専門家である浅野先生からは多くの専門知識だけでなく，研究に対する柔軟な姿勢について教わった。そうした姿勢のもと，多様な視点から自らの研究テーマを捉えることができるようになったと考えている。また，政治はきわめて複雑な相互作用であるため，戦略や政策，個々の政策コンセプトの裏には，観察可能な政治現象のみでは理解できないメカニズムが必ず存在すると，浅野先生に教わって以来，筆者の研究生活は大変豊かなものになっていった。人生の難関にぶつかり，進むべき道に迷ったとき，先生が父親のような愛をもって筆者を護り，導いてくださったおかげで，筆者は今も研究者人生を楽しんでいるのである。敬愛する浅野先生のもとで学び，研究した時間は，筆者にとって一生の財産である。

　青山瑠妙先生（早稲田大学）には学生時代からお世話になっている。現代中国政治，外交だけでなく，パブリック・ディプロマシーについても貴重なご指摘をいただいてきた。相手の意見や主張に対し，正面から否定をせず，的確な指摘で建設的な批判を行う青山先生の研究スタイルは，筆者にとって憧れてや

まないものである。研究会の際にいただいた貴重なご指摘は今でも鮮明に覚えている。

　茶野純一先生（国際交流基金日米センター）にはパブリック・ディプロマシーに関する理論的な知識だけでなく，本や論文だけでは知ることのできない，現場の専門家ならではの知見をご教示いただいた。修士課程時代に，茶野先生の講義を履修できた筆者は，幸運であったと感じている。

　また，学生時代から陰に陽にご指導をいただき，その後には，まだまだ経験不足な筆者を助教として暖かく迎え入れてくださった，同志社大学法学部の先生方全員に深く感謝をしている。とりわけ博士論文の副査をご担当いただいた力久昌幸先生，鷲江義勝先生には深くお礼申し上げたい。両先生のご指導がなければ，著者はきっと今も自らが作り上げた迷宮の中を彷徨っていることだろう。同志社大学法学部の阿川尚之先生，飯田健先生，木下麻奈子先生，森裕樹先生，村田晃嗣先生，鈴木絢女先生，寺田貴先生などの先生方からは，いつも的確なご助言をいただいている。先生方のもとで学び，そして共に勤務したことは著者にとって，身に余る名誉である。今後も，献身的な働きや研究活動を通して，同志社大学の教育，研究活動を支えている職員の皆様に尊敬と感謝の意を表したい。

　尊敬する先輩方と研究仲間たちからも多大な支援を得てきた。毛利亜樹先生（筑波大学），中谷直司先生（三重大学），望月詩史先生（同志社大学），山口航先生（帝京大学），阿部亮子先生（同志社大学）には，感謝の言葉を尽くすことができない。そして，根来友我さん，志柿浩一郎さん，西直美さん，吉田知史さん，黒杭良美さん，村田陽さん，松本浩延さん，大﨑祐馬さんと共に学び，切磋琢磨してきたことを誇りに思っている。とりわけ松本浩延さんには公私とも多大なご助力をいただき，彼から学んだことは筆者にとってかけがえのないものである。

　本書の編集，出版に際しては，株式会社ミネルヴァ書房編集部の田引勝二様，宮川友里様に大変お世話になった。お二人の適切なご指摘，ご助言に深く感謝をしている。マイペースな著者を根気強く待ちながら，激励し続けてくださっ

た宮川様がいなければ，本書が世に出ることはなかっただろう。

　最後に，筆者のよきパートナーであり，よき理解者でもある妻と，無償の愛で筆者を支え続けてくれた両親にお礼を言いたい。拙い書物であるが，昨年急逝した父が本書の出版を知ったら，きっとだれよりも喜んでくれるだろうと信じている。

　2019年2月　京都にて

張　雪斌

＊本書は，同志社法学会から出版（B）助成を受けたものである。記して感謝を申し上げる。

索　引
（＊は人名）

あ　行

＊青山瑠妙　67, 69, 130, 175
アジアセンター　108
アジア地域意識　6
＊安倍晋太郎　105, 106
＊天児慧　166
一帯一路　169, 183, 199, 210
インフルエンス・バイイング　49
＊王毅　197, 201
＊大平正芳　99, 100, 148
大平学校　101, 111
＊小渕恵三　110, 114

か　行

＊金子政史　131
環太平洋連帯構想　99
官民協力　59, 122
＊北野充　131
行政改革会議　112, 153
クール・ジャパン　130, 160-162
＊楠田實　97, 106
＊クリントン，ビル　44
＊ケネディ，J・F　14
＊小泉純一郎　111, 117, 119, 158
公共外交　4, 67, 86-89, 143, 167, 173, 194, 209, 210
孔子学院　72, 79, 85, 175, 201
＊江沢民　47, 77, 140, 142
広報文化外交　6, 58, 91, 94, 112, 113, 120, 125, 126
広報文化外交戦略課　5

広報文化交流部　118, 122, 123
交流基金　95, 97
五カ年計画
　第10次——　142
　第12次——　80, 166
＊胡錦濤　78, 79, 80
国際協力構想　102, 151
国際交流基金　23, 95, 106, 112, 113, 122, 154
　国際交流基金法　24, 96, 113
国際文化交流　2, 5, 6, 10, 17, 23, 33, 34, 59, 64, 95, 102-104, 110, 112, 114, 153
国務院新聞弁公室　86, 175, 176, 180, 203, 206, 207
コンストラクティヴィズム　8, 9, 74-76, 88, 89, 92-94, 125, 136

さ　行

＊シャンボー，デイヴィッド　146
＊習近平　5, 165, 166, 173, 179, 184-186, 208, 209
周辺外交工作座談会　181
主旋律　139
自律性　3, 68
人的・文化交流　5, 166, 210
信憑性　16, 18, 69, 71, 75, 179
スマート・パワー　1, 66, 69, 84, 127
聖火リレー　10, 49, 50, 54, 57, 59
世界金融危機　71, 76, 78, 79
全国宣伝思想工作会議　185, 186, 191
全国党校工作会議　190
戦時情報局　13
宣伝広報　210
占領軍民間情報教育局　38

243

ソフト・バランシング　8
ソフト・パワー　1, 4, 6, 7, 10, 15, 26, 66, 87, 88, 93, 111, 114, 117, 125, 127, 154, 162, 165, 191, 210, 213

た　行

対外宣伝　5, 16, 166
大国外交　165, 184, 196
第11回駐外使節会議　79, 165, 197
対テロ戦争　3, 15, 68, 82, 115
＊戴秉国　78
＊竹下登　102, 104, 151
単純な学習　9, 75, 88, 89
中央外事工作会議　183
中央省庁再編　112, 113, 155
中華民族の偉大なる復興　165, 173, 182, 184, 189, 192, 210
中国脅威論　51, 52, 57, 70, 78, 80, 83, 87, 143, 170, 182, 198
中国共産党第16回全国代表大会（16大）　77, 142
中国共産党第17回全国代表大会（17大）　78
中国共産党第18回全国代表大会（18大）　82, 166
中国共産党第19回全国代表大会（19大）　165, 166, 184
中国公共外交協会　199-201
中国責任論　80, 83, 198
中国特色　67, 82, 83, 86, 88, 89, 210
中国の夢　173, 181-184, 193, 195, 196
中国崩壊論　198
＊趙啓正　83
哲学・社会科学工作座談会　188
韜光養晦　51, 193
同時多発テロ事件　2
党中央宣伝部　204, 206
党と国家機関の改革案　204
＊ドーヘ，イングリッド　70, 71, 75, 175, 176
特殊法人改革　112

＊トルーマン，H・S　38

な　行

＊ナイ，ジョセフ　1, 7, 26, 117, 213
西強我弱　82, 142, 193
「21世紀日本の構想」懇談会　114, 154
日米センター　105, 106, 108
日中交流センター　120
認知的不協和　27, 30, 31, 48, 56
ネオクラシカル・リアリズム　8, 9, 76, 88, 89, 92, 94, 126, 136
ネオ・リアリズム　8, 9, 73-75, 87, 89, 92, 94, 125, 136
＊ノックス，ディーン　174

は　行

ハード・パワー　4, 69, 191
＊橋本龍太郎　109
＊秦剛　198
パブリック・ディプロマシー（PD）　1, 7, 13, 14, 21, 31, 33, 60, 63-65, 86, 89, 95, 111, 135, 162, 213
　　New PD（新たなPD）　3, 68, 168, 213
バランシング　92, 93
パワー・シフト　6, 7, 91, 94
非国家アクター　3, 9, 74, 214
非政府アクター　68, 86, 122, 124, 150, 194
微笑外交　71, 72, 74
フィランソロピー　150
＊フェスティンガー，レオン　27, 29
複雑な学習　9, 75, 88, 89
＊福田赳夫　96, 98
　　福田ドクトリン　98, 99
プロパガンダ　2, 13, 64
文化外交　2, 5, 6, 13, 22, 33, 34, 64
文化競争　129, 130, 134-137
文化芸術振興基本法　155, 156

索　引

文化芸術の振興に関する基本的な方針　*156, 159*
　　第2次基本方針　*159*
　　第3次基本方針　*161*
文化芸術立国　*159, 161*
文化産業　*79, 143, 146*
文化産業振興計画　*79, 145*
文化事業　*79, 143*
文化振興　*108, 149, 150, 152*
　　文化振興マスタープラン　*153*
文化政策　*7, 16, 127, 128, 128, 132, 135, 142, 150, 159*
文化体制改革　*82, 138*
文化の時代研究グループ　*148, 149*
文化の発信　*5, 166*
文化覇権　*78, 139, 143*
米国広報文化交流庁（USIA）　*14*
北京オリンピック　*83*
ポップ・カルチャー　*117, 121-123, 125, 156, 162*

ま 行

＊マッグレイ，ダグラス　*117, 156*
＊ミッチェル，J・M　*22, 128*
　民間交流　*24, 69, 80, 81, 83, 87, 182, 183, 201*

メセナ　*150, 152, 159*
文部科学省設置法　*155*
文部省設置法　*147, 148*

や 行

＊ヤーコブソン，リンダ　*167, 174, 175*
＊楊潔篪　*4, 195, 196*

ら 行

藍庁論壇　*199*
＊李登輝　*42, 43, 47*
　ロビー活動　*10, 42, 45, 47*

わ 行

話語権　*167, 171, 172, 183, 188-191, 195*
和平演変　*50, 51, 78, 143*

欧 文

ASEAN文化センター　*108*
charm offensive　→微笑外交
CIE　*38*
GHQ　*36*
＊Jan Melissen　*18*

245

《著者紹介》

張　雪斌（ちょう・せつひん）
1985年，中国北京市生まれ。同志社大学社会学部卒業。同志社大学法学研究科博士後期課程修了。博士（政治学）。現在，同志社大学法学部助教。2016年4月より現職。専門は国際関係論，東アジア地域研究。

MINERVA 人文・社会科学叢書232
日本と中国のパブリック・ディプロマシー
──概念変容に伴う新たな競争──

2019年2月28日　初版第1刷発行　　　〈検印省略〉

定価はカバーに
表示しています

著　者	張		雪　斌
発行者	杉	田	啓　三
印刷者	藤	森	英　夫

発行所　株式会社　ミネルヴァ書房
607-8494 京都市山科区日ノ岡堤谷町1
電話代表　(075)581-5191
振替口座　01020-0-8076

© 張　雪斌, 2019　　　亜細亜印刷・新生製本

ISBN978-4-623-08497-5
Printed in Japan

概説 近現代中国政治史	浅野 亮／川井 悟 編著	A5判 456頁 本体3800円
政治家にとって文化とは何か	越智敏夫 著	A5判 272頁 本体6000円
新自由主義のアジア	藤田和子／文 京洙 編著	A5判 344頁 本体3500円
戦後日本のアジア外交	宮城大蔵 編著	A5判 308頁 本体3000円
アジアにおける大統領の比較政治学	粕谷祐子 編著	A5判 208頁 本体5500円
民主化とナショナリズムの現地点	玉田芳史／木村 幹 編	A5判 388頁 本体6000円
民主政治はなぜ「大統領制化」するのか	T.ポグントケ／P.ウェブ 編 岩崎正洋 監訳	A5判 556頁 本体8000円
流動化する民主主義	ロバート・D.パットナム 編著 猪口 孝 訳	A5判 466頁 本体4800円
〈抑制と均衡〉のアメリカ政治外交	島村直幸 著	A5判 568頁 本体5000円

ミネルヴァ書房
http://www.minervashobo.co.jp/